中国人民大学科学研究基金
（中央高校基本科研业务费专项资金资助）
项目成果（批准号：10XNI021）

博士文库

基于城乡一体化的北京新城发展研究

JIYU CHENGXIANG YITIHUA DE
BEIJING XINCHENG FAZHAN YANJIU

袁 蕾 ◎ 著

知识产权出版社
全国百佳图书出版单位

图书在版编目（CIP）数据

基于城乡一体化的北京新城发展研究/袁蕾著．—北京：知识产权出版社，2014.7
ISBN 978-7-5130-2852-3

Ⅰ．①基… Ⅱ．①袁… Ⅲ．①城乡一体化—研究—北京市②城市发展战略—研究—
北京市 Ⅳ．①F299.271

中国版本图书馆 CIP 数据核字（2014）第 159211 号

内容提要

本书以"新城在北京城乡一体化过程中的定位和实现路径"为主题，结合经典新城理论
与城乡一体化的要求构建基于城乡一体化的新城理论分析框架，从促进中心城疏解和带动周
边地区发展两个角度对北京市新城作用进行了定性与定量分析，进而从提升新城综合承载力
和促进要素有序流动两方面提出了新城带动城乡一体化发展的路径，依此路径对三类新城进
行了案例研究，最后提出若干政策建议。

本书可为相关部门就新城发展和城市空间结构调整优化制定政策提供理论依据和决策参
考，同时可为从事城市科学研究的高等院校师生和科研机构人员等提供有益参考。

责任编辑：吴晓涛　　责任出版：谷 洋

基于城乡一体化的北京新城发展研究

袁蕾 著

出版发行：知识产权出版社 有限责任公司		网　址：http://www.ipph.cn	
电　话：010-82004826		http://www.laichushu.com	
社　址：北京市海淀区马甸南村1号		邮　编：100088	
责编电话：010-82000860 转 8355		责编邮箱：sherrywt@126.com	
发行电话：010-82000860 转 8101/8029		发行传真：010-82000893/82003279	
印　刷：北京中献拓方科技发展有限公司		经　销：各大网上书店、新华书店及相关专业书店	
开　本：720mm×1000mm　1/16		印　张：13	
版　次：2014 年 8 月第 1 版		印　次：2014 年 8 月第 1 次印刷	
字　数：224 千字		定　价：40.00 元	

ISBN 978-7-5130-2852-3

前　言

　　北京市提出到 2020 年在全国率先形成城乡经济社会发展一体化的新格局，然而截至 2013 年北京城乡差距仍超过 3 倍，包括北京在内的中国特大城市城乡融合水平远远落后于中等发达城市和小城市，面临着统筹城乡发展的特殊困难：中心城市高度发达、要素过于集中，周边农村分散落后，城乡差距过大，同一城市区域的传统农村与现代城市之间的统筹互动困难，陷入中心城越发膨胀、周边农村越发萧条的恶性循环。在郊区规划建设新城，为高度发达的城市和相对落后的周边农村搭建一个桥梁，构成城乡一体化建设的中间节点，这成为中国特大城市的共同选择。从 2005 年北京市 11 个新城总体规划出台至今，新城已经建设 8 年，其发展定位与实践偏差、规划目标实现程度、未来发展路径等都迫切需要理论与实证研究。

　　新城理论与实践是城市研究的重要分支，城乡一体化的战略目标对中国新城规划发展提出严峻挑战。现有中国新城研究主要集中于国外经验借鉴和疏散中心城视角的战略研究，理论和实证研究都很薄弱，城乡一体化视角的研究更为匮乏。

　　因此，本书研究城乡一体化视角下的北京新城定位与发展路径，对新城理论和实践发展均有积极意义。全书共分为 8 章。

　　第 1 章　导论。主要介绍本书的研究背景和意义，相关研究综述，研究内容、框架、研究方法以及研究的创新与不足之处。

　　第 2 章　国内外新城规划与实践回顾。对发达国家新城发展、国内大城市新城规划建设和北京市新城规划建设的历程进行了回顾，总结了各自的特征和经验教训。

　　第 3 章　基于城乡一体化的新城理论框架。结合经典新城理论与城乡一体化的要求构建了基于城乡一体化的新城理论分析框架，分为目标、理念方式、基本保障、行动路径、体制政策和发展评价几个层次。

　　第 4 章　北京新城推动城乡一体化发展的成效与问题。从疏解中心城和带动区域发展两个视角对北京市新城作用进行了定性与定量分析，并从直辖市横向角度、时间纵向角度与中心城新城空间角度比较了北京市城乡一体化的水平。

第5章 基于城乡一体化的新城发展路径。以上海新城为参照系定量分析北京新城的效率，然后从根本发展思路与发展模式的高度，深刻剖析了新城未能发挥城乡一体化节点作用的原因，进而从提升新城综合承载力和促进要素有序流动两方面提出了新城带动城乡一体化发展的路径。

第6章 基于城乡一体化的三类新城发展案例研究。以亦庄、通州和密云新城为例，研究了三类新城（产业新城、居住新城和生态新城）的发展特征，从城乡一体化发展的视角提出了三类新城的发展路径和建议。

第7章 基于城乡一体化的新城发展制度改革与政策建议。包括法规支撑、政府改革、规划统揽、公共服务和公共财政体系、市场机制、提升三大承载力的政策以及数字城市管理信息平台等方面。

第8章 主要结论与研究展望。归纳了全书的重要研究结论、创新点与不足之处，并对未来进一步深化细化研究提出了展望。

本书的创新之处主要体现在以下几个方面：

第一，以全新的视角研究和定位新城。新城研究一般以中心城为本位，从优化城市空间格局视角进行研究。本书将新城的发展纳入统筹城乡发展实现城乡一体化的范畴中进行定位与实现路径的研究。

第二，提出基于城乡一体化的新城研究理论框架。从应对城乡一体化对新城的挑战出发，以"人本、创新、协调、可持续"为发展理念，创新性地提出了提升综合承载力和促进要素有序流动双轮驱动新城健康发展，从而形成节点功能的新城理论分析框架。用主成分和 DEA 方法分析新城综合承载力和效率，构建了城乡一体化指标体系评价新城节点系统性功能的实现程度，并在定量定性分析基础上设计若干行动路径和政策支撑。

第三，提出北京新城尚未形成城乡一体化节点的系统性功能，核心原因在于社会生态承载力弱；提升新城综合承载能力，促进要素有序流动是新城推动城乡一体化的两大实现路径。首先，提升新城综合承载力使新城成为对要素富有吸引力的区域，然后以城乡一体化制度创新促进人口、产业、资本等要素在中心城、新城和农村之间自由流动，实现新城节点功能；其次，提升社会承载力是首要环节，新城必须健全优质公共服务，加强文化建设，形成与中心城媲美的社会承载能力。

袁 蕾

2014 年 8 月

目　录

第1章 导 论

1.1 研究背景和意义

统筹城乡发展和区域发展是科学发展观的根本要求，2008年12月，北京市在《中共北京市委关于率先形成城乡经济社会发展一体化新格局的意见》中明确提出，到2020年北京率先形成城乡经济社会发展一体化新格局。然而，目前北京市同国内外很多大城市一样，存在严重的城乡二元结构问题，在中心城区高度发达，人口、功能和产业过度拥挤的同时，广大农村地区经济社会发展依然比较落后。

新城可以为高度发达的城市和相对落后的周边农村地区搭建一个桥梁，在城乡一体化建设中发挥重要的中间节点作用。一方面新城可以承接中心城转移疏解的人口和功能，拓展新的城市发展空间，优化城市空间结构；另一方面在郊区集聚新的产业，形成新的经济增长极，加速城市化进程，带动包括农村在内的整个区域的整体发展，进而统筹城乡发展，提高城市的综合竞争力。事实上，通过规划建设新城实现区域的整体发展，是巴黎、伦敦等国际大都市的通行做法，并成为现阶段中国大城市的共同选择。

因此，新城建设对北京市的长期发展具有重要意义，是首都率先实现城乡一体化和可持续发展以及提升城市竞争力、达成世界城市建设目标的战略重点区域。

从2005年北京市11个新城总体规划出台至今，新城的建设已逾7年，政府以基础设施领域的建设为主，取得了一定成效，新城人口集聚速度加快。但是迄今为止，新城仍然存在功能定位不够清晰、人口和产业吸引力弱、缺乏主导产业或主业发展不突出、配套设施滞后、带动区域发展作用不明显等诸多问题。

在上述背景下，本书以"新城在北京城乡一体化过程中的功能定位和实现路径"为主题，从区域联动发展的角度确定北京新城的发展目标，并以此为指导探讨如何构建产业、人口、公共服务及土地等各种规划和公共政策保障体系，促进新城节点功能的实施，具有积极的理论和现实意义：①国外关于新城的理论和实践研究成果丰富，但是中国新城所处的城市化发展阶段、面临的市场环境以及形成机制等都与国外存在较大差异，目前中国新城发展的理论和实证研究方面还相当薄弱，本研究将以城乡一体化为目标、以统筹城乡发展为基本手段，构建政府主导和市场配置双重作用下的新城发展理论框架；②对北京市及国内其他城市的新城建设、城乡一体化发展和城乡空间结构调整具有积极的实践指导意义。

1.2 相关研究综述

1.2.1 新城研究进展

1.2.1.1 国外学者对新城的实证研究

彼得霍尔详细阐述了英国新城运动的实践演变和新城规划设计理念的演化（Hall，2000）。Tuppen（1983）分析了法国15年新城规划开发历程，发现新城的发展都低于预期水平，并出现了不同的经济社会和政治问题。学者们从空间扩展和经济增长、财政限制以及新城管理者的不同态度等角度对新城发展进行了评估。通过研究发现英国早期建设的一些新城大部分没有成功（Peiser et al，1999）。西欧和亚洲特别强调政府在新城规划建设上的作用，倡导自由市场经济和地方分权的美国则更为重视市场作用。Forsyth（2002）专门研究了位于美国加州的Irvine新城，发现其成功之处在于政府和市场投资的相互合作。Biles（1998）通过研究美国13个新城的发展历程，发现如果只有政府作用新城不可能成功运行，必须构建政府和开发商共同合作的内在机制。

新城发展的动力方面，Henderson（1984）研究苏格兰新城，发现由于财政激励，制造业转移到新城，并因此带动了大量从业人员的迁移，从而促进了苏格兰大城市地区的发展。Begg（1991）研究了大不列颠高新技术产业的空间布局，他发现新城对高新产业具有很大的吸引力，南部地区由于分布有较多的新城，高新技术从业人员显著高于北部。另外有学者（Gratton，1979）利用英国28个新城的数据做了回归分析，结果表明产业与人口呈正相关关系，已经具备一定人口规模的城市更容易吸纳产业入驻。

Heraud（1968）研究新城开发中的空间分异现象，认为新城不应过多地建设工人新村，而应多建一些混合型社区，促进社会各阶层的融合，保持社会的平稳。Bolwell 等（1969）实证分析英国克罗利新城发展过程中的城市社会结构演变，表示非常担忧新城开发所带来的诸多社会问题，包括功能单一、通勤就业难、社会隔离等。Gakenheimer（1976）分析批评了发展中国家的有关新城建设案例中存在的若干社会问题。

1.2.1.2 国内新城研究回顾

1）国际经验

国内新城研究发端于国外新城实践和研究的引入。1983 年的《国外新城规划译文集》是早期代表性成果之一。从 20 世纪 90 年代以来，学术界出现了大量介绍国外新城的研究成果。

金经元、唐子来翻译并分析了霍华德的"田园城市"思想（金经元，1996；唐子来，1998）；黄胜利等（2003）分析了国外新城建设过程中各主体之间的关系、新城土地制度以及建设资金来源等方面的实践经验，认为中国新城建设应该明确新城功能，以及其与母城的关系，通过制度、资金和规划来保障新城的实施；陈劲松（2006）以国际大都市发展的实证案例，根据新城形成的核心驱动力和城市功能的不同，多角度分析了六种类型的新城发展经验和问题，分别是田园新城、边缘新城、TOD 新城、产业新城、副中心新城和机场新城；杨东峰等（2007）追踪 20 世纪 90 年代以来的国外新城发展趋势，发现伴随大城市地区的发展转型和自身发展问题，新城调整了自身的功能定位，转为谋求成长为区域新核心、重塑城市竞争力、推动新城核心区的复兴等。张捷（2005）分析比较了国外新城运作机制，如政府作用、开发机构、投资模式等。

（1）日韩新城建设方面。王雷（2003）以神户市西区为案例研究了新城发展对周边的影响，发现新城的开发带动了周边农业的发展，通过便利设施的建设方便了居民生活；陈伟等（2007）阐述了日本六本木新城开发模式，在城市复兴新政策的背景下，建立专业委员会和开发管理支持系统，指导人均住房面积和办公面积，对土地用途进行重新规划，建设高层建筑，提供更多的城市空间，从而创造效率更高、充满魅力的城市生活。余庆康（1991）翻译了汉城大都市区新城建设资料，汉城新城建设目的为限制城市过度增长，并介绍了汉城新城的整体开发运作。杨小鹏（2008）发现首尔规划体系二元化（绿带规划和新城规划），导致蛙跳式的城市蔓延，对农田及环境的保护效益有限，限制土地开发加剧了土地住宅价格高涨等问题；邓卫等学者对 20 世纪 70 年代以来中国香港的新市镇建设及其规划特点进行了分析（邓卫，1994；艾伯亭，2009）。

（2）欧美新城发展方面。张敏（1995）研究了美国五类新城，并对雷德朋新城等进行了案例分析；邹兵、王慧借鉴和探讨了美国新城市主义（邹兵，2000；王慧，2002）；刘健（2002）分析了法国巴黎郊区的马恩拉瓦莱新城成长为欧洲中心的过程，发现巴黎国际竞争力得益于促进区域整体发展的新城建设，新城的经济社会发展完善需要长期努力，所以不宜过分强调新城发展中存在的社会问题；赵学彬（2006）认为巴黎新城低密度分散化的空间模式不适合国土资源并不富裕的中国。

2）新城与城市空间结构发展研究

张兵等（2001）认为广州城市空间发展战略应当调整为"北抑南拓，东移西调"，并提出在广州市的南部地区设立"第二浦东"。吴志勇等（2009）分析了广州新城建设轨迹，发现广州新城优化城市整体空间结构的路径在于空间拓展方式的转变，产业的空间重组和对绿色空间的保护。段汉民等（2002）认为西安市应重点发展咸阳、长安和临潼三个新城，形成"一主三副"的空间结构。胡勤勇等（2003）从兰州"两山夹一川"的地理特点出发，提出"跨跃式"空间拓展方式，即在兰州周边建设组团式的新城。蔺雪芹等（2008）对天津滨海新区的临海新城做了案例研究，以保护和重建自然生态为目标导向，提出了城市空间塑造的规划思路。许倩瑛（2008）基于京津冀区域协调的视角提出天津蓟县新城的规划建议。林瑾（2003）简述了国内外大学新城的演化轨迹，然后研究了杭州大学城。

3）新城规划和开发研究

张捷（2003）分析了中国新城规划建设的形势，并深入探讨了新城概念和类型。武廷海等（2012）对转型环境下中国新城现象形成和发展的基本规律展开理论与实证探讨，包括中国新城的发展历程、中国新城建设的理论解释框架及对中国新城的实践与理论展望。马金柱（2009）对中国新城的规划背景、发展历程和相关研究进行了综述。邵明哲等（2009）研究发现新城建设对于促进城市经济增长和城市空间扩展、缓解主城压力、带动区域城市化以及提升城市竞争力起到了巨大作用，但也出现了诸如城市蔓延、空间结构失衡、城市功能单一以及新城各单元协作困难等问题。李玉琼等（2009）通过研究提出了一个新城一级开发的实施战略系统，包括新城控制性规划分析，新城战略定位和开发目标设定，新城开发的环境分析，新城建设思路以及模式、具体政策等方面。邢海峰等（2003）研究了城市郊区的经济开发区向新城发展转型的规划思路。

陈建华（2009）认为上海新城发展状况与上海经济社会发展阶段密切相关，郊区新城存在人口规模不足、产业关联效应不强与社会发育不成熟等问题，未能起到疏散中心城区过于集中的人口与产业的作用。俞斯佳等（2009）回顾了上海郊区新城规划历程及影响新城发展的重大决策事件，归纳了上海新城规划的特点，并结合发展中存在的问题，对下一阶段新城规划工作提出建议。李建平（2009）基于重大事件带动城市发展的研究视角，分析了广州亚运村建设对新城的积极影响，并就后亚运时代广州新城规划控制区的目标定位和空间布局提出若干思考。顾春平（1996）提出常州新城发展中的空间布局和基础设施规划建议，并从区域发展战略高度认识了面向长江开发新城、新区的意义。柏益尧（2004）借鉴生态城市"五律协同"的规划思想来分析南京仙林新区，并从产业、人口、土地利用以及区划等方面提出规划思路。胡志欣（2004）运用新城市主义理论规划研究新城居住区开发。傅丽华（2006）基于国内外经济技术开发区的实践经验与教训，分析了杭州市下沙新城的规划思路。

4）新城建设管理研究

贾艳杰（2002）通过分析 1993 年—2000 年天津滨海新区的经济社会发展数据发现政府在城市新区开发中起决定性作用，政府作用包括国家和地方两个层面，优惠政策决定的初始开发环境是影响新城发展尤其是初期开发的关键因素。

陈明等（2009）从财政学视角研究太原新城开发的可行性及相关敏感因素，从开发太原新城所需的资本、财政税收能力以及可融资规模等方面展开分析。

刘亚臣等（2008）研究了沈抚新城的发展模式，认为新城管理应该采取市场导向模式，来实现政府、企业和社会的交易成本动态平衡。

张艳（2002）比较了广州两个新城的开发运作模式，发现城市新区开发存在政府主导和市场运作两种模式，各有优缺点，宜两者相互结合来开发新城。

王振亮（2004）总结了上海松江新城自 1999 年开发建设以来的发展成果，提出创新城市规划制度，摒弃传统的行政与开发管理制度，降低交易成本。

近年来，很多学者从各自学科视角研究开发区如何实现向新城转型（杨东峰，2006）。

1.2.1.3 北京新城的相关研究

1）国际比较

向俊波等（2005）比较了巴黎、伦敦和北京的城市尺度与历史沿革、新城建设的背景过程和经验教训，并探讨了三个城市新城建设规律以及北京新城建设的特殊性；认为虽然存在差异，但是在一定时点上城市空间调整导向和可供选择的模式具有相似性；提出北京应制定统一和分步实施的新城规划，在新城开发中政府有效干预引导多方主体参与，将居住和综合性功能结合考虑。

2）功能定位

刘欣葵（2009）从区域经济社会联系的角度，研究中心城、新城与外部区域这三个空间的功能对接，认为新城功能的独立性是相对的，新城与中心城的快速交通联系是充要条件。产业新城不一定能够成为区域中心城市，居住新城亦不一定不可以保持繁荣，关键在于政府是不是可以提供完善的公共服务。于北冥等（2007）认为中国城市普遍存在着盲目国际化、开发过度化、产业同质化、自我中心化等发展定位上的误区，并由全方位定位视角和定位支持梳理出通州和亦庄两座新城的定位导向。

3）规划及实施

吴良镛（2000）制定大北京地区城市发展规划时提出了新城规划设想。张可云等（2005）研究了北京新城规划的实施思路和体制保障，提出制定《新城开发法》保障新城规划建设，新城规划要妥善处理中心城、农村等区域的协调发展关系；新城应实行政府与市场协作的开发方式，政府主导，公共参与。白劲宇等（2008）通过国内外经验借鉴及对北京市现有规划管控体制的分析，探索了"规划控制+城市设计控制"式的规划管控体系，提出完善规划控制指标库，从"宏观的体系"和"微观的要素"两个层面来体现对新城的细节化管控。傅崇兰（2005）认为北京新城应选择协调共赢的规划体系，并对新城开发建设的范围、内容、组织机构和融资渠道等进行了探讨。还有学者对北京新城的公共设施规划进行了思考，提出在公共设施规划中建立多极服务网络、实现多元分级供给和发展多方协作机制三条策略（刘佳燕等，2006）。此外还包括对具体新城的某一方面规划的研究，如刘剑锋（2007）以大兴新城为案例，详细介绍了新城基础教育设施配套标准的研究思路、过程，并从人口结构、城乡统筹、标准比较、个案研究四方面进行了总结；分析发现新城由于外来人口多、人口年龄结构年轻化，因此其基础教育设施配套千人指标明显比中心城区高。李娟等（2006）利用年龄移算法预测了昌平新城的人口规模。

另外有学者研究城市发展阶段对新城建设的影响，认为北京市正处于克拉森城市发展模型中的郊区化中期，基本人口空间演变趋势是向近郊区集聚，这一阶段发展新城并不能达到疏解中心城人口压力的目的，反而容易造成流动人口向北京市继续迁移，从而导致建成区蔓延和人口规模激增（王宏远等，2007）。

1.2.2 城乡一体化研究综述

1.2.2.1 城乡一体化的概念和内涵

中国的城乡一体化概念最早是在1983年前后的苏南地区乡镇企业发展导致城乡经济发展差距相对缩小的情况下，由实际部门工作者提出来的（张雨林，1985）。目前城乡一体化研究所涉及的领域比较宽泛，学者们从政治学、经济学、社会文化、生态环境以及空间等学科领域分别对城乡一体化的概念和内涵进行阐述：经济学界侧重生产要素的优化配置，孙自铎（1989）将城乡一体化定义为将城乡经济发展统筹考虑，增强城市和农村的经济互动，推动城乡合理分工，优化城乡生产力布局，促进城乡经济协调发展，实现经济发展效益最大化；社会学家的研究比较偏重城乡关系，认为城乡一体化必须破除城乡壁垒，城乡要素合理流动，城乡生产力合理组合，最终促使城乡融合为一体（钟逊，1989）；城市学界则认为"城乡一体化"是融合城乡发展、城乡互补，推动城乡在经济、社会、文化以及资源环境等各个领域共同协调发展的过程（陈光庭，2002）。叶裕民（2013）建立了统筹城乡发展的理论框架，从目标、理念、路径和保障措施、评价体系等方面做了全方位系统的设计和研究。黄国胜等（2009）从区域角度出发，认为城乡一体化是城乡分工协作、双向发展造就最优空间网络的过程，是区域全面协调可持续发展的必由之路。生态、环境学者多从生态环境的角度进行研究，车生泉（1999）认为必须把城市和乡村统一到景观格局的背景中加以研究，维护和恢复城乡一体化过程中景观生态过程及格局的连续性和完整性。

1.2.2.2 城乡一体化动力、模式以及对策研究

杨荣南（1997）认为城乡一体化的内部动力是乡村城市化和城市现代化，改革开放政策及外资引进则为城乡一体化的外部动力。甄峰（1998）基于城乡系统发展视角，认为城市化和农业产业化构成了城乡一体化的动力机制。吴伟年（2002）则认为城市集聚经济形成的拉力、农村工业化带来的推力以及统一的城乡基础设施和要素市场的融合力共同形成城乡一体化的动力机制。李同升等（2003）构建了城乡一体化的综合动力机制。

城乡一体化的实现模式目前国内学界存在如下几种看法：①城市主导模式。

强调城市对农村的辐射带动效应，通过城市的辐射、吸引作用带动周边农村的发展，最终实现城乡一体化。汤正刚（1991）认为城乡协调发展源于"城区的经济辐射功能和'市带县'的城市主导作用"；石忆邵等（2003）认为大城市的向心力和离心力在城乡一体化的发展中起到主要推动作用。②小城镇发展模式。陈晓峰（2000）认为发展小城镇对农村城市化有很大作用，是城乡一体化的主要实现途径。③区域统筹模式。胡必亮（2003）认为要充分发挥中心城市对整个区域的主导作用，同时要建立系统完善的区域城镇体系，各级城镇合理布局，发挥区域整体效益，强化城乡经济社会联系，实现城乡一体化发展。其中区域内城市之间、城乡之间的联系是其中最重要的因素。

童中贤（2002）对促进城乡一体化发展的制度安排作了分析。罗雅丽和李同升（2005）分析了制度对城乡一体化的作用机制。唐复柱（2006）、张丽艳（2006）对阻碍统筹城乡发展的制度进行了研究，并提出对策建议。田宝玉等（2006）分析城乡二元的体制根源和变革阻力及其对策。

1.2.2.3 北京城乡一体化研究

1）首都城乡一体化理论研究

陈光庭（2002）通过辨析首都城乡一体化实践和认识的误区探讨了特大城市区域城乡一体化的若干理论问题，指出京郊城市化和城乡一体化进程中存在"消灭农村""城乡一体化就是城乡一样化""京郊不要农业"等"误区"，认为城乡一体化是城乡共同变革的过程，相互汲取先进和健康的要素，同时抛弃掉落后非健康的东西；城乡差别是永恒的，不能把城乡一体化看成缩小甚至消灭城乡差别的过程。北京、上海等特大城市区域内应推行城乡一体化与乡村城镇化、城市郊区化同步发展的模式。

张强（2007）对首都城乡一体化的意义、内涵、目标内容以及实现途径进行了系统研究，认为城乡一体化是一种经济社会状态或目标，是一条城乡关系的发展道路或指导思想，是一个具有配套性、综合性的社会演进过程。城乡一体化的目标或内容应该涵盖为空间布局、产业发展、社会发展、基础设施建设、资源配置以及生态环境等城市发展的各个领域。

首都城乡一体化发展战略提出后，有学者对城乡一体化的本质进行了探讨，认为其本质是城乡居民之间国民待遇的平等化、市场经济条件下的平等的竞争地位和公共服务产品的均等化（张文茂等，2009）。

2）首都城乡一体化进程、特征分析

绍继华（1997）将北京郊区城乡一体化进程分为三个阶段：①1958 年—1978 年，城市工业支援农村——乡镇企业的起步阶段；②1978 年—1985 年，"白兰道路"——乡镇企业大发展阶段；③1986 年—1994 年，城乡一体化发展战略指导经济工作阶段。他详细介绍了以城市工业支援农村为起点，以乡镇企业发展为脉络，带动郊区政治、经济、文化及城镇建设发展的首都城乡一体化发展进程。

黄序（1997）以 1949 年—1999 年工农业劳动生产率比率和城乡居民消费比率为指标对首都城乡一体化演变趋势作了量化分析，发现在计划经济体制下北京城乡二元结构强度高于全国，20 世纪 80 年代以后城乡一体化的发展快于全国。张文茂等（2009）认为北京郊区在改革开放初期的 20 世纪 80 年代，农村工业化进程和农产品流通机制的改革开始冲击城乡二元体制，城乡二元结构是逐渐弱化的。进入 90 年代以后，随着改革重心转移到城市，农村生产要素净流出的态势逐渐扩大，城乡之间的二元结构被反向强化，城乡收入差距不断拉大，农村基础设施、公共服务和社会事业发展落后，城乡统筹协调发展的问题成为现阶段的主要矛盾。

刘伟等（2009）对 2005 年—2007 年北京市城乡一体化发展进程进行定性和定量研究发现，北京推进城乡一体化工作有实质性进展，城乡一体化发展水平有所提高。基础设施一体化和产业一体化方面持续提高，居民生活一体化和政府服务一体化方面有波动，但整体水平依然偏低。

马同彬等（2003）总结了北京城乡一体化的四个特点：①乡镇工业的迅速发展是北京城乡一体化的经济动力；②小城镇建设是北京城乡一体化的有效载体；③郊区化是北京城乡一体化的有利条件；④都市农业是实现北京城乡一体化的组成部分。

3）首都城乡一体化发展对策研究

陈光庭（2002）提出大城市区首先要冲破城乡户籍壁垒，全面推行城乡一体化社会保障制度，加大政府对城乡一体化支持力度，在城乡一体化过程中必须珍惜土地，保护农民的根本利益。

张强（2004）认为北京市已经具备了城乡一体化的条件，要解决的根本问题是缩小城乡生活条件差距；核心问题是农民问题；关键问题是城市功能向郊区延伸或扩散的问题；目前要解决的薄弱环节是制度创新问题。他提出推进郊区工业化和农业产业化，解决郊区经济与其功能定位不匹配的矛盾；推进农村城市化和农民市民化，解决郊区社会事业发展与经济发展相比更加滞后的问题。

李永进等（2009）提出推进首都城乡一体化的八大对策：构建城乡一体的市场体制，统筹城乡要素资源；做好"三个集中"，实现"七个一体化"；引导新型工业反哺农业，促进乡镇工业化发展；建立和发展都市型农业；推进城乡信息化建设，以信息化带动城乡一体化；建设城市群和城镇群，推进农村城市化进程；加强制度创新和制度安排，持续推进城乡一体化进程；加强环境保护，发展城乡一体化的绿色经济。

张文茂等（2009）认为城乡一体化的战略目标必须通过城乡统筹的战略手段来实现。城乡统筹分三个层次，市级统筹主要是规划、功能分区定位、政策制定、财政转移支付，区县级统筹社会保障基础设施等社会公益事业发展、土地资源配置、城镇化进程和城乡管理体制改革，乡镇层次的城乡统筹主要表现在农村集体建设用地和宅基地的置换集中、现代农业的产业规划和合作组织建设、微观市场主体培育等方面。

此外，有学者对首都城乡一体发展的具体领域做了相关研究，如城乡结合部管理体制（冯晓英，2004）、土地产权制度（章政，2005）、集体经济产权（张文茂，2009）、交通一体化模式（张岚等，2006）以及都市型农业（张强等，2005）等。

1.2.3 简要评析

通过对国内外新城和城乡一体化研究的文献梳理可以发现，总体来看，一般性研究较多，针对北京特性展开研究较少。迄今为止的研究大部分重全面，许多成果都对北京市城乡一体化的意义、战略、内容、目标和实现途径等进行了较为全面系统的研究，但是对重大问题研究不够深入。而国内新城研究仍然比较薄弱，经验借鉴研究较多，实证研究较少；就新城空间布局、用地等某一方面进行探讨的较多，系统研究的较少。

（1）目前城乡一体化研究更侧重于宏观层面，中观和微观层面的研究较少。比较偏重于城乡差距及如何缩小差距的研究，而从区域整体角度出发进行城乡内在联系和互动关系的研究比较缺乏，尤其缺乏这方面的定量研究。

（2）新城是中心城和广大农村相互联系的中间节点，从疏散中心城功能角度研究新城发展的成果较多，而从统筹城乡发展、促进区域整体繁荣的视角审视新城定位和建设的研究非常缺乏。

（3）大都市空间结构调整与空间发展的研究很丰富，但缺乏新城空间形成和动力机制的研究。目前国内对新城发展动力研究以个案和子问题为主，多数研究新城建设的动因，而对影响新城城市自我发展的内在动力机制没有系统化的研究。

（4）尚缺乏对北京新城规划、建设和发展的系统性研究，尤其是公共政策方面的研究。

1.3　研究内容和方法

1.3.1　研究对象与概念界定

本书主要探讨如何规划建设新城，使之促进市域范围内的城乡一体化进程。

本书中的"新城"是指 2004 年《北京城市总体规划（2004 年—2020 年)》中提出规划建设的 11 个新城，包括通州、顺义、亦庄、昌平、大兴、怀柔、房山、平谷、延庆、密云和门头沟，而不包括北京周边廊坊、燕郊等京津冀地区的新城市。

在本书中将"城乡一体化"定义为：原材料、资金、技术以及劳动力等生产要素在城乡地域范围内进行合理流动和配置，三次产业联动发展，使城乡在经济发展、社会建设、居民生活及生态环境等各个方面相互融合，形成"以城带乡，以乡促城，优势互补，共同繁荣"的城乡关系，最终达到城乡的全面融合发展。

1.3.2　研究思路和框架

本书主要着眼于基于城乡一体化的新城发展模式构建，研究思路如下：

（1）总结已有新城理论，从推动城乡一体化的视角对原有理论进行分析，结合时代背景，提出基于城乡一体化的新城理论分析框架，指导北京新城实践。

（2）定性与定量分析新城发展促进市域范围内乡一体化的成效。从促进中心城疏解和带动周边地区发展两个角度对北京市新城作用进行了定性与定量分析，并利用城乡一体化指标体系评价了北京新城联动解决城乡问题的现状。

（3）定量分析新城城市发展质量与效率，然后从根本发展思路与发展模式的高度，深刻剖析了新城未能发挥城乡一体化节点作用的原因，进而从城市功能、产业链构建、公共服务供给等方面提出了新城带动城乡一体化发展的路径。

（4）选取案例分别研究产业新城、居住新城和生态新城的城乡一体化发展模式，在此基础上，提出政策建议以指导未来新城发展与城市整体功能优化。

本书逻辑框架如图1-1所示。

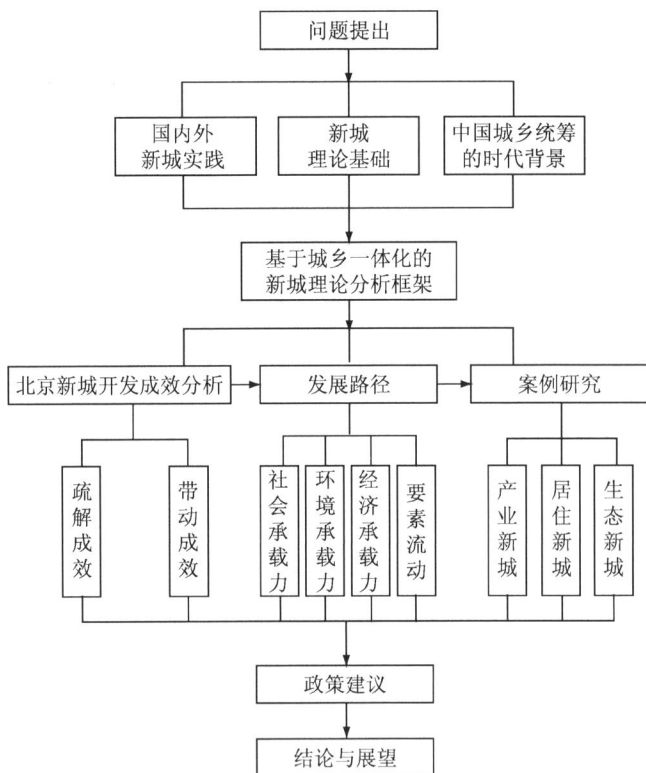

图1-1　本书逻辑框架

1.3.3 研究方法

城市是一个复杂巨系统，要求不同学科思想的相互交融。本书综合城市经济、城市规划、城市地理和社会学等多学科知识，对新城进行多维度综合的研究，采用实证分析与规范分析相结合、定性分析与定量分析相结合、中观和微观分析相结合、纵向分析与横向比较相结合的分析方法。

1.3.3.1 理论分析与实证研究相结合

理论探讨与实践经验相结合是应用经济学的基本研究方法。总结实践经验，提升凝练理论体系，然后以理论体系指导未来的实践发展。

1.3.3.2 定性与定量分析相结合方法

应用定性分析方法把握新城发展现状及问题，再通过定量分析方法具象描述。在本书中依次应用了地理信息系统（GIS）、主成分分析和数据包络分析（DEA）三种定量研究方法，通过定性与定量相结合的方法来研究问题本质。

1.3.3.3 比较分析法

本书比较分析了英、法、日新城建设实践，总结其内在规律特征；本书还分析比较了上海和北京新城的发展效率差异。

1.3.4 数据搜集与整理

北京市和区县层面的数据主要使用的年鉴为《北京统计年鉴》（2000 年—2012 年）、《北京区域统计年鉴》（2003 年—2012 年），利用北京第一次经济普查年鉴（2004 年）和第二次经济普查年鉴（2008 年）计算了第二产业和第三产业的城市空间分布变动，借此分析新城对中心城产业的承接作用。指标体系的数据多数来源于公开统计资料，少数为教育医疗等部门发布的数据。

乡镇层面数据主要来源于：①实地调研与访谈；②北京 18 个区县的统计年鉴；③北京市第二次农业普查数据。

四个直辖市的数据来源于中国知网统计数据库，上海新城数据来源于《上海年鉴》以及各新城所在区县的统计年鉴。

1.4 创新与不足之处

1.4.1 难点与创新点

研究难点主要有三：①基于城乡一体化的新城理论探讨。城乡关系和城市内部的联系互动是一个涉及经济、社会与环境等诸多方面且彼此互相影响、错综复杂的系统工程，从城乡一体化视角提炼出新城的功能及作用路径存在一定难度。②数据来源。现有统计资料均以行政区为基本统计单位，缺乏新城专门的统计材料，且各城市、各新城及区县的统计数据不规范、不详细，缺乏纵向和横向的连贯性、可比性，并且难以与国内外新城发展进行较为深入细致的比较研究。乡镇层面仅农业统计较为全面，第二、三产业仅有镇村级经济实体的产出数据，没有区域总体产出等统计数据。③案例研究。北京市 11 个新城各有其特点与特殊性，情况复杂，安排调研困难，对研究其发展特征与未来发展方式构成障碍。

研究创新之处有以下三点：

（1）研究视角。本书将新城的发展纳入统筹城乡发展实现城乡一体化的范畴中进行研究。现有新城研究一般以中心城为本位，从疏散中心城功能、优化城市空间格局视角进行研究。

（2）理论框架。①从应对城乡一体化对新城的挑战出发，以"人本、创新、协调、可持续"为发展理念，创新性地提出了提升综合承载力和促进要素有序流动双轮驱动新城健康发展形成节点功能的新城理论分析框架。②用主成分和 DEA 方法分析新城综合承载力和效率，构建了城乡一体化指标体系评价新城节点系统性功能的实现程度。③在定量分析基础上提出了若干行动路径和政策支撑。

（3）观点创新。北京新城尚未形成城乡一体化节点的系统性功能；北京新城功能弱化的核心原因在于社会生态承载力弱；提升新城综合承载能力，促进要素有序流动是新城推动城乡一体化的两大实现路径，首先提升新城综合承载力使新城成为对要素富有吸引力的区域，然后以城乡一体化制度创新促进人口、产业、资本等要素在中心城、新城和农村之间自由流动，实现新城节点功能。其中，提升社会承载力是首要环节，新城必须健全优质公共服务，加强文化建设，形成与中心城媲美的社会承载能力。

1.4.2 研究的不足之处

从城乡一体化的视角研究新城发展，需要将新城视为中心城和农村之间的一个增长极点，对其经济社会发展分析的空间范围应界定为新城建成区或规划区，但由于统计资料的限制，书中部分研究内容只能以新城所在行政区的数据来近似代替新城数据，尽管不影响整体结果和趋势判断，但削弱了研究的精确性。

本书通过分析新城与中心城及周边地区的联系探讨了北京新城推动城乡一体化发展的成效，由于数据缺乏，调研困难，分析基本在宏观层面，兼有部分案例研究，并没有涉及这三个区域微观的关联，如企业、居民层面的互动与联系。事实上，区域之间的关系正是通过微观主体的活动得以建立，新城与中心城和周边地区的微观联系是深化研究的重要方向。

　　本书构建了城乡一体化和新城发展效率的评价指标体系，已经包括了基本指标，并尽可能多样本、多视角地进行分析。但由于各城市的统计数据限制（或者缺失，或者统计口径不一致），现有评价尚不完善和不全面。如何更为科学地评价新城自身发展效率以及对城乡一体化的推动作用有待未来进一步研究。

第 2 章　国内外新城规划与实践回顾

2.1　国外新城规划与实践

2.1.1 英国新城发展实践

英国于第二次世界大战（以下简称二战）后开始了大规模的新城运动，其新城实践深刻影响了其他国家的城市发展。

20 世纪 40 年代，伴随二战结束，大量退役人员返乡，伦敦住房十分匮乏，建造住房和拓展城市空间成为当时的首要任务。通过建设新城来防止大城市过度蔓延的理念在这个时候被提了出来。1940 年发表的巴罗报告提出当时大城市发展过程中存在着一系列的问题，有必要规范伦敦城市同周边地区的产业开发活动，引导城市合理发展。1944 年由阿布克隆比主持完成的大伦敦规划将半径约50km 的大伦敦地区划分为内城圈、郊区带、绿带圈以及外围乡村圈四个环带，在 1939 年的城市边界外建设一条 8km 宽的环绕绿带，绿带外规划设置 8 个卫星城，并扩建原有的 20 多座城市。大伦敦规划示意图如图 2-1 所示。1945 年成立了以 Lord Reith 为首的新城委员会，委员会提出了三个研究报告，详细阐述了建设新城必要的立法问题以及建设新城的原则、目标、体制机制等，"建设新城主要是为了接纳伴随大城市过密地区的改造和再开发而迁出的产业和人口"，要提供一个"既能生活又能工作的、平衡的和独立自足的新城"。1946 年，英国通过了《新城法》，规定"在英国境内建立不同规模等级的新城是中央政府的一项长期城市开发政策"，为新城建设提供了法律保障。1947 年颁布了《城乡规划法》，新城建设快速推进。

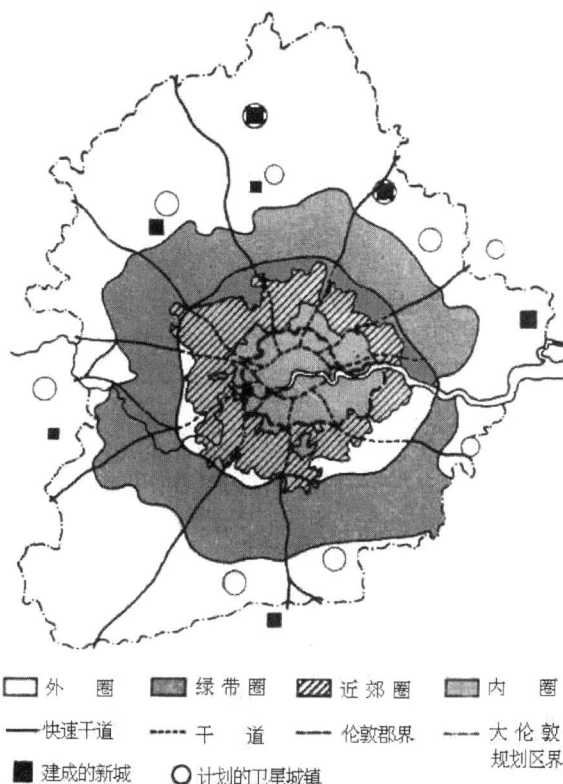

图 2-1　大伦敦规划示意图

资料来源：http：//tupian. hudong. com。

　　英国新城经历了三个建设时期，大致形成了三代新城。

　　第一代新城指的是英国根据《新城法》在 1946 年—1950 年建设的 12 个新城。其中以斯蒂文尼奇、赫默尔亨普斯特德和哈洛为代表的 8 个新城规划目标为疏解伦敦人口；以纽敦艾克利夫、彼得利、科比为代表的其他 4 个新城承担的使命则是促进区域经济发展❶。这一时期的新城规划特点比较接近"田园城市"的概念。为了吸引市区居民迁移到新城，非常重视绿化建设和环境质量；规划人口较少；城市作为一个社区，划分成若干邻里单位，各邻里单位的商业中心彼此有联系；工业区和居住区隔离。但这一时期建设的新城没有规划建设多样化的城市生活设施，大批青年人向中心城市回流。

---

❶　迈克尔·布鲁顿，希拉·布鲁顿. 英国新城发展与建设. 于立，胡伶倩，译. 城市规划，2003（12）：73-77.

第二代新城一般指 1951 年—1964 年建设的新城，位于苏格兰的坎伯诺尔德。在规划上不用邻里单位的布局形式，而是在道路系统中将干道引入人流密集的中心地区，利用不同的标高实行人车分离；居住密度加大，全城平均人口密度为每公顷 214 人，中心地区为每公顷 300 人。住宅采用 2 层、4~5 层乃至 8~12 层等多种类型，以容纳较多的人口。当时英国进入了一个经济长期增长时期。高就业率促使人口从原英联邦国家迁入，收入也稳步增加，私人小汽车增加较快，伴随人口快速增长多数人的生活质量得到提高。因此，人们对公共生活的要求越来越高，反思早期新城建设，认为其密度太低，市政建设投资较多，人口规模太小，无法提供足够的文化娱乐和其他服务设施，形不成城市气氛，缺乏生机与活力。所以，英国新城规划在 20 世纪 60 年代出现了新的变化，产生了第三代新城。

第三代新城一般来说指的是 1961 年—1970 年位于英格兰和威尔士的新城。第三代新城规划定位于承接大都市地区的人口疏解。第三代新城强调自给自足，职住平衡。密尔顿凯恩斯新城规划代表了这种变化趋势，在规模、功能组织、交通和景观设计方面都更趋于实用。

进入 20 世纪 70 年代之后，英国主要大城市都出现了不同程度的衰退，内城面临严重的财政问题和就业问题，在此情况下，英国政府不得不把注意力转向内城复兴，历时二三十年的"新城运动"宣告结束。英国新城的功能也由之前的转移过剩人口和工业，转向协助大城市恢复内部经济。

1946 年—1970 年，英国先后建成了 23 个新城，其总体趋势是新城的规模不断扩大，与大城市的距离不断加大，同时功能更加综合，自我平衡能力不断增强。表 2-1 数据显示，新城发展初期，人口规模规划得比较少，新城距离中心城相对较近。20 世纪 60 年代中期的新城规划改变了以往的方案，为保证与中心城有效分离，将新城建立在距离中心城 80~129km 甚至更远的区域，这样第三代伦敦的新城比第一代更远离大都市中心地区。在其他地方，距离相对小一些，如在西中部地区，雷迪奇与伯明翰的距离只有 22.53km。同时，由于第三代伦敦新城基本都在有一定基础和规模的地区建设，因此其规划人口和实际居住人口都远高于第一代新城。据统计，到 90 年代初，英国城市人口的 23% 是居住在政府规划和建设的各种不同规模的新城之内。

表 2-1　英国三代新城一览表

规划目的		新城名称	建设时间（年）	原有人口（10³人）	规划人口（10³人）	1991年人口（10³人）	距离（km）
第一代新城	疏解伦敦人口	斯蒂文尼奇（Stevenage）	1946	7	60	75	51.49
		克劳利（Crawley）	1947	9	50	87.2	49.88
		赫默尔亨普斯特德（Hemel Hempstead）	1947	21	80	79	40.23
		哈洛（Harlow）	1947	4	60	73.8	33.79
		哈特菲尔德（Hatfield）	1948	8	29	26	37
		韦林（Welwyn Garden City）	1948	18	36	40.5	37
		巴西尔登（Basildon）	1949	25	50	157.7	46.66
		布拉克内尔（Bracknell）	1949	5	25	51.3	48.27
	促进区域经济发展	纽敦艾克利夫（Newton Aycliffe）	1947	—	10	184	—
		彼得利（Peterlee）	1948	—	30	22.2	—
		昆布兰（Cwmbran）	1949	12	75	49.3	—
		科比（Corby）	1950	16	40	47.1	—
第二代新城	疏解苏格兰斯哥人口	坎伯诺尔德（Cumbernauld）	1955	—	100	50.9	23
第三代新城	疏解伦敦人口	密尔顿凯恩斯（Milton Keynes）	1967	40	250	143.1	78.84
		彼得伯勒（Peterborough）	1967	84	190	137.9	130.33
		北安普敦（Northampton）	1968	131	300	184	106.19
	疏解伯明翰人口	泰尔福特（Telford）	1963	70	90	120.5	54.7
		雷迪奇（Redditch）	1964	32	90	75	22.53
	疏解利物浦人口	斯凯尔默斯代尔（Skelmersdale）	1961	8	80	42	20.92
		朗科恩（Runcorn）	1964	28	100	64.2	22.53
	疏解曼彻斯特人口	沃灵顿（Warrington）	1968	122	200	159	28.96
		中兰开夏（Central Lancashire）	1970	240	430	255.2	48.27
	疏解英格兰东北部人口	华盛顿（Washington）	1964	20	80	61.2	12.87

英国三代新城规划都致力于达到居住与就业的自我平衡状态，"在提供日常

所需，包括就业和商业以及其他服务方面自我平衡。在混合不同的社会、经济群体方面进行平衡。"然而伴随汽车交通的发达新城更加难以达到平衡状态。第一代新城面临的"新城抑郁"是一个重大问题，那就是新城公共服务设施由于人口规模小不能提供，相比购物、娱乐和其他闲暇生活设施反而更加注重居住和就业的发展。低水平的公共服务导致新城居民生活乏味无趣。英国新城的妇女就业率逐渐增加，提升了新城的自我平衡比例。第三代新城公共服务设施的发展具有足够空间，基本没有出现"新城抑郁症"。另一方面，得益于伦敦新城的产业结构，相比其他城市，新城拥有的高收入技工更多，低收入技工更少。

英国从第一代到第三代新城的投资结构不断变化，第一代新城的基本建设绝大部分由国家投资，到第三代新城绝大部分由私人负担。对于耗资巨大的大规模新城建设来说，这种转变是必然的趋势。

英国的新城建设，在不同程度上缓解了第二次世界大战结束后伦敦和其他大城市住房短缺的压力，提供了较好的生活和工作环境，实现了一定的社会、经济目标，创造了由具有充分自主权的开发公司对新城统一进行规划、设计、建设和管理的经验。这些都曾引起世界许多国家的很大兴趣。但是，新城建设在减轻伦敦和其他大城市人口膨胀的压力方面的贡献是有限的。

2.1.2 法国巴黎新城发展

19世纪末，巴黎地区开始加快城市建设，第二产业自发集聚在近郊，在工业企业的边缘，独立式住房无序过度蔓延。出于有效约束城市建设的目的，1932年法国设立大巴黎地区。

大巴黎地区分别在1934年、1956年和1960年出台了区域规划，三次规划的指导思想都是通过界定城市建设区范围、规范新增城市建设布局的方式来遏止城市蔓延，降低中心区密度、提高郊区密度以实现地区均衡发展。巴黎地区以调整空间结构为发展重心，而非扩大城市建成区。传统的规划观念过于保守，城市实际的人口规模和建成区面积屡次突破规划限制。1960年的区域规划调整了限制发展的规划思路，在建成区周边规划了一些新的城市增长极，以形成多中心多极化的空间拓展模式。这为未来新城政策的出台奠定了基础。

1964年大巴黎地区成立，其规格是一级行政建制，大巴黎地区的总面积超过12000km²，1965年制定了《巴黎地区国土开发与城市规划指导纲要（1965—2000)》，简称SDAURP。SDAURP认识到由于城市化的快速推进，产业和人口的快速增长，巴黎地区的建设用地必将持续扩张，以往限制城市空间增长的规划思路不适应现实发展，亟须调整为促进区域协调发展方面。因此 SDAURP 规划在优先满足人口增长和城市拓展的空间需求的前提下，兼顾农业区保护的目标。规划采用"保护旧市区，重建副中心，发展新城，爱护自然村"的理念，建议将新城市化地区沿区域内自发形成发展轴布局；规划建设具有复合城市功能的副中心，努力打造多中心的城市空间结构；采用交通引导城市发展的规划思路。巴黎地区在现状城市建成区南北两侧的切线上规划了两条城市优先发展轴，在优先发展轴上规划建设 8 个人口规模介于 30 万～100 万人的新城。1965 年巴黎新城规划图如图 2-2 所示。SDAURP 提出城市发展轴线、新城和多中心等概念，从区域层面构建巴黎地区的空间结构，对巴黎地区的整体发展具有积极意义。此后，新城建设成为巴黎地区城市发展的主要政策之一。

图 2-2　1965 年巴黎新城规划图

资料来源：曾刚，王琛. 巴黎地区的发展与规划. 国外城市规划，2004（5）：47.

　　1969 年 SDAURP 规划进行了修正，将巴黎地区的新城减为 5 座，并在巴黎之外的都市圈中规划了 4 座新城。此后，巴黎地区分别在 1976 年和 1994 年又进行了 2 次区域规划，对城市空间布局和发展政策做出了必要调整，如 1976 年的规划提出了城市优先发展地区的建设方针，城市优先发展地区是新城的雏形。1994 年的《法兰西岛地区发展指导纲要》提出通过多极化的区域中心来牵制、控制城市蔓延。在历次规划的调整中新城始终是区域发展的重要组成部分，规划的区域空间结构也基本稳定。表2-2是5个巴黎新城的概况。

表2-2　巴黎地区新城概况

新城名称	建设时间	规划面积（hm²）	规划人口（万人）	1991年人口（万人）
塞尔基	1965	8000	33	15.9
埃夫里	1965	4100	50	7.3
圣冈代	1968	7500	30	12.9
马恩拉瓦来	1969	15000	30	21.1
默龙色纳	1969	11800	30	8.2

巴黎地区的新城建设发展具有典型意义。巴黎包括两个空间层次：一是巴黎市，大约105km²，人口约200万；二是大巴黎地区，包括巴黎市及临近7个省区，又称法兰西岛，设有大巴黎议会，面积大约1.2万km²，有1100万人口。与伦敦新城相比，巴黎新城发展呈现不同特征。其最显著的特点是新城一直是城市区域的有机组成部分，新城发展目标定位于提高半城市化地区的城市发展水平，从而强化城市之间的互动联系，实现区域的共同繁荣。首先，巴黎新城主要集聚新增的城市化人口，起到截流的作用，而非像伦敦新城那样以疏散建成区为主要诉求。其次，新城是所在区域的经济与服务中心，其综合功能可以同时服务于新城居民和广大郊区原有居民。第三，巴黎新城规划建设于半城市化地区，而不是像伦敦新城那样在未开发的土地上从零起步，作为半城市化地区新的经济和服务中心，辐射带动整个地区，使区域整体向成熟城市化阶段迈进。因此，与伦敦新城平均50km的空间距离相比，巴黎新城比较靠近市区，大致在30km，与市区在空间上基本连成一片。巴黎新城并没有单独设立一级独立政府，而是由新城国土开发公共规划机构（EPA）来负责新城建管。公共规划机构属于公共部门，主要承担新城的前期土地征用开发、市政基础设施建设以及资金筹措等。新城土地开发和基本建设做完之后，再由地方政府来进行新城日常运行管理。

2000年以来，法国新城的发展进入了一个新的阶段，重点考虑如何实现可持续发展，研究建筑节能，改造新城老住宅。

2.1.3 日本东京新城发展

东京都市区在空间上可以分为三个圈层。核心圈层为"东京都",有土地2187km²,人口约1301万❶,分别占日本全国的0.6%和10%,包括23个特别区和39个市町村,人口密度为5949人/km²,其中中心区是面积约621km²的23个区;第二圈层为"一都三县",核心的东京都及其周边的崎玉、千叶、神奈川三个县,2009年有3700万人口,土地面积约1.3万km²;第三圈层为"一都七县"首都圈,除了上述三个县,还包括更远距离的山梨、群马、栃木和茨城等四县,土地面积共3.6万km²,人口4200万。

1955年—1975年日本经济高速发展,全国各地人口纷纷向东京集聚,东京核心区容纳了政府、跨国公司总部以及现代服务设施等多种机构,由于人口和产业的高度集中,出现了交通拥堵等城市问题。如何向周边地区疏散过度集中在东京都核心层的人口和产业成为东京大都市区规划的头等大事。首都区域发展规划对新城开发建设提出了明确的规定和要求。新城规划是东京都区域规划中最为重要的部分,体现在五次区域规划中❷。①东京于1958年首次编制都市区域规划。规划思路沿用伦敦的"绿带+新城"空间模式,整治建成区的同时,在远离东京核心区大约16km的地方,建设宽约10km的环状绿化带,环状绿化隔离带的外围布置副都心新城。到20世纪50年代末期,东京的人口和产业规模均大大超出规划预测水平,环状绿化带被郊区住房蚕食,未能起到阻隔城市蔓延的作用,但是很多副都心新城已经完成初期建设。②1968年东京第二次区域规划。伴随新宿、涩谷、池袋等副都心新城的建设,疏散东京核心的生产生活、教育和科研设施。为促进新城的大规模建设,专门制定了《新住宅市街地开发法》,这一时期先后开发了多摩、千叶、成田及港北等新城,以轨道交通与主城保持快捷联系,引导新城开发建设。但是新城功能较为单一,以居住功能为主。尽管具备居民生活必需的教育、医疗和商业服务设施,但就业容量和高端的文化娱乐休闲设施明显不足,新城居民只能依赖中心城的工作和文娱服务,在新城和中心城之间增加了往返双向交通流量。③第三次区域规划(1976年)。本次规划思路是在更大的空间范围内开发新城,提高新城人口和建设规模,以承接核心区疏散。通过规划建设大型综合的服务设施赋予新城多样的服务功能,减少新城对中心城的依赖

---

❶　2010年4月数据。

❷　姚兢,郭霞. 东京新城规划建设对上海的启示. 国际城市规划,2007(6).

性，达到相对独立。这样新城将提升对人口和产业的吸引力，从而形成新城自身的良性循环。在这一规划思路下，新城数量和发展水平都有了很大的提高。④第四次东京区域规划（1986年）。在新城已有发展基础的现实下，1986年版的东京区域规划思路为构建互补联动的区域一体化发展格局，新城是区域一体化的连接点，新城独立性将更加提高。在强化中心城区的世界城市功能和国内中枢管理功能的基础上，将其他城市功能向各个新城疏散，新城发展成为"业务核城市"，改变东京地区单中心的地域结构，逐渐形成以新城为次中心的多中心空间结构。在这一思路指导下，很多新城逐渐具备了较高的自立性，不仅具有居住功能，还有较为完善的商业、科教、文化娱乐等综合功能，另外许多新城还建成了大型交通枢纽和综合邻里中心，极大地提高了新城竞争力。⑤第五次东京区域规划（1996年）。以新城为节点重组城市空间结构是本时期的关键任务，主要抓手是改造现有的基础设施。

自1958年首次规划建设新城以来，东京地区经过60余年的发展，城市空间结构逐渐调整为"中心区—副都心新城—周边特色新城"的多中心多圈层结构。中心城以及各个新城的功能互不相同，分工合作，协调互补。东京都核心圈发挥世界城市的国际金融、管理和控制中心职能，国内政治中心职能。新宿、涩谷、池袋等15km近距离副都心新城主要发展生产生活服务业。远距离新城如千叶、筑波、横滨、八王子等则主要承担加工制造功能。横滨集造船、钢铁、石化与居住功能于一身；千叶是国际空港和海港；筑波新城是日本的科技研发中心；填海造地形成的幕张新城则承担国际会展职能。

2.1.4 国外新城发展总结

对国外新城的发展归纳分析，有以下一些经验与特点。

（1）新城发展经历了规模由小到大，独立性由弱增强，功能逐步多样化的发展过程。几个城市的新城建设有一个共同之处就是，新城建设之初规划人口一般都较少，且功能相对单一，配套设施不完备，对主城依赖程度较高，交通压力大。而随着规划思想的变革以及新城建设发展的时间推移，后来规划的新城人口规模和面积更大，一定规模的新城有利于配套更完善的服务设施，增强新城的活力和吸引力。新城发展规模从20世纪40年代的3万~9万人增加到20世纪60年代后的25万~40万人。后发新城还通过吸纳和培育产业及城市功能，增加就业机会，使新城具备了多样综合的功能，自我平衡能力增强，人口吸纳能力提高。

（2）产业是新城实现职住平衡和可持续发展的关键因素。职住平衡就是城市的就业岗位与居住人口之间基本一致。伦敦、巴黎和东京三个世界城市的生产力空间分工都比较明确，新城总的来说承担了生产制造、居住和新兴的服务功能，其中，近郊新城以物流、研发和轻工业为主导产业，远郊新城则主要发展工业和旅游产业等。新城产业发展是职住平衡的关键，高水平的生产生活服务设施是配套基础。

（3）科技的发展使新城可以在更远距离建设。现代便利的交通使得新城与中心城的联系更加方便快捷，城市快速路和轨道交通成为新城与中心城的联络纽带。现代信息网络技术的发展，使新城与中心城的信息融通交换发生了颠覆性的改变。

（4）新城功能以疏散主城人口、吸纳新增人口为主，兼顾地区发展。新城已经纳入区域规划的范畴，成为新的区域经济增长极，参与到整个城市区域的空间结构调整和产业结构升级之中。

（5）新城注重与自然环境和谐发展。生态环境容量已经成为现代城市发展的重要条件。新城更加注重对生态环境的保护和建设，在生态意识的指引下创建理想的人居环境成为现代大多数新城的总体建设目标。

2.2　中国新城发展实践

中国的新城规划在 20 世纪 50 年代就开始萌芽，尽管发展理念和目标不尽相同，但新城思想始终贯穿在 50 多年的中国城市化和城市发展进程之中。

计划经济时期，结合重要工业项目的建设，在北京、上海、天津、沈阳、南京、武汉、广州等特大城市周围建设了一批小城镇发展工业❶。这些卫星城与西方国家疏散中心城产业的新城建设目标不同，其主要目的是以较低的成本布局新增的工业项目，并且产业门类单一、规模小，重生产轻生活，孤立发展工业的卫星城存在布局分散、效益低下、配套服务设施不健全等问题。

改革开放以来，中国以经济建设为中心，实行对外开放政策，进入了城市快速发展期。中国的很多城市尤其是沿海城市出于改革开放和经济发展的需要，在郊区发展了一批经济开发区、高新技术园区等，这些园区拥有优惠政策，快速地成长为外向型的产业新城。

大城市总体扩张的同时，内部空间结构开始由向心集聚向离心扩散转变，北京、上海、天津、广州等城市相继进入郊区化过程。与此同时，老城区开发密度

---

❶　邢海峰. 新城有机生长规划论. 北京：新华出版社，2004：70-77.

过大、人口高度集中、交通拥堵，并逐渐成为制约城市发展的瓶颈。为解决这一问题，很多城市向"多中心、网络化"的发展模式转变，城市建设的重心不再是中心城，城区周边地区发展迅速，大量新城新区纷纷涌现，大城市地域空间开始演变为"多核"结构。中国大城市新城按照功能可划分为四种类型：生产型新城，如高新技术开发区、工业开发区等；居住型新城，如郊区房产开发区等；会展型新城，如为体育运动会、国际会议等大型活动兴建的新城；知识型新城，如大学城等知识交流密集的新城❶。

2.2.1 上海新城规划实践

20 世纪 50 年代以来，上海市一直试图改变城市空间结构状况。建设郊区新城、发展多心多核开敞式的城市空间结构是上海建设国际化大都市过程的重要步骤。上海市经历了由卫星城到新城的两个规划阶段。

1）卫星城规划阶段

1946 年的《大上海都市计划》实际规划范围突破了城市辖区概念，将与上海相频临的昆山等地的部分地区也纳入统筹范围；1956 年上海市首次提出建设卫星城镇的设想。1957 年明确提出："在上海周围建立卫星城，分散一部分工业企业，减少市区人口过分集中。"1959 年，上海市制定了《城市建设初步规划总图》，提出卫星城发展定位为承接外迁人口和工厂，开始了 5 个卫星城（闵行、吴泾、安亭、松江和嘉定）的规划建设，规划人口 10~20 万人，并提出卫星城应配置基本独立和大致完善的基础设施，除了已经启动的 5 个卫星城之外，又规划了青浦、南汇、川沙、崇明等 12 个新卫星城。1986 年的《上海城市总体规划》也明确提出了卫星城的发展理念，认为卫星城的人口规模一般不低于 10 万人，有些卫星城可以达到 30 万人。卫星城规划中增加了依托宝钢和金山石化的宝山、金山卫两个卫星城。卫星城建设始终处在一种自发状态，公共服务和基础设施仍然匮乏，综合竞争力和"反磁力"较弱。

2）新城规划阶段

2001 年批复的《上海市城市总体规划（1999 年—2020 年）》提出了建设新城的理念。以中心城为主体，形成"多轴、多层、多核"的市域空间布局结构。"多轴"由沪宁、沪杭、滨江沿海发展轴组成。"多层"指中心城、新城、中心

---

❶ 张静. 大城市理性扩张中的新城成长模式研究——以杭州为例：博士论文. 杭州：浙江大学管理学院，2007.

镇、一般镇所构成的市域城镇体系及中心村 5 个层次。"多核"即为中心城和新城。在中心城外规划 11 个新城，每个新城规划人口 20 万 ~ 30 万人。其中 10 个新城为郊区县的县城或政府所在地，另外一个为依托大小洋山深水港建设的临港新城，如图 2-3 所示。2004 年，上海市政府印发《关于切实推进"三个集中"

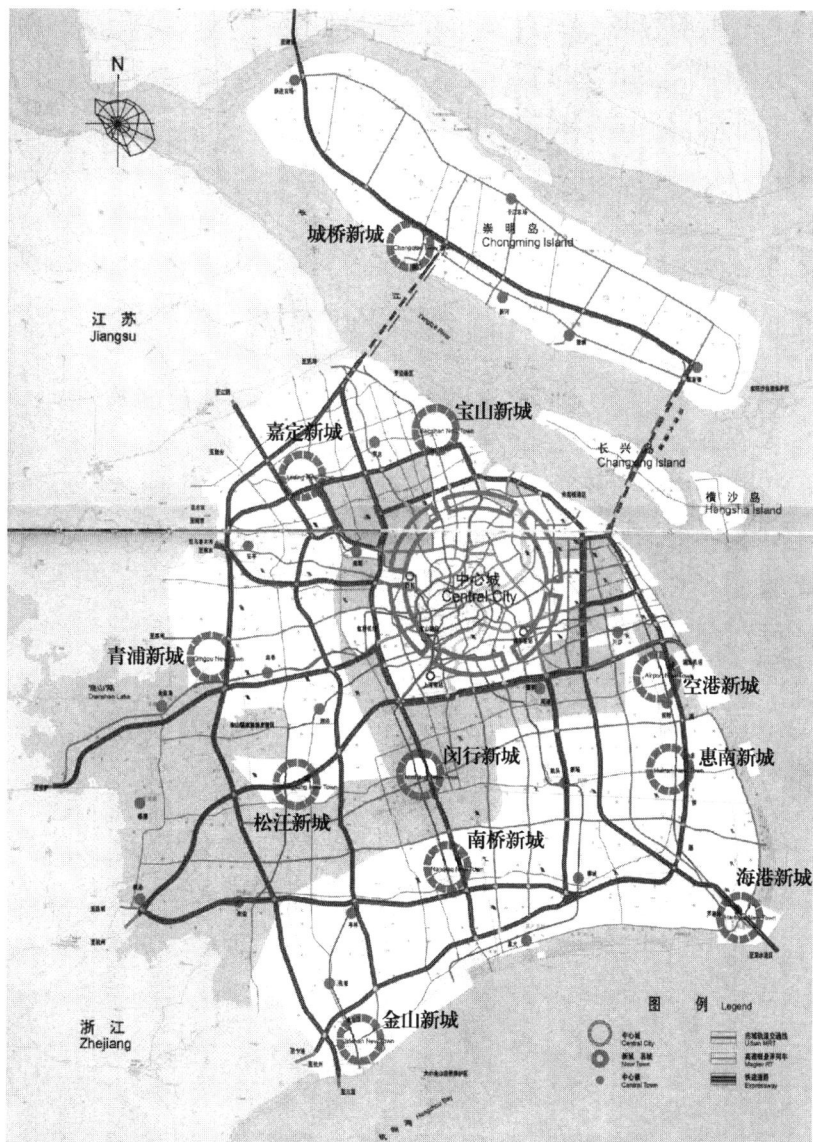

图 2-3   上海城镇体系规划图

资料来源：《上海市城市总体规划（1999 年—2020 年)》，上海市规划和国土资源管理局网站，http：//www.shgtj.gov.cn。

加快上海郊区发展的规划纲要》，要求优先发展嘉定和松江等重点新城，突出重点，重点新城的人口规模规划为 80 万~100 万人。

从卫星城规划到新城建设，上海空间战略在城市发展中起到了很大的作用。目前，上海新城建设基本在规划框架下推进，但上海新城的发展并不理想。除了松江和嘉定新城已具规模之外，其他新城城市功能仍然不完善，对要素的集聚作用较弱。新城目前还没有有效承担疏解中心城的功能，更遑论与中心城区形成协调互补、互动共赢的区域关系。

2.2.2 广州新城规划实践

广州新城发展大致可分为三个阶段❶。

初步设想阶段（20 世纪 50 年代至改革开放）。这一时期，广州开始对"田园城市"和新城思想进行探索。卫星城还没有成为城市发展的重点。仅将几个现状村镇粗略定义为工业卫星城，在政策和产业发展方面并没有做出实质性的安排。

1）新城建设初级阶段（1978 年—2000 年）

这一阶段采用"飞地"方式建设了很多开发区，如广州经济技术开发区、广州科学城、广州高新区和南沙开发区四个具有初级新城属性的区域。

2）新城全面发展阶段（2000 年至今）

2000 年以来，广州市出于城市空间拓展的需要，利用番禺、花都撤市设区的机会，重构广州总体空间框架。2000 年战略规划中确定城市拓展方式为"点—轴"跨越式拓展方式，主要通过新城建设来实现。确定的空间布局基本取向为"南拓、北优、东进、西联"，东、南部为发展的主要方向，东进轴、南拓轴为两条城市功能拓展轴，并有目的地在东进和南拓轴上建设一系列新城。南拓轴为节点带动发展型，有广州大学城、广州新城、南沙滨海新城；东进轴上则为组团整合发展型，以珠江新城和天河中央商务区的建设来拉动，着重将各个类型分散、功能单一的开发区整合为广州开发区，并且向功能综合的产业新城——萝岗新城转变。

未进行新城建设时，广州市的空间结构为 L 形带状形态，过于依赖中心城的

---

❶ 吴志勇，吕萌丽. 新城建设与城市空间结构优化研究——以广州为例. 城市，2009（4）：43–45。

服务功能，仍然属于单中心城市结构。2000 年之后，新城的规划建设推动广州地域空间结构向多中心形态演变。

广州市"已经或正在形成广州经济开发区、南沙、空港城（新白云机场）等产业新城和珠江新城（商务功能为主）、大学城（科教为主）、华南新城（番禺洛溪居住新城）、黄阁新城（居住功能为主）等新城"❶。广州新城的历史使命已经不再局限于疏散广州的产业与人口，而是成为城市发展轴线上的重要增长极，致力于改变空间拓展方式，调整城市空间结构，提高综合竞争力。

2007 年以来，为了应对国际国内经济环境的变化，广州发展模式开始战略转型，城市总体规划思路做出调整，明确提出"实施新城策略，承接全市人口增长的居住需求"。按照主城区控制人口规模、新城接纳城区人口疏解的总体思路进行规划，通过人口发展策略判断各城区的住房需求。新城建设的区位策略考虑到交通便利和环境优良两方面因素，从而在广州市东、南、北三个方向上择地实施，即"东进、南拓、北优"战略。同时，为了增强新城吸引人口入驻的能力，通过宜居新城的打造，进一步提升现有新城（区、镇）的公共服务水平和居住环境品质，完善其综合服务功能，改善新城发展现状。

到 2010 年，广州新城建设初具规模，中部珠江新城、白云新城、琶洲地区初步完成中心城区公共服务功能的疏解和城市新中心区功能的建立；南部大学城小谷围岛及南岸地区、广州新城、南沙中心区等主要节点规模逐渐扩大；东部以萝岗区为依托，沿黄埔—增城—东莞方向拓展的发展带形成；西部与广州周边城市联动协调，金沙洲居住新城、钟村—大石新城建设基本完成。

2010 年—2020 年，新城发展的重点将由新城拓展转向新区配套建设的完善。

2.2.3 天津新城规划

天津在 2006 年批复的《天津市城市总体规划（2005 年—2020 年）》中确定的城市空间拓展战略为"双城双港、相向拓展、一轴两带、南北生态"，即兼顾中心城区的发展，同时又以"一轴两带"的规划来统筹郊区各个行政区县的发展。该规划提出"滨海新区龙头带动、中心城区全面提升、各区县加快发展"的空间战略。为提高周边区县的综合实力，突出区县的发展特色，加强城乡互动，实现各区县加快发展，规划提出外围区县实施"新城集聚、多点布局、特色

---

❶ 李建平. 广州新城规划发展的再思考——亚运村规划建设与新城开发. 城市规划学刊, 2009（2）: 107.

发展"的策略，规划了 11 个新城，分别为西青新城、津南新城、汉沽新城、大港新城、蓟县新城、宝坻新城、武清新城、宁河新城、静海新城、京津新城和团泊新城，如图 2-4 所示，按照中等城市标准建设，进一步完善载体功能，壮大经济实力，带动区县发展，在区域和城市的发展中发挥更重要的作用。

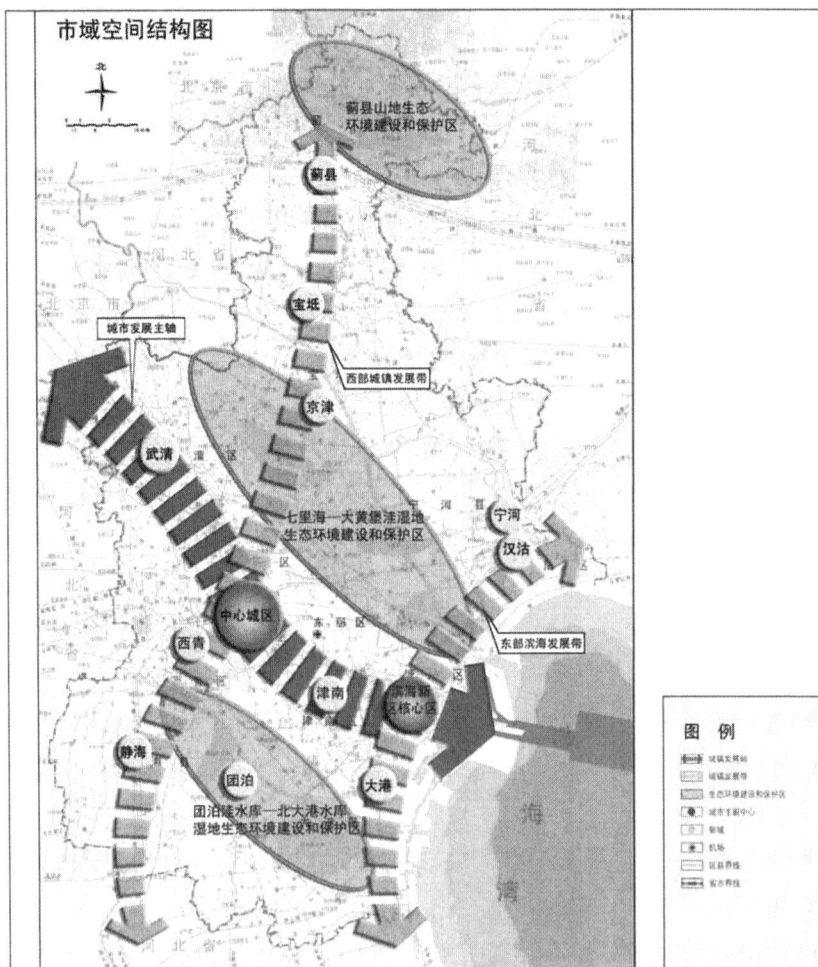

图 2-4 天津新城示意图

资料来源：《天津市城市总体规划（2005 年—2020 年）》，天津政务网，http：//www. tj. gov. cn/。

天津新城在区域和城市中的定位如下❶：

---

❶ 孟颖，等. 天津市新城发展职能研究. 城市，2009（12）.

（1）城镇体系的重要节点。天津市城镇体系划分为四级：城市中心—新城—中心镇——一般建制镇。新城作为天津城镇体系的重要节点，是各个行政区县的政治、经济、文化和服务中心。

（2）承接中心城功能疏解之地。中心城功能疏解体现为人口、产业等生产要素的向外迁移。新城是周边地区的发展高地，是中心城疏解的首选承接地。

（3）区域增长极。新城承接中心城功能疏解，同时向周边地区进行辐射，新城是"城市的边缘"和"区域的中心"。

2006 年天津 7 个重点建设新城的发展定位见表 2-3。

表 2-3　2006 年天津 7 个重点建设新城的发展定位

新城名称	发展定位
武清	高新技术产业基地；现代物流基地；生态宜居城市
静海	现代制造业基地；区域物流中心；生态宜居城市
宝坻	商贸物流基地；加工制造基地；生态宜居城市
宁河	联系东北地区的门户；加工制造基地；商贸物流基地；生态宜居城市
蓟县	历史文化名城；具有特色的文化；旅游和生态城市
京津	现代服务业基地；生态宜居城市
团泊	生态宜居城市；以科技研发、教育体育、创意产业、旅游度假为主

通过构建"中心镇——一般镇—中心村"三级镇村体系，统筹城乡居民点、产业、基础设施布局，促进人口和产业向城镇集聚，提升城镇综合实力和服务带动能力，成为带动区县、加快发展的新的增长点。

立足本地资源条件、产业基础和比较优势，明确区县功能定位和发展方向，以高水平的示范产业园为带动，彰显产业特色、环境特色、文化特色和建筑特色，促进各区县与滨海新区、中心城区的产业对接和互动。

截至 2009 年，天津市 11 个新城规划基本完成，进入初步建设阶段。

2.2.4 小结

中国正处于快速工业化和城市化的进程中，特大城市具有强大的要素集聚能力，在郊区开发建设新城已成为中国特大城市的共同选择。

中国特大城市的新城开发建设有两个主要目的：①作为区域新的经济增长点和城市空间拓展的重要组成部分，因此多选择依托远郊区县的县城进行规划建设；②疏解中心城区的功能，满足城市功能和空间扩张的需要。依托中心城区强大的经济与社会发展作为基础与支持条件，建设郊区新城。

中国特大城市的新城规划建设处于起步阶段，新城发展相对滞后，集聚能力和服务功能较弱。几个特大城市新城发展面临的共同问题是产业与居住的不同步，有的偏重房地产开发忽视了居民本地就业而形成"卧城"，还有的偏重工业发展缺乏生活配套设施，城市独立自主性不足。

2.3 北京新城规划历程与发展现状

2.3.1 北京市空间结构调整和新城规划的轨迹

北京新城规划轨迹一直在城市整体空间结构不断调整的大框架内进行，大致经历了卫星城规划、卫星城整合调整和新城规划建设三个发展阶段，见表2-4。

1）卫星城规划初始阶段

为了缓解市区人口过分集中的压力，1958年制定的《北京城市建设总体规划初步方案》首次提出采取"子母城"的形式进行城市空间布局。在发展母城（市区）的同时，有计划地进行子城（卫星城镇）开发，规划了40多个卫星城镇。一批工厂新建或从市区迁移到远郊的卫星城，由于卫星城数量过多，产业布局趋向分散，企业规模比较小，基础设施难以配套建设。所以，规划虽然促进了这40多个卫星镇的发展，但没有形成有较大带动作用的增长极。

2）卫星城整合调整阶段

1982年的《北京城市建设总体规划方案（1982年12月）》延续了1958年规划的城市格局，为扭转卫星城分散布局状况，规划调整为条件较好的卫星城予以重点发展的思路，并提出了相关配套措施。远郊卫星城由40多个精简为20多个，并提出重点建设燕山、通县、黄村、昌平4个卫星城。郊区有了一定发展，但是并不理想。其原因一方面是投资建设重点仍在市区，卫星城镇在服务功能和城镇面貌上与市区存在巨大反差，使得其吸纳市区人口的功能十分有限；另外一方面则是缺乏市区和卫星城之间的快速交通联系。1993年批复的《北京城市总体规划（1991年—2010年）》规划思路调整为"城市建设的重心从市区逐步转移到远郊区"以及"市区由外延扩张变为调整改造"，力图将北京打造成四级城镇体系，即1个市区、14个卫星城、29个中心镇以及140多个建制镇。"卫星城既承担市区延伸的部分功能，又是所在辖区的政治经济和文化中心"，"相对独立、设施齐全、各具特色"，改变之前各卫星城均将工业发展作为唯一目标的情

况，使其"相对独立、设施齐全、各具特色"。借助房地产开发促使市区人口外
迁为卫星城发展注入新的动力，卫星城进入了一个空前的快速发展期，人口增长
的速度超过城近郊区。但是，建设重点仍然集中在城市中心区，尤其是近郊区，
卫星城基础设施建设滞后及与城区联系不紧密的问题仍没能解决，使得卫星城的
城市功能发育不足，吸引力较弱，人口规模仍然在十几万徘徊。

表 2-4　北京新城规划历程与特征

阶段	规划时间	城市空间布局总体思路	新城/卫星城发展目标	规划数量	发展特征
卫星城规划初始阶段	1958 年《北京城市建设总体规划初步方案》	分散集团式布局	工业开发	40 余个卫星城	卫星城数量过多，布局过于分散，难以形成产业规模和完善配套设施，没有形成有较大带动作用的增长极
卫星城整合调整阶段	1982 年《北京城市建设总体规划方案》	旧城逐步改造，近郊调整配套，远郊积极发展	工业基地	20 余个卫星城，4 个重点卫星城	卫星城有了一定发展，但并不理想。投资建设重点仍在市区，卫星城在服务功能和城镇面貌上与市区存在巨大反差；市区和卫星城之间缺乏快速交通联系
	1993 年《北京城市总体规划（1991 年—2010 年)》	构建四级城镇体系，两个战略转移	承担市区延伸的部分功能，又是所在辖区的政治经济和文化中心，相对独立、设施齐全、各具特色	14 个卫星城	房地产开发成为卫星城发展新的动力，但基础设施建设滞后及与城区联系不紧密的问题仍未解决，卫星城的城市功能发育不足，吸引力较弱，人口规模小
新城规划建设阶段	2004 年《北京城市总体规划（2004 年—2020 年)》	"两轴—两带—多中心"城市空间格局	重要节点，疏解中心城人口和功能、集聚新的产业，带动区域发展的规模化、功能完善、相对独立的城市地区	11 个新城，3 个重点新城	重视基础设施和公共服务建设；经济与人口集聚作用增强；距离规划目标仍有很大差距

3）新城规划建设阶段

在《北京城市总体规划（2004年—2020年)》中明确要求构建"两轴—两
带—多中心"的城市空间结构。

作为新空间规划布局中的重要节点，新城一方面承担疏解中心城功能和人
口，另一方面起到集聚新的产业、带动区域发展的重要作用。原有的卫星城也在
新规划中从14个压缩为11个，如图2-5所示。

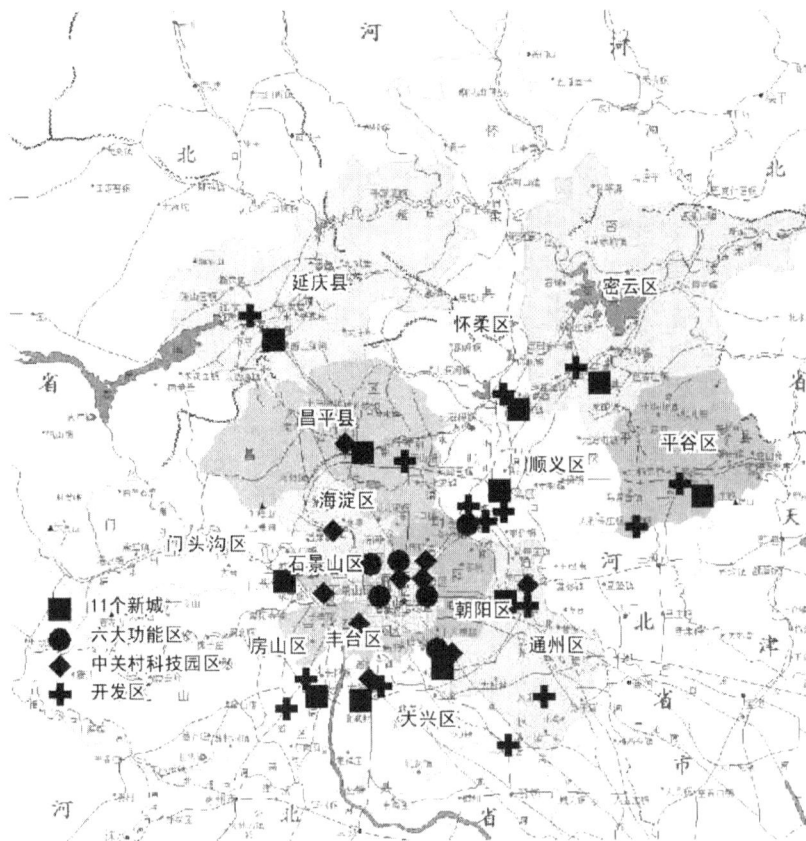

图2-5　北京城市功能空间结构图

资料来源：武廷海，杨保军，张城国. 中国新城：1979年—2009年. 城市与区域规划研究，2011
（2）：25.

通州、顺义和亦庄三个新城作为规划建设的重点新城，其人口规模规划为
70万~90万人，同时预留发展空间为百万人口规模；房山、大兴和昌平三个新
城人口规模规划约为60万人；怀柔、密云、门头沟、平谷和延庆5个新城的人
口规模规划为15万~35万人。

按照"在原有卫星城和重大基础设施的基础上，建设相对独立、功能完善的健康新城"的指导思想，新的卫星城除亦庄之外，全部在远郊 10 个区县的原有县城基础上规划建设。

北京市规划委于 2007 年 11 月公布的北京 11 个新城规划中，提出在奥运会后将规划建设重心由中心城逐步转移向新城特别是重点新城，通过新城尤其是重点新城的发展，促进北京城市建设及社会经济的全面、持续、协调发展。

2.3.2 北京市新城规划建设现状

2.3.2.1 以基础设施和公共服务为主的新城和新农村建设

2003 年科学发展观提出后，城乡统筹发展成为客观要求，北京市开始打破城乡二元结构，重视农村发展。坚持资源要素向远郊区县配置。2004 年以来，北京市大力推进政府投资向郊区农村转移，努力扩大公共财政覆盖农村的范围。2005 年，政府投资中用于 10 个远郊区县与城八区的比例由 2003 年的 2 : 8 提高到 2005 年的 5 : 5，2005 年—2010 年政府对郊区的投资均高于城区，其中远郊几个生态新城的政府投资比例超过两成。政府对远郊区县新城和农村地区的投资主要用于基础设施建设和公共服务供给。

1）城乡基础设施建设进展快速

（1）新城城区基础设施建设方面。实施连接中心城和新城的轨道交通建设，2010 年底 5 条轨道交通线建成通车，包括顺义、昌平、大兴、通州、亦庄和房山在内的第一圈层新城均有轨道交通与中心城相连；加快新城外部交通联络建设，每个新城都有高速公路连接中心城，中心城至新城的联络通道超过 20 条，新城与新城之间的交通通道超过 10 条，新城的路网体系不断完善，城区路网骨架已经初步形成，镇区路网和小城镇联络线建设也逐步加快。另外，加快市政基础设施建设速度，建设了 10 个新城的区域集中供热设施，新城在 2010 年全部实现"区域集中供热"。依托六环路天然气管网，将新城与市区干网联通，推进新城天然气输配工程建设，完善新城天然气区域管网系统，2010 年底已有部分新城实现了天然气管道供应；推进新城再生水厂建设和已有污水处理设施的改造，加快新城污水截留和管网工程建设，重点实施一批新城垃圾转运站和乡镇垃圾转运设施建设，实现建筑垃圾的资源化处理。截至 2010 年底新城全部实现雨污水分流，垃圾无害化处理率达到 99%，污水处理率达到 90%。

（2）以"五项基础设施"建设来全方位改善农民生活水平。通过大力建设供排水设施，集中供水范围覆盖到 95% 的重点镇；建设郊区安全饮水工程，在全国率先让全部郊区农民都喝上放心水。另外还实施了送气下乡、绿色燃气以及阳光浴室等能源工程。

2）以教育医疗为主的城乡基本公共服务建设

（1）引导中心城优质服务资源向新城转移，增强新城公共服务资源对人口的吸引力。适度控制中心城教育、医疗、行政办公和科研服务设施的新建和改扩建，鼓励有影响力的学校、医院，整建制外迁新城，并将探索名校分校全市招生的教育新模式。到 2010 年，实现了 10 个远郊区县区区有名校分校的目标，如北京二中通州分校。

（2）建立以新型农村合作医疗、养老和农村低保制度为主的农村社会保障体系。相继出台《北京市城乡无社会保障老年居民养老保障办法》（京政发［2007］35 号）、《北京市人民政府关于印发北京市城乡居民养老保险办法的通知》（京政发［2008］49 号）。城乡居民养老保险制度实现并轨，60 岁以上的城乡无保障老人享受到每人每月 200 元的福利养老金，农村养老保险覆盖率由 2005 年的 25.1% 提高到 90%。近郊区农村低保标准实现城乡统一，远郊区由 2005 年的 1580 元提高到 2520 元。新型农村合作医疗制度全面建立，农民参合率由 2005 年的 80.3% 提高到目前的 96.7%。2005 年—2010 年北京市累计建成社区卫生服务中心 328 个、社区卫生服务站接近 3000 个，社区卫生服务基本实现城乡居民全覆盖，另外提前实现了广播电视"村村通"，并在每个行政村都配置了文化活动室。

2.3.2.2 北京市新城分类与发展现状

根据新城经济社会发展状况和承担的主要职能，可以将北京市 11 个新城划分为三种类型：产业新城、居住新城和生态新城。

（1）产业新城包括顺义、亦庄和房山（燕房组团）。顺义和亦庄两个新城分别依托空港经济开发区和北京市经济技术开发区两大产业功能区兴建，是北京市现代制造业和高新技术产业的主要空间载体，兼有商务、物流、会展等第三产业。房山新城燕房组团依托燕山石化而形成，石化、新材料和新型建材等产业较为发达。

（2）通州、大兴、昌平新城和房山新城良乡组团，房地产业发展迅速，人口规模增加较快，交通市政基础设施与生活配套服务有所改善。几个新城虽然其他产业也有所发展，如大兴生物医药产业与昌平高新技术产业等，但因其以居住功能为主的发展现状划分为居住新城。

（3）生态新城包括怀柔、密云、延庆、平谷和门头沟，承担北京市水源保护和生态保育的责任。

其中产业新城和居住新城为第一圈层新城，距离市中心的距离为 16 ~ 37km。交通联络条件较好，有高速公路和轨道交通与中心城相连，承担中心城功能疏解和带动区域发展的双重任务。生态新城为第二圈层新城，距离市中心的距离一般为 50 ~ 70km，门头沟新城虽然距离中心城较近，但由于其区域主要为山区及煤矿采空区，生态环境脆弱，仍以生态保育功能为主。

2010 年居住新城人口规模均超过 40 万人，最高的为通州区，达到 64 万人；产业新城人口规模稍低，为 20 万 ~ 40 万人；生态新城现有人口规模更小，延庆仅有 12.6 万人，最高的密云新城也仅有 24 万人。

第一圈层新城中顺义、通州和亦庄三个新城作为发展重点所在，其规划人口规模为 2020 年达到 70 万 ~ 90 万人，同时预留发展空间为百万人口规模；房山、大兴和昌平三个新城人口规模规划约为 60 万人。第二圈层的怀柔、密云、门头沟、平谷和延庆 5 个生态新城的人口规模规划为 15 万 ~ 35 万人。北京新城发展现状见表 2-5。

表 2-5 北京新城规划发展现状

新城类型		新城名称	2010 年人口（万人）	2020 年规划人口（万人）	距离市中心距离（km）	交通条件	功能定位与发展导向
第一圈层新城	产业新城	顺 义	39.9	90	30	六环、机场高速、地铁 M15 线	引导发展现代制造业，以及空港物流、会展、国际交往、体育休闲等功能
		亦 庄	28.5	70	16	五环、六环、京津唐高速、地铁亦庄线	引导发展电子、汽车、医药、装备等高新技术产业与现代制造业，以及商务、物流等功能
		房 山	40.7	55.7	28	六环、京石高速、地铁房山线	引导发展现代制造业、新材料产业，以及物流、旅游服务、教育等功能

新城类型		新城名称	2010年人口（万人）	2020年规划人口（万人）	距离市中心距离（km）	交通条件	功能定位与发展导向
第一圈层新城	居住新城	通 州	64	90	23	六环、京通快速、地铁八通线	城市综合服务中心。引导发展行政办公、商务金融、文化、会展等功能
		昌 平	46	60	37	六环、京藏高速、地铁昌平线	引导发展高新技术研发与生产、旅游服务、教育等功能
		大 兴	47.4	60	20	五环、六环、京开高速、地铁四号线	引导发展生物医药等现代制造业，以及商业物流、文化教育等功能
第二圈层新城	生态新城	怀 柔	22.8	35	50	六环、京承高速	引导发展会议、旅游、休闲度假、影视文化等功能，平原可发展都市型工业、现代制造业
		门头沟	18.7	25	25	六环	文化娱乐、商业服务、旅游服务等功能
		平 谷	14	30	67	京平高速	引导发展都市型工业和现代制造业，以及物流、休闲度假等功能
		密 云	24	35	64	京承高速	引导发展都市型工业，以及旅游度假、会议培训等功能
		延 庆	12.6	15	71	京藏高速	引导发展都市型工业，以及旅游、休闲度假、物流等功能

资料来源：《北京市11个新城规划》，2007年；北京市11个区县第六次人口普查数据公报，2011年，各区县统计局网站。

第3章　基于城乡一体化的新城理论框架

3.1　从田园城市、卫星城到新城——新城发展理论沿革

3.1.1 田园城市理论：新城规划的思想渊源

1898 年霍华德出版著作《明日：一条通往真正改革的和平道路》，对大城市产生的过分拥挤和环境污染等问题做出强烈谴责，他倡导建设"兼具城市和乡村"优点的理想城市，既体现了城市的"近便条件"和农村的"优美环境"，又能避免两者的弊端，实际上是城和乡的结合体，称为"田园城市"。田园城市土地全民共有，增值收益全民共享；城市规模小，但是可以形成丰富的生活；城市周边围绕着永久的农业地带。霍华德认为田园城市就是"一个有完整社会和功能结构的城市，有足够的就业岗位维持自给自足，空间合理布局以保障阳光、空气和高质量的生活，绿带环绕，既可以提供农产品，又能有助于城市的更新和复苏"❶。

书中提出，农村人口大量向城市迁移推动城市地价快速上涨，从而使城市地产主获取了巨额财富，这是当时城市问题的主要原因。为了改变这一状况，他建议贷款购买相对廉价的农业用地，在农业用地上建设田园城市。田园城市的土地总面积为 24km²，其中农业用地 20km²，城市用地为 4km²。田园城市的总人口为 3.2 万人，其中农业人口 2000 人。田园城市的土地由市政当局管理，土地租用者向市政当局缴纳"税租"。税租除了还付贷款和利息之外全部用于提供市政基础设施和公共福利，这样市民可以以较低的税负获得较高的福利，而不是被土地主

---

❶ 霍华德. 明日的田园城市. 上海：商务印书馆，2002.

所剥削。田园城市因其显著优点将得到大量建设，伦敦等大城市的居民也会逐渐向田园城市迁移，引起大城市人口的降低，带来大城市地价下降，地产主再不能享受暴利。这样就可以用和平的方式实现土地公有，最终实现所有城市的田园城市化，形成"社会城市"。

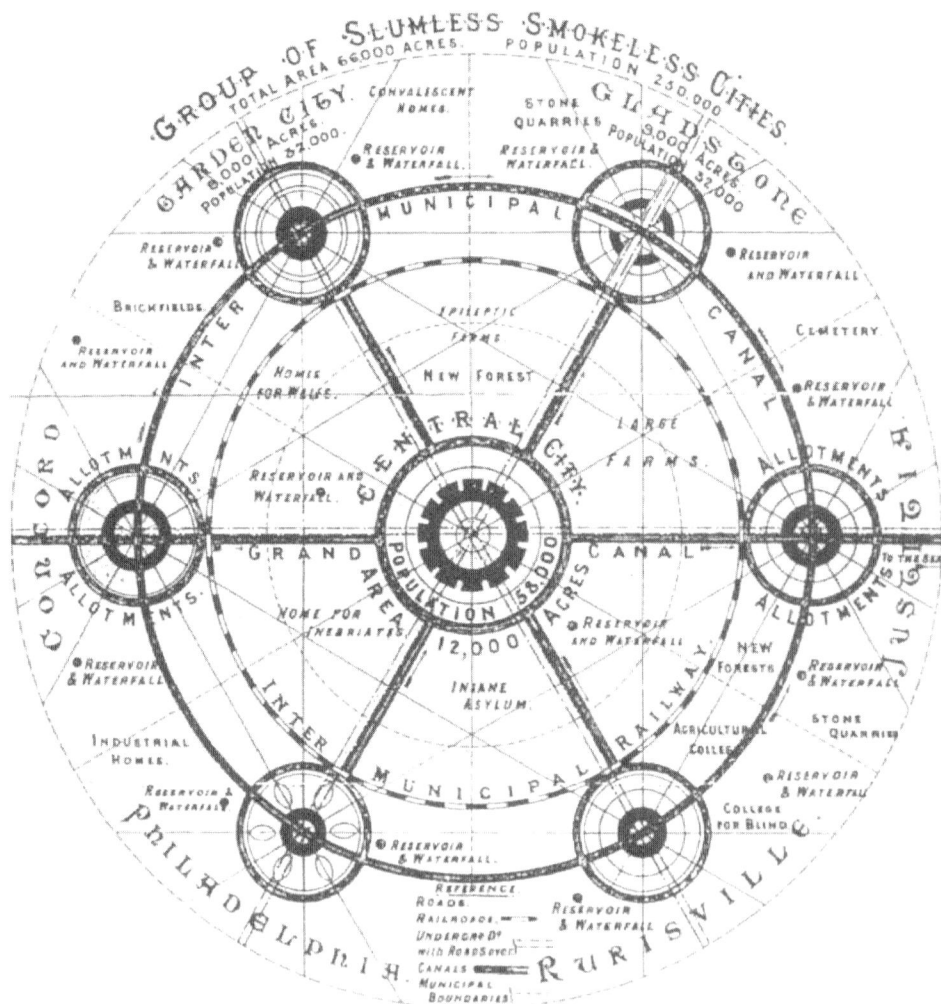

图3-1 "无贫民窟无烟尘的城市群"示意图

资料来源：霍华德. 明日的田园城市. 上海：商务印书馆，2002.

这一图示及背后的田园城市规划思想被公认为卫星城和新城实践的理论渊源。

为解释"社会城市"的空间结构以及"城市增长的正确原则",霍华德绘制了一张"无贫民窟无烟尘的城市群"示意图(图3-1)。其中单个田园城市整体是一系列的同心圆,以圈层状从内向外依次为中心区、居住区、工业区和农田绿地,有6条主干道从中心向外放射,将城市分成6个区。农田绿地永久不得改作他用,以此来控制城市用地边界。当一个田园城市人口达到3.2万人以后,可以跳过农业地带新建另一个城市,经过长期建设改造后,全面形成城乡结合的城市群网络。图中7个城市组成的"无贫民窟无烟尘的城市群",共容纳人口25万人,其中每个中心城市人口为5.8万人,其余外围城市的人口都是3.2万人。控制每个城市的规模,然后以铁路把城乡连接为相互协调补充的区域组合体。城市群中的居民从小范围看是定居在不同的小镇上,从大的空间来看则是共同居住在一座"宏大而无比美丽的城市之中"。

3.1.2 卫星城理论

卫星城理论是在霍华德的田园城市理论启发下形成的。卫星城是借用物理学概念,以卫星围绕行星旋转来说明卫星城和母城的关系,远离母城,在经济、社会和城市文化方面具备一定的独立性,但同时依赖于母城的派生城市。

卫星城的概念最早在1915年由美国学者泰勒提出,他认为可以在特大城市的郊区建设"卫星城",接纳建成区迁出的工厂和人口。

英国方面,1919年恩温发现田园城市群的形态与围绕在行星周围的卫星非常相似,首次提出卫星城的概念。后来他建议环绕着伦敦中心城市规划建设一系列的卫星城以疏解人口和产业。1927年,大伦敦区域规划委员会成立,恩温担任技术总顾问,提出用一圈绿带把建成区围住,限制其继续拓展,过多的人口就迁移到周围的卫星城,大伦敦规划最终采用了这一思路。

建设初期的卫星城是所在大城市的居住区,仅有住宅和基本居住配套设施,但居民如果要就业和进行文体休闲活动等则必须回母城,故谓之为"卧城"。典型案例是1912年—1920年在距离巴黎16km的地方规划的28座居住城市。

第二阶段是半独立的卫星城。1918年芬兰建筑师沙里宁在规划大赫尔辛基的新区小镇"明克尼米—哈格"时,发现城市郊区已经存在卫星城镇,但是因为仅具备居住功能,是典型的卧城,与中心城之间存在着大量交通,并产生诸多社会问题。借此他提出在大赫尔辛基周边地区建设"半独立"的卫星城,不仅提供居住,也提供一定的就业岗位和服务设施,另外以轨道交通加强与中心城市的联系。沙里宁认为，城市需要逐步达到分散的目标，卫星城"有机地"分离运动，后人称沙里宁的这一规划思想为"有机疏散"理论。

有机疏散理论体系在沙里宁1942年发表的《城市：它的成长、衰败和未来》一书中有着系统的表述，他认为城市与自然界一样都是有机体，由许多细胞构成。"细胞间有一定的空隙，有机体通过不断地细胞繁殖而逐步生长，它的每一个细胞都向邻近的空间扩展，这种空间是预先留出来供细胞繁殖之用，这种空间使有机体的生长具有灵活性，同时又能保护有机体。城市也应该按照有机体的功能要求，不能聚集成毫无章法的块体，城市人口和工作岗位不能凝结在一块，而是应该分散到可供合理发展的、离开市中心的地域上去。有机疏散理论认为重工业和轻工业都应该从城市中心疏散出去，腾出的大片用地可以用于增加绿地，以及提供给那些必须在城市中心地区工作的技术人员、行政管理人员、商业人员作为居住地之用，让他们就近享受家庭生活。"❶ 沙里宁认为"对日常生活进行功能性的集中"和"对这些集中点进行有机的分散"，是使拥挤型城市可持续发展所必须采用的最主要的两种组织方式。前者产生城市的便利生活，后者则可以提升城市效率。

包括有机疏散理论在内的诸多卫星城理论非常重视卫星城对中心城的依赖关系，将卫星城定位于中心城市某一功能疏解的承接地。

3.1.3 新城理论

功能单一的卫星城经过一段时间的发展后暴露出诸多经济社会问题。规划思路开始调整为建立完全独立的卫星城市，这就是新城（New Town）。

新城概念在英国1946年的《新城法》中首次提出。新城理论认为，理想的城市发展空间布局应该类似于植物长芽，"芽"与"芽"之间布置着农业用地，快速交通将这些幼芽有机连接在中心城周边，形成多中心结构，避免城市无限蔓延。

遵循新城理论的大伦敦规划将伦敦整体划分为核心、内层、郊区和农业区四个圈层，在农业圈层设立8个分散的新城，来承接核心层疏解的人口和产业。第二次世界大战之后，在距离中心城市30~50km处规划建设工业区与居住区比例适当的新城市，新城配套建设了档次接近中心城的公共服务和文化福利设施，可

---

❶ 沙里宁. 城市：它的成长衰败与未来. 顾启源，译. 北京：中国建筑工业出版社，1986.

以使居民就地满足物质文化需求，新城逐步发展成为一个功能完善、独立性较强的城市。

刘易斯·芒福德的区域城市思想也可看作新城理论之一，早在 20 世纪 20 年代，以芒福德等人为核心的美国区域规划协会就看到新技术的发展使得城市不需要继续将全部功能聚集在其核心区，相反城市可以向周围广袤的绿色世界和小城镇扩展。因此希望将规划重心放在区域，只要规划得当，工作和居住在一起的大约 3 万人的社区大体上可以形成一个城市，那里由绿带围合出一个鲜明的边界，称为新城。与老城市的污染等城市病相比，新城能够把效率、社会公平和美结合起来。"恐龙"城市会消失，代之而起的是分布在绿色景观中的"新城"组成的"区域城市"。

与卫星城理论相比，新城理论最大的不同在于重视城市功能的自主独立，将新城视为郊区一定空间范围的中心，服务于周边小城镇和农村地区，在城镇体系中占据重要地位。

3.1.4 已有新城理论评析

（1）新城理论产生的历史背景决定了其以中心城市为本位的规划思想。包括田园城市、卫星城理论在内的新城理论的产生有其独特的时代背景。西方发达国家在工业革命之后进入了经济发展和城市化的"黄金时期"，以伦敦、巴黎为代表的各大城市经济和人口急剧增长，人口和产业不断集聚导致城市用地向四周蔓延，形成单中心高度集聚的城市形态，给城市生态环境、城市效率以及城市管理等方面带来了很多问题，如城市环境污染、热岛效应、住房短缺、交通拥挤、两极分化矛盾突出等。在空间上，人口大量增加造成城市住宅的严重不足，城市郊区用地急速转变为城市建设用地，这种无序开发带来了开发效率低下等问题。为了维持城市经济增长的可持续性和社会的稳定和谐，"通过开发城市远郊地区的新城分散大城市压力"的新城规划思想出现，并通过以英国为代表的国家新城的开发实践得以逐渐完善。

可以发现，上述理论中无论是围绕行星旋转的卫星城还是集中在一个中心城市周围的"幼芽"——新城，其规划建设的最根本动力和最基本目标都是疏解中心城（母城）的功能、产业与人口。因此，无论新城的选址、城市功能、交通联络线还是重点产业和生产生活配套设施都主要立足于中心城的可持续发展。而新城本身所处的农村地区被统一视作未开发空间，其如何发展基本没有纳入新城规划范畴，相关理论对此也鲜有讨论。

卫星城和新城的开发客观上对周边地区发展起到了一定的带动作用。但是其承接中心城职能的核心使命使之在主观上极易忽视与周边地区产业的协作以及承担周边区域城市化主要载体的职能，新城成为中心城的"飞地"，与周边农村发展脱节，从而在更广的地域范围内形成新的"城乡二元结构"。

（2）卫星城和新城规划思想更为重视空间安排与设计，忽视公共政策。作为新城运动的思想渊源，田园城市理论的核心在于公共政策，而非具体的空间形态设计。霍华德不是建筑师或工程师，具体的物质环境设计并非他的特长。田园城市理论的主要贡献在于把城市规划作为推进社会改革的一种手段，把社区内经济活动的组织、社会生活的安排、物质环境的布置以及付诸实施的经济手段、管理方式等统统纳入城市规划的内容，是一种广义的城市规划。

然而，长期以来新城和卫星城运动大都偏重于大城市空间设计和物质环境规划建设方面。城市规划界一直认为第二次世界大战以来的英国新城运动、卫星城布局模式、环城绿带的空间布置等都起源于霍华德的理论。但是通读《明日的田园城市》可以发现，上述规划设计的技术手段有的是书中的一些细节而非研究重点，如环绕城市的绿化带；有的则不过是和霍华德的示意图在形式上有点相似，如英国的新城和大城市附近的卫星城与原著中"无贫民窟无烟尘的城市群"示意图比较形似。

可以说，新城规划在实践中仅仅学习了田园城市群的空间形态和城市布局形式，重视空间安排的技术手段，但对于如何落实规划目标、如何体现新的城市发展理念的公共政策却鲜有研究，对于中心城、新城和广大农村的区域内在联系和作用方式缺乏认识和公共政策引导。这种重空间形态、轻公共政策的新城理论直接导致了很多新城的失败。

（3）田园城市理论蕴含着城乡融合思想，但理想色彩浓郁，对城乡融合途径未作分析。霍华德认为城市和乡村各有优缺点，在《明日的田园城市》一书中提倡"用城乡一体化的新社会结构形态来取代城乡对立的旧社会结构形态"。事实上，田园城市是城市和乡村的融合体。

但是，田园城市理论是在指导思想层面提出了城市和乡村发展相结合的理念，具体规划中仅仅是在布局形式方面，将包含工业区和住宅区等城市元素的区域与农业用地在空间上结合起来、比邻布置。可以说，这是一种城乡的机械结合模式，而对于城市与农村如何协调、互动与合作并没有做出讨论。

另一方面，田园城市 24km^2、3.2 万人口的规模过于理想化，虽然保障了高质量的易于接近绿地的生活，却有悖规模经济和集聚经济的城市本质特征。

田园城市城乡结合模式的实现有赖于其初始条件——在农业用地上建设城市。对于现状的城乡并存区域如何实现城乡结合发展未作讨论。

3.2　城乡一体化对新城规划发展提出严峻挑战

上节述及，经典新城理论的产生及发展与其时代背景和现实矛盾息息相关，正是在特定的时代背景下，应对当时城市发展中的重大问题，才产生了相关理论，并且随着经济社会的发展变迁而不断调整修正，发展出包括田园城市、有机疏散以及区域城市等在内的丰富理论。

因此，探索适合中国国情与现实的新城规划建设理论首先就必须对中国新城发展所处的背景与制度语境进行深入剖析。

3.2.1 以城乡一体化为目标的统筹城乡发展是当代中国的重大战略

2002 年，中共中央在中国共产党的第十六次全国人民代表大会上提出，"统筹城乡经济社会发展，建设现代农业，发展农村经济，增加农民收入，是全面建设小康社会的重大任务"。

3.2.1.1 统筹城乡发展的战略意义

工业化和城市化是发展中国家由传统向现代转型的两条主要路径。但是，城乡分割的中国传统城市化模式不仅使农村问题越加严峻，同时也是造成城市经济粗放型增长和社会秩序失调、新型工业化难以推进乃至中国发展转型难以为继的宏观问题的基本原因。这一系列问题的逻辑起点均与城乡分割、城市核心和增长导向的发展思路密切相关，并持续积累、相互作用、恶性循环，共同成为中国转型的重大障碍。因此，中国可持续发展所面临的多重危机和内外困境都必须依靠彻底纠正城乡二元体制、变传统城市化为新型城市化来予以破解。

新型工业化和新型城市化是中国转型时期的主题，是未来时期中国发展的主旋律，统筹城乡发展是同步推进新型工业化、新型城市化和农村现代化科学方法的系统集合。统筹城乡发展战略实际上是对传统的以城市为核心、以增长为导向城市化道路的修正与完善，可以从根本上化解中国"三农"问题，从而扩大内需，经济转型，构建和谐社会。以统筹城乡发展为基本方法，以"人本、协调、创新、可持续"为核心价值观同步推进新型工业化、新型城市化和农业现代化将大规模解放和发展生产力，促进发展方式转型，城乡人民共创共享，造就中产阶级阶层，促进中国跨越中等收入陷阱，向高收入国家迈进，到21世纪中叶全面实现现代化。

中共中央于2002年中国共产党第十六次全国人民代表大会上首次提出"统筹城乡发展"的概念，它标志着中国城乡关系在经过半个多世纪的发展之后，进入了一个重要转折点。2003年的十六届三中全会将统筹城乡发展上升为国家战略，2004年底，胡锦涛总书记在中央经济工作会议上明确指出，我国总体上已经进入以工促农、以城带乡的发展阶段，2007年党的第十七次全国人民代表大会报告把统筹兼顾上升为科学发展观的根本方法。回顾统筹城乡理念的提出和深化的过程，可以清楚地发现统筹城乡发展在中国长远发展思路中具有重要地位，是实现国家转型发展目标的有效路径，更是立足当前、着眼未来的战略选择。

因此，统筹城乡发展是落实科学发展观，系统联动解决中国发展转型中的各类城乡问题，实现发展转型和社会和谐的重大战略举措❶。

3.2.1.2 统筹城乡发展的概念

统筹城乡发展不是简单地就农村论农村，而是以科学发展观为指导，在同一平台上考虑城乡共同发展，从制度和机制上把城乡结合起来，将城乡置于同一层次上统一谋划发展，建立城市与乡村之间开放融通互动的发展机制，联动解决高速城市化进程中的城市问题与乡村问题，最终形成城乡和谐共荣的新态势、新格局，全面实现城乡一体化。

3.2.1.3 城乡一体化是统筹城乡发展的终极目标

统筹城乡发展和城市化的终极目标是城乡一体化，以城乡一体化为目标推进城乡发展是世界城市化发展的共性特征和基本规律。由于中国特殊的城市化道路，中国的城乡一体化具有以下四个方面的内涵：

（1）经济一体化，通过促进城乡之间生产要素有序流动，发展以农业现代化为核心的农村经济，缩小城乡产业效率差距；

（2）社会一体化，通过现代农业的发展，提高乡村居民收入水平，缩小城

---

❶ 叶裕民. 统筹城乡发展：中国跨越"中等收入陷阱"的重大战略. 四川新闻网，2011-3-4.

乡居民的收入差距；

（3）制度一体化，通过建立公共财政制度，推行公共服务均等化，缩小城乡公共服务差距；

（4）城市内部二元结构一体化，通过一系列流动人口制度改革，加速农民工融入城市，解决中国传统城市化积累的特殊矛盾，是中国最为严峻的城乡一体化任务。

统筹城乡发展就是以人为本，"以人口的空间流动和社会流动为主线，以城乡一体化为目标，形成经济与社会同发展、城市与乡村共繁荣、人与自然和谐、历史文化与现代文明交相辉映的新型城乡形态"❶。

3.2.2 城乡一体化对新城规划发展提出三大挑战

以城乡一体化为最终目标的统筹城乡发展战略是新城发展的基本背景，对新城规划建设提出严峻挑战。

3.2.2.1 新城发展理念必须变增长导向为"人本、创新、协调、可持续"

增长导向的传统城市发展模式导致了严重的发展问题。城市经济增长以外延扩张为主，资源消耗量较大，造成城市建设用地规模和人口规模不断扩张，城市空间不断低密度蔓延。城市政府过多干预经济运行，重管理、轻服务。以增长为导向的发展理念不仅体现在城市化和城市发展方面，事实上贯穿了改革开放后整个中国经济发展历程，主要依靠增加资源（人、财、物）投入，扩大生产场地、生产规模提高产出而非技术进步和劳动力生产率的提升，以高投入和低效益为主要特征。外延式粗放型的增长模式是以农民工非市民化带来的低成本为前提的，同时也产生了路径依赖和恶性循环，增长方式转型困难，经济发展与资源环境、社会进步之间的不协调、不同步长期存在。

新城的规划建设必须转变发展理念，摒弃增长导向的发展模式，树立"以人为本、创新、协调、可持续"的发展理念，并以此作为基本准则统领经济社会发展全过程。

3.2.2.2 新城不能仅考虑自身发展，必须化解城乡发展问题

城乡一体化对处于城市化中期阶段的中国新城提出了双重任务：一方面需要

---

❶ 叶裕民. 统筹城乡发展是我国走向世界强国的坚实基础. 新农村商报，2011-3-9.

为城市化的发展提供空间载体，带动周边地区发展；另一方面要解决中心城市发展问题。

如图 3-2 所示，传统城市化和城市发展模式导致城市和乡村的发展均出现严重问题。①以城市为核心的发展思路使得生产要素向城市尤其是大城市过度集中，大城市空间不断低密度蔓延。②农民城市"化"过程不完整，进入城市的农村人口仅完成了职业转化，其本人和家属的空间流动与社会流动进程却被户籍等城乡二元制度阻断，成为了在城市工作却不能平等享受城市福利而不得不徘徊在城市与乡村之间的"两栖人口"。③难以放弃农村土地和宅基地，农村人口没有真实减少，农业现代化难以推进，依然延续小规模低效率的传统农业生产模式，农民收入水平低，农村落后局面长期存在。④一方面，带眷迁移困难，农村空巢老人和"留守儿童"问题严重，家庭结构破裂引起农村社会的不稳定；另一方面，在城市的流动人口由于长期不能得到城市身份认同和人格尊严，不能平等享受城市福利，而成为收入低下、生活封闭的城市边缘阶层，威胁城市社会稳定。⑤只能在城市谋生却不能融入城市的不稳定缺乏预期状态使得两栖人口将在城市的花费降到最低，而将收入寄回老家修建房屋，这种低端异地消费模式降低了城镇购买力，制约了城市服务业发展，加之作为产业工人主体的流动人口长期得不到培训，人力资本得不到有效积累，又制约了产业升级，二者共同造成了城市产业发展转型的困难。

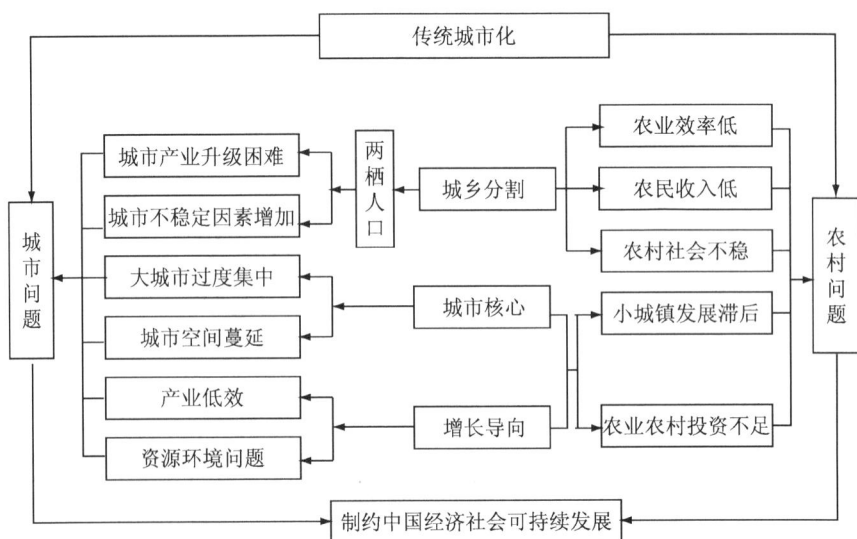

图 3-2 传统城市化模式导致的城乡双重问题

3.2.2.3 新城必须进行制度创新，打破城乡割裂发展模式

发达国家在建设新城时，城乡之间的差距和矛盾并不突出，几乎完全是为了解决大城市的城市病而出现的。与发达国家不同，中国的城市化发展一直以城乡分割为根本特征。迥异于世界城市化发展一般道路的中国城市化模式，积累了大量复杂的矛盾问题，是中国新城建设必须面对的现实。

城乡割裂的传统发展思路导致城乡差距日益扩大，目前中国城乡差距仍呈现扩大趋势，城乡居民收入差距由 20 世纪 80 年代中期的 1.8：1，90 年代中后期的 2.5：1，21 世纪初的 3：1，扩大到 2010 年的 3.2：1，如图 3-3 所示。

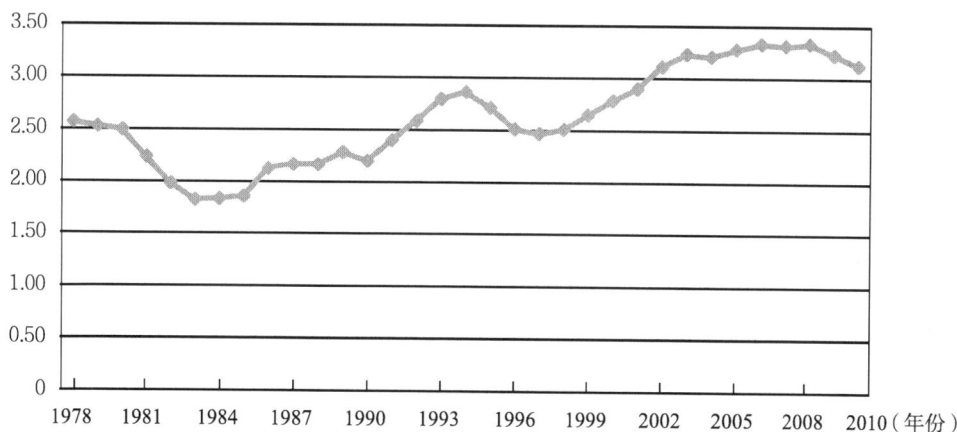

图 3-3　1978 年—2010 年中国城乡居民收入比（农村=1）

城市与乡村相互割裂的发展方式导致严重的城乡二元结构、城市内部贫富差距与社会冲突、经济结构升级缓慢、农村日益落后衰败，造成城乡之间、经济与社会之间、人与自然之间的不平衡、不协调和不可持续。中国经济社会可持续发展遭受严重威胁，中国必须选择城市化转型发展之路，即新型城市化道路。

中国新城的规划建设必须进行制度创新，打破城乡二元分割的发展模式，成为城乡一体化的探索者和先行者。

3.2.3 统筹城乡发展是中国新城应对挑战的指导思想

统筹城乡发展是中国现阶段的重大发展战略，是推进新型城市化和农村现代化的科学方法的系统集合。

新城作为在大城市郊区规划建设的新的城市，是中国城镇体系的重要组成部分，肩负着新型城市化和城市区域空间优化的双重载体的重任。

因此，中国的新城规划建设必须在城乡统筹发展理念的指引和要求下进行。首先，以统筹城乡发展理念为指导思想、以城乡一体化为目标科学定位中国新城；其次，构建以新城发展为核心的城乡互动发展机制；最后，确立城乡一体化为目标的新城发展机制与政策支撑。

3.3 创新城乡一体化视角下的新城发展分析框架

借鉴已有新城理论，结合中国新型城市化和统筹城乡发展的时代背景，以城乡一体化为发展目标，以人本、创新和统筹、协调、可持续为发展理念，以新城科学定位、城乡规划统领和构建服务型政府为基本保障，以增强新城综合承载力和区域要素自由有序流动为两大着力点，以公共政策为支撑构建适应中国现阶段城乡发展的新城发展逻辑框架，如图3-4所示。

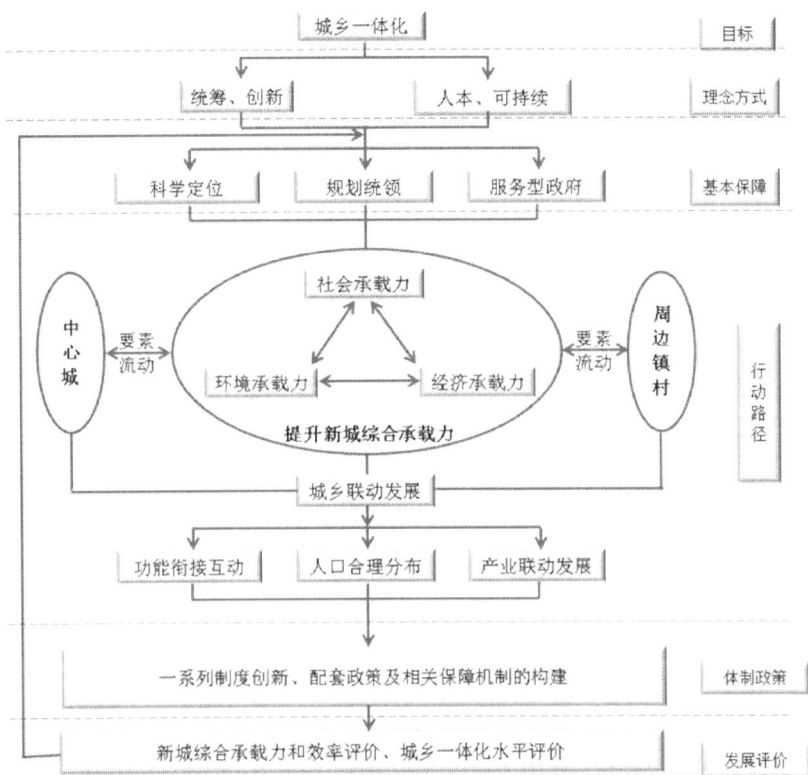

图3-4 基于城乡一体化的新城发展逻辑框架

3.3.1 基于城乡一体化的新城定位和发展目标

3.3.1.1 统筹城乡一体化发展的基本路径

统筹城乡发展"四步走战略"❶是：

（1）起点：农村人口向城市流动。城市以经济发展增加就业岗位，引导农村富余劳动力向非农产业转移，人口向城市集中。

（2）核心：流动人口市民化。城市政府必须启动以户籍为核心的城乡二元制度改革，为流入城市的农村人口及其家属提供均等化的公共服务，使之真正留在城市，不断积累人力资本，促进城市产业升级，鼓励其积极性和创造性，为城市长期繁荣做出努力。

（3）关键：城乡要素高效有序配置。加快推进"三个集中"，构建城乡各类要素有序流动的制度平台，建立城乡市场秩序，实现社会资本、财政资金和土地的规模经济效益，营造城乡共荣的局面。

（4）落脚点：农村经济社会制度改革。首先，公共服务均等化，使农村居民享受公平的发展起点；然后，通过土地整治确权等制度创新优化农村的资本运作；最后，完善农村基层治理机制，使广大农民具有自身事务的参与决策权，以利于其长期发展。

由上述统筹城乡发展的四个步骤可以看出，城市发展是起点与关键。只有城市健康发展，就业岗位不断扩大，才可以为农村富余劳动力提供就业的出路，减少农村的人口压力；只有城市的以户籍为核心的制度改革到位，才能使农村富余劳动力真正留在城市，农村人口真实减少，才能为农村产业规模经营和农业现代化提供必要前提。从这个角度来说，城市的健康发展和城市化进程的健康推进是统筹城乡发展的逻辑起点，首先是城市的健康繁荣，然后农村地区创新管理方式，提升文明程度，最后达到城乡一体化。

因此，统筹城乡发展的龙头和起点是城市的健康发展，根本任务是联动解决城市与乡村发展问题，基本途径是城乡之间各类要素的有序流动，最终目标是实现城乡一体化。

3.3.1.2 新城所在城市区域的特点与统筹城乡发展的难点

新城一般规划建设于以大城市和特大城市为核心的城市区域，中心城市通常

---

❶　叶裕民．科学认识中国统筹城乡发展与规划．四川新闻网，2011-6-18.

高度发达，是国家或区域经济中心，甚至在全球城市网络中具有重要地位，在国内跨区域合作与全球化浪潮的共同作用下，参与区域与全球产业分工，集聚高端产业和高素质人口。中国目前有四个城市明确提出发展新城并将新城作为城市整体发展战略的重要领域，分别是北京、上海、广州和天津。这四个城市都是人口规模超过1000万（上海市甚至超过2000万）、经济规模过万亿的超大发达城市，见表3-1，是五个"国家中心城市"❶成员，以多功能综合性为主，除包括生产、服务、金融和流通等作用外，大多是行政管理中心、交通运输中心、信息科技中心和人才密集之地，在区域和国家层面具备引领、辐射、集散功能，对国民经济发展起主导作用。同时，在经济全球化背景下作为中国顶级城市，构成中国嵌入全球经济网络的主要连接点，参与全球范围内资本、技术、劳动力等方面的流动。

表3-1 2011年中国新城所在大城市的基本情况

	人口规模 （万人）	地区生产总值 （亿元）	国家与区域功能	国际功能及目标
北 京	1961	16000.4	国家政治文化中心、服务中心	世界城市
上 海	2302	19195.7	国家经济中心、长三角核心	国际经济、金融、贸易、航运中心之一
广 州	1043	12303.1	珠三角中心城市	南方对外交往中心和国际航运中心
天 津	1294	11191.0	北方经济中心	国际港口城市

资料来源：人口与地区生产总值为2011年数据，来自《中国统计年鉴2011》和《第六次人口普查资料》；城市功能的表述来自各城市的城市总体规划。

与此同时，在增长导向重城轻乡的发展模式下，农村发展被长期忽略，这些大城市的周边地区由于受到通勤方式不便、基础设施公共服务供给不足和高素质劳动力缺乏等因素的制约而发展水平较低，一般处于传统部门的自我发展与循环阶段，尽管与全国其他地区农村相比发展水平并不低下，但与高度发达的中心城

---

❶ 2010年2月中国住房和城乡建设部发布的《全国城镇体系规划》中，北京、天津、上海、广州和重庆被确定为中国国家中心城市。

市比较，产业层级落差过大，难以链接到中心城的发展链条中进行有效率的分工与合作。以北京市为例，中心城以金融保险、法律服务、管理咨询、广告等生产性服务业为主导产业，服务控制全国经济活动，并通过集中跨国公司中国总部参与全球合作，产业高端化发展态势明显，而在北京周边广大农村地区，农业延续传统模式，第二产业以低技术含量、劳动密集型的产业为主，如小建材、服装加工、低端机械等。中心城区集聚全国乃至全世界的高端人才、资本和技术，与全国其他区域甚至世界其他国家的经济联系强度远远大于本城市周边地区。

这样，一方面中心城市作为产业层级和社会资源的双重高地，人口等各种生产要素不断集聚，出现交通拥堵、环境恶化等"膨胀病"；另一方面，周边小城镇和农村集聚能力不足，发展过度分散。最终形成中心城越发膨胀、周边农村越发萧条的恶性循环，同一城市区域的传统农村与现代城市之间的发展差距越来越大，城市与农村的联系互动越发困难。人口与产业过度密集于城市中心区的状况加剧了城市二元结构的刚性，膨胀病与落后病大范围长期并存。

大城市区域的中心城市高度发达、周边农村传统落后、城乡差距过大的特点根源于城乡二元发展的传统模式，构成现阶段大城市统筹城乡发展的难点。研究表明，高度发达的特大城市城乡融合水平远远落后于中等发达城市和中小城市，这与其城乡要素流动、资源配置严重分割、二元结构刚性的特点有很大关系。

3.3.1.3 以新城建设推动城乡统筹发展

如前所述，统筹城乡发展的起点和前提是城市的健康发展，以城带乡，但在中国的特大、超大城市区域，已经高度发达的中心城市却不能带动周边地区的共同繁荣，中心城与周边地区之间存在着产业结构、公共资源、人力资本等全方位的巨大的发展鸿沟，导致周边地区难以嵌入中心城发展链条而使城市和乡村的发展同时出现问题——中心城要素过度集聚难以向周边扩散与周边农村传统落后并存，也是城乡一体化发展的症结所在。

从城镇体系规模结构的视角来看，上述问题实际上是超大城市区域城镇体系等级规模、空间布局不合理的表现。超大城市区域的核心城市规模在千万左右，周边小城镇人口规模一般在十万数量级或者以下，城市区域中缺乏百万人口级别的中等规模与发达程度的城市。

鉴于超大城市城乡发展的这一特殊矛盾，必须在高度发达的中心城市和较为落后的周边地区之间规划培育若干个中等发达的节点，使之成为城乡间的中间阶梯和联系纽带，向内疏解中心城要素，向外发挥辐射服务周边地区的作用，变城乡严重割裂为开放融通，以此来平衡城乡间的巨大鸿沟，将周边地区连接入中心城市的发展链条中，如图3-5所示，将城乡放在同一层次上谋划发展，形成城乡统筹一体化发展的格局，同时解决中心城过度拥挤与周边农村发展滞后的问题。

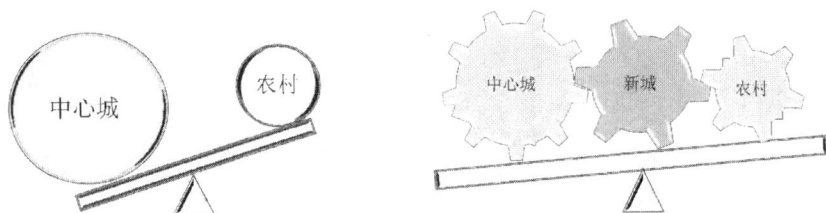

图3-5 以新城为节点促进大城市与周边地区协同发展示意图

这一中间节点便是新城。因此，加快培育新城，使之成长为百万人口规模、产业结构较为高端、基础设施与公共服务水平较高、环境优美的"次级中心"，起到双向融通中心城市与周边小城镇和农村地区的作用，方能实现超大城市的城乡一体化发展。

3.3.1.4 新城在城乡一体化进程中的发展定位

综上所述，在统筹城乡的视野下新城的发展定位是城乡一体化和区域联动发展的中间节点和纽带。在高度发达的城市和相对落后的周边农村地区之间架起桥梁双向融通。

一方面，新城是区域经济发展新的"增长极"和周边农村地区城市化的新载体，起到辐射带动区域发展的桥头堡的重要作用，有力地解决农村落后问题。新城是在大城市外围规划建设的规模化新城区，其规划范围内的地区将实现农村城市化，原有的城市面貌和发展环境得以改善。新城同时是广大农村地区新的"增长极"与"中心地"，在辐射带动周边农村发展方面至少可以起到四方面的作用：首先，通过产业发展与就业扩张吸纳周围农村的富余劳动力，加快农村人口城市化进程；其次，以产业链统筹新城与周边地区的经济发展；再次，通过一系列制度变革促进城乡生产要素的有序流动；最后，作为地区经济、社会和行政中心，为周边小城镇和农村提供服务，并将基础设施与公共服务向周边地区延伸。

另一方面，新城作为区域中新拓展的城市，将为中心城疏解优化提供空间载体，承接中心城人口和功能的转移疏解，并可以与中心城互动发展，合作共赢，有利于中心城的调整优化，解决其过度"膨胀"问题。

新城这两方面的功能并非孤立实现，事实上，新城对周边地区的辐射带动有赖于其发展水平的提升，而嵌入中心城经济网络与中心城合作互动是新城快速集聚产业、人口提升发展水平的最优途径。可以说，新城的发展壮大是其统筹周边地区发展的前提，链入中心城发展链条是其发展壮大的手段。

因此，城乡一体化的发展目标必然要求新城依托中心城，提高发展水平，将农村区域纳入城市整体发展链条，构筑新城与中心城、新城之间、新城与周边地区之间的互动网络体系。大城市周边地区可以以新城为纽带嵌入到中心城市的发展链条中，形成城乡统筹发展的格局，同时解决中心城过度拥挤与周边农村发展滞后的问题。

综上所述，新城建设是大都市区域经济社会协调发展，实现城市内部功能一体化的融合过程。在当前发展阶段，必须以统筹城乡发展理念为指导，以承接中心城功能嵌入中心城发展网络为途径，以联动解决中心城和周边区域问题实现城乡一体化为目标进行新城的规划建设。

3.3.2 双轮驱动：提高新城综合承载力和促进要素有序流动

基于城乡一体化的新城发展着力点在于综合承载力的持续提高和要素在城乡、区域之间的自由有序流动。其中，新城综合承载力的提高是新城健康发展的基础，也是新城吸引力的根本来源，要素的自由有序流动即是新城综合承载力提高的途径之一，也是新城发挥城乡一体化节点作用的根本保障。

首先通过提升新城综合承载力增强新城对城乡要素的吸引力，然后打破城乡制度壁垒，允许人口、产业、资本等要素在中心城、新城和农村之间自由流动，双轮驱动实现新城作为城乡一体化节点的功能。

3.3.2.1 提高新城综合承载力

城市综合承载能力是指城市的就业空间、社会建设以及生态环境对城市经济社会活动的承载能力，可以分为三大类：资源环境承载力、经济承载力和社会承载力。"资源环境承载力是指一个城市的水土资源及大气环境对城市的承载能力；经济承载力是指城市经济发展扩张就业岗位和提高平均工资水平的能力；社会承载力则是指城市提供全面规范公平的公共服务和和谐社区空间的能力"❶。

---

❶ 叶裕民．解读"城市综合承载能力"．前线，2007（4）．

综合承载力的三大组成部分是具有内在联系的有机组合，需要互相协调、共同提高。社会承载力满足人生存发展的最基本需求，环境承载力满足人较高层次对宜居环境的需求，经济承载力带来的收入和生活水平的提高是人更高层次的发展追求。在工业化中前期，城市经济承载力为社会承载力提供财政支撑，而在工业化中后期阶段，城市社会承载力和环境承载力共同决定了经济承载力。高水平的城市社会和环境承载力打造高水平城市品质，而城市品质决定了对高端、高素质人才和创新型朝阳产业的吸引力，即经济承载力的提升，可以说经济承载力是社会生态承载力提升的最终结果。

持续提高新城的综合承载力，必须首先提高社会承载力，即为在新城工作和生活的居民提供公平的公共服务和构建文明和谐社区，缩小社会差距，维护社会公平，减少发展过程中的社会矛盾和冲突，构建现代城市社会秩序；其次，提升资源环境承载力，即提高合理利用城市各类自然资源和科学规划建设各类基础设施，为城市高效运行提供技术支撑和环境保障；最后，社会承载力和生态承载力的共同提高造就了新城宜居环境和特色文化，必然吸引更多要素集聚，包括企业投资，从而提升新城经济承载力，扩大就业，并提高就业人员的工资水平。

3.3.2.2 促进要素有序流动

城乡生产要素二元分割是城乡一体化的核心障碍，新城统筹城乡发展必然要求将市场机制引入城乡要素市场，通过制度创新突破要素壁垒，促进生产要素在城乡间的自由有序流动，实现城乡互动融合发展。

充分促进城乡要素有序流动，包括人口、土地、资本的流动。公共财政大幅度向农村倾斜，积累农村人力资本，为农村儿童提供公平的机会和发展起点；促进农村富余劳动力和土地向城市有序流动，参与到高效率现代经济发展之中，同时促进城市社会资本进入乡村、重组农业资源推进农业现代化进程，城市公共服务、基础设施和城市管理模式向农村延伸等。城乡劳动力、资本和土地在要素回报率不断提高的过程中实现共创共享。

3.3.3 中心城、新城和农村联动发展的实施路径

超大城市区域统筹城乡发展的路径层是一个庞大的系统，包括中心城、新城和农村同步发展的系统任务和内容。各个地区和新城发展资源禀赋不同、发展阶段各异，选择的发展道路也应该因地制宜。

就本项目而言，主要涉及新城发展路径的研究，将在第5章系统探讨基于城

乡一体化的新城发展路径。

3.3.3.1 基于新城功能优化的区域功能对接

新城功能的优化提升是城乡协调互动的关键一环。城市功能高度集中于中心城是城市不断向心集聚、区域发展不平衡的根本原因。实现城乡联动发展要求优化新城功能，将城市新兴功能和中心城部分核心功能疏解到新城，新城只有承担了部分核心外部功能才能提升其在区域城镇体系中的地位，发挥城乡联动发展的枢纽作用。此外，新城还必须健全与强化其自身的基本城市功能和服务辐射区域的功能。

3.3.3.2 基于新城产业升级的城乡产业联动发展

产业联动是指一个区域中不同地区通过产业结构的调整，形成合理的产业分工体系，不同地区通过企业产业价值链联系在一起，形成最优化经济发展形态，实现区域内产业的优势互补和协同发展，从而达到优化区域产业结构、提升产业能级、增强区域竞争力的目的。

产业是城市功能形成的关键，产业联动是城乡联动一体化发展的基础。提升新城的产业层级，使中心城、新城与农村地区形成合理的产业梯度，则有利于区域产业联动发展的实现。

3.3.3.3 基于新城综合承载力提升的城乡人口合理分布

新城的人口集聚能力取决于其产业发展决定的就业空间、城市公共服务与社区发展决定的生活品质以及市政基础设施、生态绿化建设决定的城市环境。一方面新城需要通过产业升级和综合服务功能的优化，再加上宜人的居住环境来吸引集聚中心城迁出的人口；另一方面，新城通过居住空间和产业空间来吸纳周边农村人口，成为农村城市化的主要空间载体，从而形成以中心城人口疏散、新城人口集聚和农村城市化为特点的区域人口合理分布格局。

3.3.4 体制保障与政策支撑

新城发展的体制机制与政策体系也是一个庞大的系统，应该遵循"人本、协调、创新和可持续"原则，根据地区基础的不同而实事求是地做出多元化的设计，建立城乡融通、共创共享的系统保障。

促进新城发展和城乡区域联动的公共政策主要包括：

（1）户籍政策。制定专门面向新城的户籍政策。

（2）公共服务政策。制定新城公共服务标准化目录，对公共服务项目、硬件设施标准、管理服务水平做出明确规定，并推动公共服务规划的制定与落地。

（3）产业政策。包括引导中心城产业转移的政策，如财税共享政策、新城产业发展定位和促进政策、小城镇和农村产业发展政策等。

（4）土地政策。包括土地一级开发和出让政策、工业用地制度改革政策、集体土地流转政策等。

（5）公共住宅政策。住宅的可获得性是居民选择居住地的重要考量因素，利用新城待开发土地规模较大、地价相对较低的优势在新城规划建设公共住宅，有助于吸纳中心城人口的外迁。

第4章 北京新城推动城乡一体化发展的成效与问题

如第3章所述,统筹城乡发展视野下的新城定位于城乡一体化和区域联动发展的中间节点和纽带,进而联动解决中心城和农村发展问题。要求新城首先依托中心城疏解链入中心城发展网络来提高发展水平,然后带动周边地区发展将农村区域纳入城市整体发展链条,构筑新城与中心城、新城之间、新城与周边地区之间的互动网络体系,解决中心城过分拥挤与广大农村贫穷落后的问题。因此,本章从疏解中心城和带动农村发展两个角度来分析北京市新城推动城乡统筹发展的成效。

4.1 北京新城疏解中心城的成效与问题

(1)空间单元界定。北京市的大部分新城都是依托原有区县政府所在地开发建设的。在缺乏新城独立统计资料的情况下,只能通过新城所处的行政区域间接分析新城对中心城的人口疏散作用。将北京市整体划分为中心城和新城两大区域,中心城包括东城、西城、海淀、朝阳、丰台和石景山六个区,其他为新城区域。另外根据2005年北京市功能区划,划分为四大功能区:首都功能核心区、城市功能拓展区、城市发展新区和生态涵养发展区❶,如图4-1所示。首都功能核心区和城市功能拓展区对应中心城的范围,而城市发展新区是内圈新城即产业新城与居住新城所在的行政区,生态涵养发展区是外圈新城也即生态新城所在的

---

❶ 首都功能核心区包括原东城、西城、崇文和宣武区;城市功能拓展区包括朝阳、海淀、丰台和石景山四个区;城市发展新区包括通州、大兴、房山、顺义和昌平区;生态涵养发展区由门头沟、平谷、怀柔、密云、延庆五个远郊区县构成。2010年7月,北京市行政区划调整,撤销北京市东城区、崇文区,设立新的北京市东城区,以原东城区、崇文区的行政区域为东城区的行政区域;撤销北京市西城区、宣武区,设立新的北京市西城区,以原西城区、宣武区的行政区域为西城区的行政区域。

行政区。

（2）数据来源。街道和乡镇人口数据来源于第五次和第六次人口普查数据；区县级人口数据来自人口普查数据以及历年《北京市统计年鉴》《北京市区域统计年鉴》；产业和就业数据来源于《北京市基本单位普查资料汇编》《北京市第二次全国基本单位普查数据资料汇编》《北京市区域统计年鉴》以及《北京经济普查年鉴2004》《北京经济普查年鉴2008》。

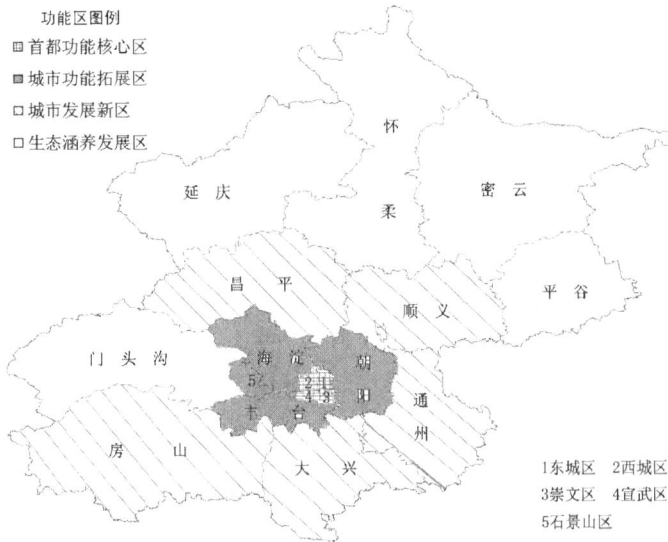

图4-1　2005年北京市功能区划示意图

4.1.1 人口疏解

中国正处于快速城市化阶段，北京市作为经济社会发展水平较高的大城市，是全国城市化的重要载体，其他省市来京人口持续快速增加，市域整体仍处于人口集聚、规模扩张的阶段。2010年第六次人口普查时北京市常住人口为1961.2万人，对比北京市第五次人口普查数据，十年间总人口增长了44.5%，共增加604.3万人，平均每年增加60.4万人，年平均增长率为3.8%。2010年，外省市来京常住人口为704.5万人，占常住人口总量的35.9%。2000年—2010年共有447.7万外来人口涌入北京，外来人口平均每年增长44.77万人。

依据第五次和第六次人口普查资料以及历年《北京区域统计年鉴》数据，

从常住人口总体、户籍人口和外来人口三方面分析北京市人口空间分布变动情况以及新城对中心城人口疏散的作用。

4.1.1.1 常住人口的空间变动分析

从人口总量来看，中心城仍然是常住人口的主要聚集地，近十年中心城区的常住人口比重稳定在 60% 左右。同时，新城地区常住人口占市域总人口的比重在 2000 年—2010 年变化很小，由 2000 年的 37.3% 提高到 2010 年的 40.3%，10年间仅提高了 3%，见表 4-1。这说明在北京市人口快速增长的进程中，新城地区分流人口压力的作用并不显著。

表 4-1　2000 年—2010 年北京市常住人口地域分布情况

	2000 年		2005 年		2010 年	
	常住人口（万人）	占全市比重（%）	常住人口（万人）	占全市比重（%）	常住人口（万人）	占全市比重（%）
中心城：	850.3	62.7	953.2	61.9	1171.2	59.7
首都功能核心区	211.5	15.6	205.2	13.3	216.2	11
城市功能拓展区	638.8	47.1	748	48.6	955	48.7
新城：	506.7	37.3	584.8	38.1	789.6	40.3
城市发展新区	341.2	25.1	411.6	26.8	603.2	30.8
生态涵养发展区	165.5	12.2	173.2	11.3	186.4	9.5

从人口增量来看，中心城仍然是新增常住人口的主要目的地。表 4-2 反映了北京市新增常住人口的空间分布情况，在 2000 年—2005 年和 2005 年—2010 年两个时间段，中心城常住人口的绝对增长数量均超过新城。在 2005 年新城建设启动之后，人口向中心城的聚集仍然非常明显，2005 年—2010 年中心城和新城分别吸纳了 51.6% 和 48.4% 的新增常住人口。四个功能区域中，城市功能拓展区是常住人口增量的最重要分布地，在两个时间段分别吸纳了 60% 和 49% 的新增常住人口，其次是城市发展新区，且其人口吸纳作用有增强的趋势，近 5 年比 2000年—2005 年新增常住人口的比重增加了大约 7%，与城市功能拓展区逐渐接近。

从人口的年均增长率来看，新城地区由于人口基数较低，增长率略高于中心城，2005 年—2010 年城市发展新区常住人口增长率为 7.9%，在四个圈层中最高，其次是城市功能拓展区为 5.0%，而城市核心与最外缘人口增长率都比较低，为 1% 和 1.5%。

表4-2 2000年—2010年北京市各圈层常住人口增量分布情况

	2000年—2005年			2005年—2010年		
	人口增长量 (万人)	增长量占比 (%)	年均增长率 (%)	人口增长量 (万人)	增长量占比 (%)	年均增长率 (%)
全市	181	100	2.5	422.8	100	5.0
中心城:	102.9	56.9	2.3	218	51.6	4.2
首都功能核心区	−6.3	−3.5	−0.6	11	2.6	1.0
城市功能拓展区	109.2	60.3	2.9	207	49.0	5.0
新城:	78.1	43.1	3.2	204.8	48.4	6.2
城市发展新区	70.4	38.9	3.8	191.6	45.3	7.9
生态涵养发展区	7.7	4.3	0.9	13.2	3.1	1.5

密度指标是衡量要素空间结构的常用指标，由于密度指标排除了地区面积大小的影响，是能够真正反映城市内部人口空间集散的有力指标。图4-2和图4-3利用GIS软件显示北京市第五次和第六次人口普查分街道乡镇的人口密度，可以直观地发现以下特点：

（1）新城人口规模和密度低，人口集聚能力不足。常住人口密度仍然延续了从核心向外缘依次下降的态势，在新城政府所在地的街道有所提高。新城人口密度较低，在北京市301个街道和乡镇中，人口密度居前60位的均位于中心城区，新城人口密度仅在核心区即区县政府所在地的街道稍高（0.17 ~ 1.7万人/km²），人口密度由核心区向外缘急剧下降，除核心一个或几个街道之外的其他街乡人口密度均低于2000人/km²。新城人口密度增长缓慢，人口密度增加值居前30位的街乡均位于中心城区，并且新城人口密度的增加也主要集中在核心区，外缘街乡人口密度基本没有变化，部分街乡甚至出现负增长。因此图片直观显示出新城规模较小、与中心城差距极大的现状。

（2）常住人口呈单中心近域蔓延趋势。人口密度增加最多的街乡位于北京中心城区或者建成区的边缘而非新城，上地、崇文门、曙光和中关村街道是人口密度增加最多的几个街道，均位于中心城，而中心城原有建成区的边缘街乡如马家堡街道、三间房乡、北七家镇、东小口镇等，人口密度也增长了万人以上。

（3）近距离新城与中心城在空间上已经连绵成片。通州、大兴、亦庄和房山等新城距离中心城较近，随着中心城不断向外蔓延，这些新城与中心城之间的界限模糊，已经连绵成片，成为"摊大饼"的一部分。

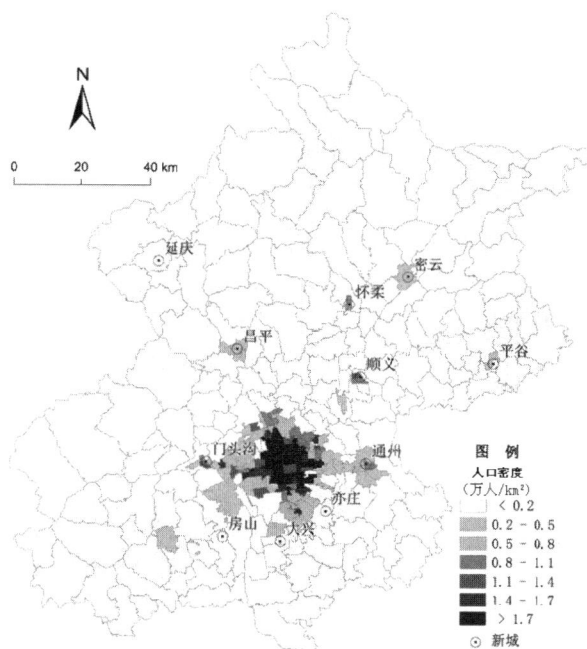

图 4-2　第五次人口普查北京市街乡人口密度

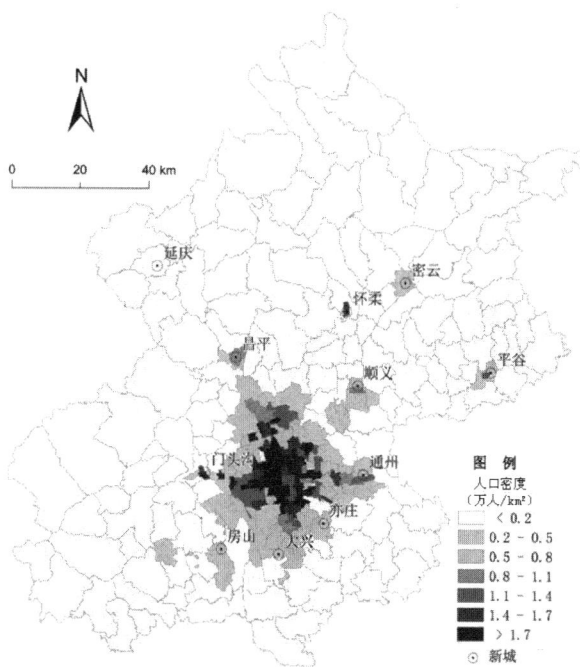

图 4-3　第六次人口普查北京市街乡人口密度

4.1.1.2 外来人口的空间变动

在吸纳外来人口方面，新城作用明显，已经与中心城平分秋色。表4-3显示，2005年—2010年，约46%的外来人口进入新城，新城外来人口增长了159万，同期中心城增加了188万，相差无多。而外来人口的增长率方面，新城超过中心城7.3%，每年增长近20%。

表4-3 2005年—2010年北京市外来人口变动情况

	绝对增长量（万人）	增长量占比（%）	增长率（%）
全市	347.2	100.00	14.54
中心城：	188.2	54.21	12.05
首都功能核心区	18.3	5.27	8.49
城市功能拓展区	169.9	48.93	12.63
新城：	159	45.79	19.37
城市发展新区	145.6	41.94	20.52
生态涵养发展区	13.4	3.86	12.15

按四个地域圈层进行分析，城市功能拓展区与城市发展新区是新增外来人口的两大主要分布地，分别有48.9%和41.9%的新增外来人口，进入另外两个功能区的新增外来人口仅占9%。增长率方面，2005年—2010年城市发展新区外来人口增长率高达20.52%，在四个圈层中最高，其次是城市功能拓展区和生态涵养发展区，均超过12%，首都功能核心区的外来人口增长率最低。

外来人口的大量增加是带动新城常住人口变动的强大动力，如图4-4所示，2006年外来人口增长占新城常住人口增量的58.23%，2008年达到89.47%，2010年为73.8%。

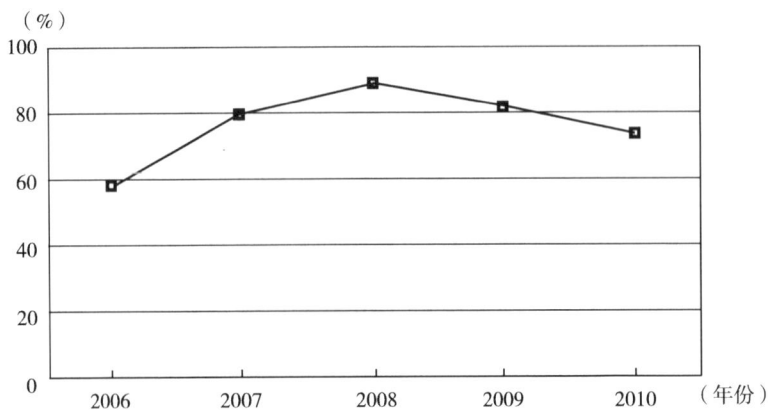

图4-4 外来人口占新城常住人口增加量的百分比

但是，大量进入新城的外来人口对未来进入中心城有着强烈的意愿。我们于2010年7月—9月在亦庄、顺义与密云新城对流动人口进行的调查发现，接近一半的被调查者认为只要"工作机会好就去中心城区"，占45.5%，有37.2%的被调查者没有计划，17.3%的被调查者则"一直在寻找机会，迟早得去中心城区"。如图4-5所示，从选择去中心城区的原因来看，超过一半的被调查者认为中心城区"发展机会更多"，占59.9%。

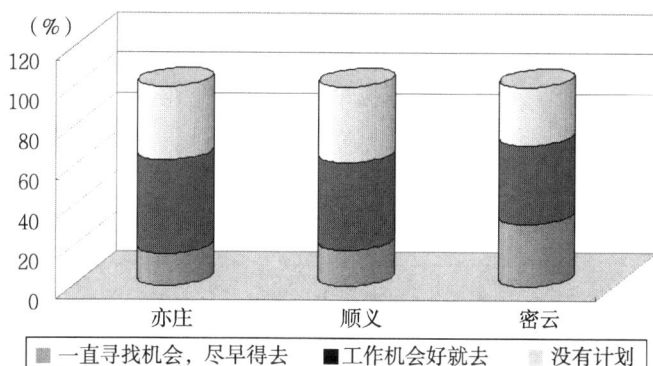

图4-5 新城流动人口对去中心城区发展的计划

因此，如果新城不能在产业发展方面保持一定的优势，为外来人口提供更多就业岗位和发展机会，那么目前进入新城的部分流动人口有可能进一步向中心城集聚，造成中心城更加拥挤。

4.1.1.3 户籍人口的空间变动与市内迁移

表4-4 2005年—2010年北京市户籍人口空间变动

	绝对增长量（万人）	增长量占比（%）	增长率（%）
全市	77.1	100.00	1.27
中心城：	59.8	77.56	1.61
首都功能核心区	4.4	5.71	0.39
城市功能拓展区	55.4	71.85	2.14
新城：	17.3	22.44	0.74
城市发展新区	15.6	20.23	1.02
生态涵养发展区	1.7	2.20	0.21

户籍人口的增长方面中心城占据绝对优势，2005 年—2010 年，中心城户籍人口增长了 59.8 万，新城仅增长了 17.3 万，也就是说，北京市超过 77% 的新增户籍人口向中心城集聚，仅有不足 1/4 的户籍人口增长是发生在新城的。这其中，约 72% 的新增户籍人口分布在城市功能拓展区。

表 4-5　2006 年—2009 年北京市域内净迁移户籍人口（人）

	2006 年	2007 年	2008 年	2009 年	合计
中心城：	−559	5017	1361	444	6263
首都功能核心区	−21486	−11195	−10551	−10247	−53479
城市功能拓展区	20927	16212	11912	10691	59742
新城：	2255	−3047	−1738	1918	−612
城市发展新区	6114	1982	3604	3638	15338
生态涵养发展区	−3859	−5029	−5342	−1720	−15950

资料来源：根据历年北京区域统计年鉴计算。

注：由于户籍人口增长总数以"万人"为单位，导致各区域净迁移人口的总数不为"0"，但不影响对大致趋势的分析。

由于流动人口统计资料的缺乏，仅分析户籍人口在北京市内的迁移。总体来看，中心城为户籍人口净迁入地区，户籍人口呈现向中心城区集中的趋势。2006 年—2009 年总计有 6263 名北京市户籍人口迁入中心城区，而新城区户籍人口向中心城净迁出 612 人。

从四个地域圈层来看，城市功能拓展区是户籍人口的主要迁入地，2006 年—2009 年平均每年大约有 15000 户籍人口由北京市其他区县迁入。其次是城市发展新区，年均净迁入人口 3800 人。核心区与生态区是人口净迁出的地区。当然，城市发展新区和拓展区都有大量人户分离人口，如果计算在内，则居住在这两个地区户籍人口比例更大。这说明，第一圈层新城已经成为户籍人口迁入的第二大目的地（包括从更外缘地区迁入）。

尽管如此，由市内迁往第一圈层新城的户籍人口在其户籍人口的增长总量中所占比重仍然较小。图 4-6 显示了 2005 年—2009 年第一圈层新城户籍人口的变动结构，市外净迁入是第一圈层新城户籍人口增长的主要动力，其次是人口自然增长，由市外其他地区迁入的户籍人口仅占 10% 上下。而第二圈层新城地区户籍人口净迁出，如图 4-7 所示。

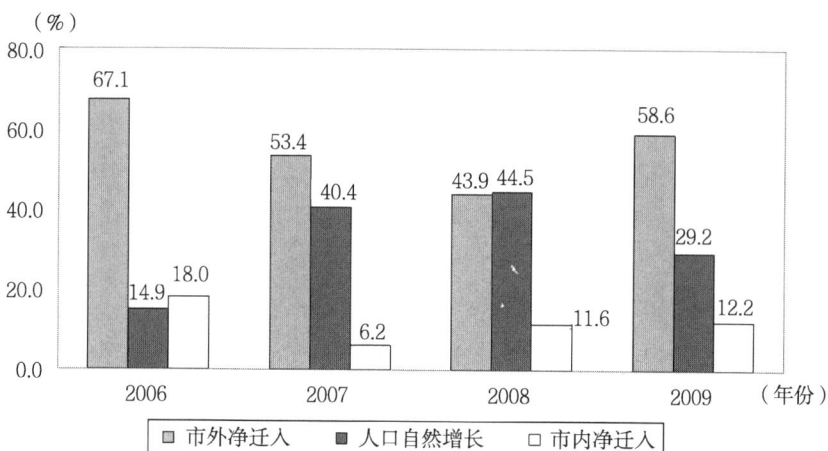

图 4-6　第一圈层新城户籍人口变动结构

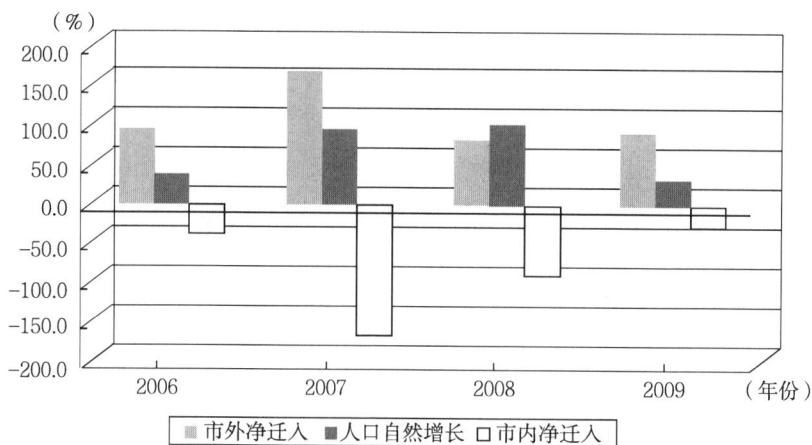

图 4-7　第二圈层新城地区户籍人口变动结构

4.1.1.4 新城疏解中心城人口成效小结

（1）总体来看，在快速城市化的背景下，北京市人口高速增长，各个地域圈层的人口规模均呈现上升趋势。其中核心层和外缘层的户籍人口略有下降，但是外来人口在各圈层尤其是中间两个圈层大幅增长，使得各圈层常住人口总量均有增加，并没有出现西方国家城市典型的内城人口下降现象。

（2）从中心城和新城两个地域圈层来看，2000 年—2010 年北京市人口分布延续了高度集中在中心城的格局，并且新增人口尤其是户籍人口仍然更多向中心城区集中，新城分担人口压力的作用并不理想。现有新城规模小、人口密度低，与中心城相比人口集聚能力不足。

四个地域圈层中，城市功能拓展区的现有常住人口和新增量均居首位，并且是户籍人口城市内部迁移的第一目的地，紧邻城市功能拓展区的城市发展新区次之，但其常住人口增长率最高，尤其是吸纳外来人口作用显著，继城市功能拓展区之后，成为市域人口新的增长极。因此，未来第一圈层新城在"拦截"外来人口和集聚新增人口方面有望发挥重要作用。

（3）新城地区人口增加的主要动力是外来人口，而非中心城原有人口的向外迁移。研究表明新城户籍人口的增加也主要是来自于市外净迁入。相比疏解中心城人口，新城的建设事实上更多地促进了人口由全国向北京市内的集聚，而非城市内部空间结构的优化。

4.1.2 产业疏解

本节通过对北京市基本单位普查和经济普查数据的分析，总结北京就业空间的变动、新城产业的集聚与发展特征。

4.1.2.1 北京市服务业主导型的产业结构具备后工业经济特征

北京市在经济总量迅速上升的同时，产业结构也发生了重大转变，图4-8反映了2000年—2010年北京市各产业生产总值的增长趋势。2000年—2010年北京市地区生产总值由3161亿元猛增到2010年的14113亿元，平均每年增长12%。第一产业占地区生产总值的比重逐年下降；第二产业比重总体呈下降趋势；第三产业比重逐年升高。北京市的三次产业结构由2000年的2.5∶32.7∶64.8变化为2010年的0.9∶24.0∶75.1。第三产业比重增长了大约10%，第二产业和第一产业比重分别减少了8.7%和1.6%。随着第三产业占国内生产总值（GDP）的比重超过70%，第三产业就业人口占就业总人口比重超过70%，北京市产业结构已经具备了后工业经济时代的特征。

服务业主导特征明显。北京市第三产业无论在增加值还是吸纳就业方面都位于三次产业发展的首位，成为首都经济发展的主导产业。现代服务业提升了第三产业的层次，2010年，北京市现代服务业增加值为7026亿元，占到GDP的50%。

工业比重逐年下降，但仍然是首都经济的重要组成部分，尽管存在土地、资源成本高，环境保护要求严格的制约，但工业仍然是北京市特别是远郊区县经济增长和就业扩容的来源之一。目前，北京生产制造业在科技进步和信息化的推动下，加速向高端化方向发展。2010年，北京市现代制造业实现增加值1082.3亿元，占工业增加值的比重达到40%。

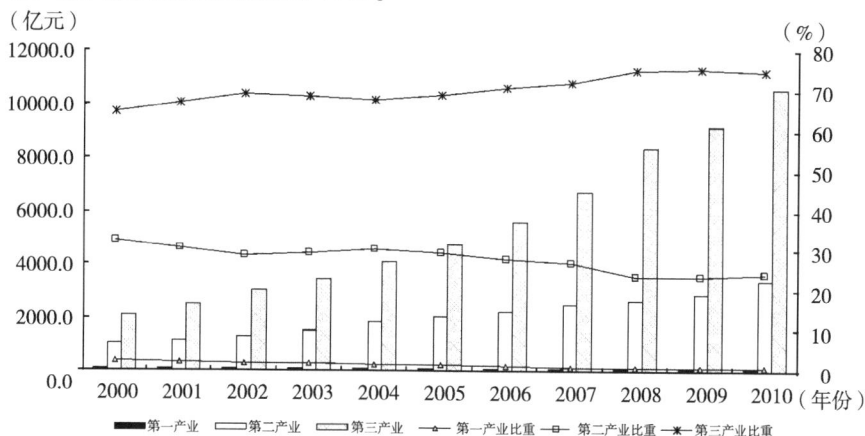

图4-8　北京市2000年—2010年三次产业生产总值及所占比重

农业的生产功能弱化，生态休闲功能强化。观光休闲农业、设施精品农业和加工农业等成为农业新的增长点。

4.1.2.2　北京市法人单位和从业人员总量的空间变动分析

1996 年—2008 年第二、三产业和就业继续向北京市大规模高速集聚。表4-6 显示，1996 年—2008 年北京第二、三产业法人单位数从 160480 个增长到267890 个，增长了67%，平均每年增加法人单位将近9000 个；从业人员从627万人增加到816.9 万人，增加 30%，年增加从业人员将近16 万人。

表4-6　1996 年—2008 年北京市第二、三产业法人单位和从业人员

时间（年）	1996	2001	2004	2008
法人单位数（个）	160480	246767	255837	267890
从业人员（万人）	627	669.6	705.2	816.9

北京市第二、三产业主要集中在中心城，2008 年72.6% 的法人单位分布在中心城，新城地区仅有27.4% 的法人单位。

2001 年—2008 年北京市第二、三产业仍然不断向中心城集聚，新城法人单位在绝对数量和相对比重上都在降低。表4-7 显示，2001 年、2004 年和2008 年中心城法人单位分别为 168893 个、184195 个和 194570 个，年均增长 3668 个法人单位，而同期新城地区法人单位年均减少 634 个，中心城法人单位占全市法人单位的比重由 2001 年的 68.5% 增加到 2004 年的 72% 和 2008 年的 72.6%，7 年

间占全市的比重增加了 4.1%，与之相对应的是新城法人单位比重降低了 4.1%。

表4-7　2001年—2008年北京第二、三产业法人单位圈层分布情况

	2001年		2004年		2008年		年均增长	比重
	数量(个)	比重(%)	数量(个)	比重(%)	数量(个)	比重(%)	量(个)	变化
中心城：	168893	68.5	184195	72.0	194570	72.6	3668	4.1
首都功能核心区	52803	21.4	47980	18.8	42499	15.9	-1472	-5.5
城市功能拓展区	116090	47.1	136215	53.2	152071	56.8	5140	9.7
新城：	77760	31.5	71637	28.0	73320	27.4	-634	-4.1
城市发展新区	41481	16.8	50709	19.8	56453	21.1	2139	4.3
生态涵养发展区	36279	14.7	20928	8.2	16867	6.3	-2773	-8.4

　　从四个地域圈层来看，城市功能拓展区是第二、三产业法人单位集聚和增长最多的区域，法人单位年增长 5140 个，使得其占全市的比重增长了 9.7%，2008年达到 56.8%。第一圈层新城所在的城市发展新区次之，法人单位年增长 2139个，占全市比重增长了 4.3%，2008 年达到 21.1%，取代首都功能核心区成为全市第二大法人单位集聚地。生态涵养发展区和首都功能核心区法人单位绝对数量明显减少，比重不断降低，这与其生态建设和旧城保护的城市功能有很大关系。

　　已有研究表明❶，1996 年—2001 年北京就业增长和集聚的重点是中心城区，占全市就业增量的 83%。由表 4-8 可见，2001 年—2004 年就业增长的主要区域转移到新城，新城从业人员增长 20.8 万，占全市就业增量的 56.4%，其中第一圈层新城从业人员的增长了近 25 万，占全市就业增量的 69%，从业人员年均增速达 6.1%，位列各圈层之首，高于中心城 5%，但是第二圈层新城从业人员绝对减少；2004 年—2008 年北京产业和就业集聚的重心又重新回到中心城，全市81.3% 的新增从业人员均向中心城集聚，中心城从业人员增长了 91.5 万人，同期新城从业人员仅增长 21 万。中心城从业人员在基数较高的基础上平均增速达4.2%，高于新城 1.6%。四个圈层的比较方面，城市功能拓展区从业人员增量和增速重回第一，就业人数增长了近 90 万，占全市就业增量的 80%，比全市平均增速高出 2%；第一圈层新城在从业人员的增长数量和增速方面均居第二位，首都功能核心区就业人员以更低的速度增长，而生态涵养发展区即第二圈层新城从业人员仍然延续了绝对减少的态势。

---

❶　肖亦卓．北京城市空间结构演变特征及动力分析．北京规划建设，2011（3）．

表4-8　北京市第二、三产业从业人员分圈层增长情况

	2001年—2004年			2004年—2008年		
	增量(万人)	比重(%)	年增速(%)	增量(万人)	比重(%)	年增速(%)
全市	36.9	100	1.7	112.5	100	3.7
中心城:	16.1	43.6	1.1	91.5	81.3	4.2
首都功能核心区	4.8	13.0	1	1.7	1.5	0.3
城市功能拓展区	11.3	30.6	1.1	89.8	79.8	5.9
新城:	20.8	56.4	3.9	21	18.7	2.6
城市发展新区	24.6	66.7	6.1	22.6	20.1	3.5
生态涵养发展区	-3.8	-10.3	-2.9	-1.6	-1.4	-1

　　尽管第一圈层新城就业增速较快，但由于基数较低，新城就业密度相比中心城差距巨大。2004年—2008年，在核心区就业低速增长、拓展区高速增长、第一圈层新城就业增长较快的趋势下，北京就业密度仍然延续了由核心区向拓展区、第一圈层新城和生态新城依次快速下降的格局。尽管首都功能核心区就业低速增长，但其就业密度最高，2008年达到17696人/km²，比2004年的17523人/km²略有增加（172人/km²）。其中西城区就业密度达2.2万人/km²之多，居各区县第一位。2008年城市功能拓展区的就业密度增加到5549人/km²，每平方公里比2004年增加了1135位从业人员；第一圈层新城的就业密度虽然也比2004年增长了188人/km²，但刚刚进入千级数量级，相对于核心区上万的数量级以及拓展区5549人/km²的就业密度仍然较低；都市区外缘平均就业密度不断下降，2008年仅有478人/km²（表4-9）。

表4-9　2004年—2008年北京市从业人员与就业密度

	从业人员（万人）		就业密度（人/km²）	
	2004年	2008年	2004年	2008年
全市	705.2	816.8	2088	2419
中心城:	511.1	602.4	5786	6820
首都功能核心区	161.9	163.5	17523	17696
城市功能拓展区	349.2	438.9	4414	5549
新城:	193.1	214.4	774	860
城市发展新区	143.6	174.8	862	1050
生态涵养发展区	49.6	39.6	598	478

　　注：就业密度的计算中，土地面积选择了2008年"建设用地面积"口径。

地区生产总值的比重变化与第二、三产业法人单位从业人员变化趋势一致。拓展区和发展新区 GDP 占全市比重均有所上升；核心区和生态涵养区所占比重分别下降 1.1% 和 0.5%，如图 4-9 所示。

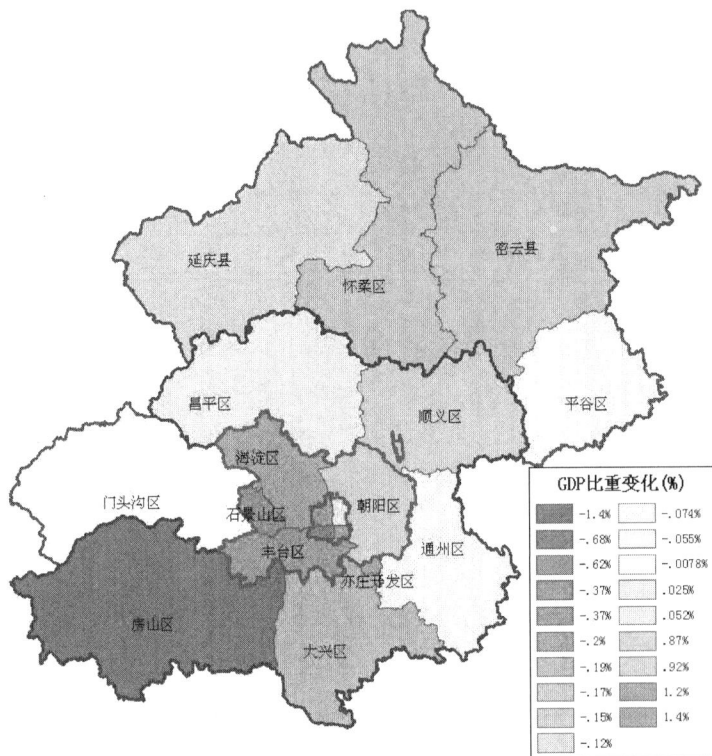

图 4-9 2005 年—2010 年北京市各区县 GDP 比重的变化

综合以上分析可以发现，2001 年—2008 年北京市第二、三产业法人单位和从业人员延续了高度集中在中心城的格局，并且 2004 年之后新增从业人员仍然更多地集中在中心城区，尽管第一圈层新城法人单位和从业人员比重有所增加，但新城整体对中心城的产业疏散作用并不显著。

在两个圈层新城中，第一圈层新城第二、三产业法人单位和从业人员增长均较快，而第二圈层新城法人单位和从业人员均处于绝对减少状态。第一圈层新城是未来集聚产业和就业的重点区域。

4.1.2.3 第二产业的空间分布及变动

第二产业不断向新城地区转移。北京市自 1985 年开始搬迁核心区内分散、小型、污染严重的工业企业，"九五"期间，北京市共批复污染扰民搬迁企业项目 112 项，转让总占地面积 421.4 万 m^2。20 世纪 90 年代末期，相继出台《工业布局调整规划》和《北京市三四环路内工业企业搬迁实施方案》，在"退二进三"的产业布局战略下，以落实总体规划和迎接奥运为目标，2000 年起北京市大规模搬迁市区内的工业企业，有超过 700 家四环以内的企业搬迁。包括北京第一机床厂、第一食品厂、铜牛股份公司在内的相当一部分企业按照"两轴—两带—多中心"的城市功能布局设想搬迁至新城，这可以部分解释前文所述的 2001 年—2004 年新城法人单位和从业人员的高速增长。在产业布局的不断调整中，新城在 2004 年就已经成为第二产业法人单位的主要集聚地，56.9% 的第二产业法人单位分布在新城地区，并且近几年第二产业继续向新城转移，到 2008 年第二次经济普查时新城第二产业法人单位已经占到全市的 62%；2004 年新城第二产业从业人员数与中心城基本相同，到 2008 年已经超过中心城，占比 54.6%，高出中心城近 10%，详见表 4-10。

表 4-10　两次经济普查间北京市第二产业分布及变动（%）

	法人单位比重			从业人员比重		
	2004 年	2008 年	比重变化	2004 年	2008 年	比重变化
中心城：	43.1	38.1	-5.0	50.3	45.4	-4.9
首都功能核心区	5.6	4.7	-0.9	9.0	7.5	-1.5
城市功能拓展区	37.5	33.4	-4.1	41.2	37.9	-3.4
新城：	56.9	61.9	5.0	49.7	54.6	4.9
城市发展新区	43.2	50.5	7.3	37.4	42.6	5.2
生态涵养发展区	13.7	11.4	-2.3	12.3	12.0	-0.3

图 4-10 是第一次（2004 年）和第二次（2008 年）经济普查北京市街乡第二产业法人单位密度。由图 4-10 可以直观发现，在两次经济普查期间，北京市第二产业向新城地区尤其是东南部新城地区转移的态势非常明显，中心城区第二产业密度降低，几乎所有新城核心区第二产业密度均有所提高。第二产业法人密度增加最多的 40 个街道中，15 个位于新城地区，其中 10 个为新城核心区，5 个为新城周边乡镇（主要位于大兴或通州区），因此在 2008 年，第二产业法人单位密度最高的 30 个街道中，有 10 个位于新城，其中多数是新城核心区。这一方面说明新城发挥了疏散中心城第二产业的作用，另一方面也间接显示了新城以第二产业为主的相对低端产业结构。

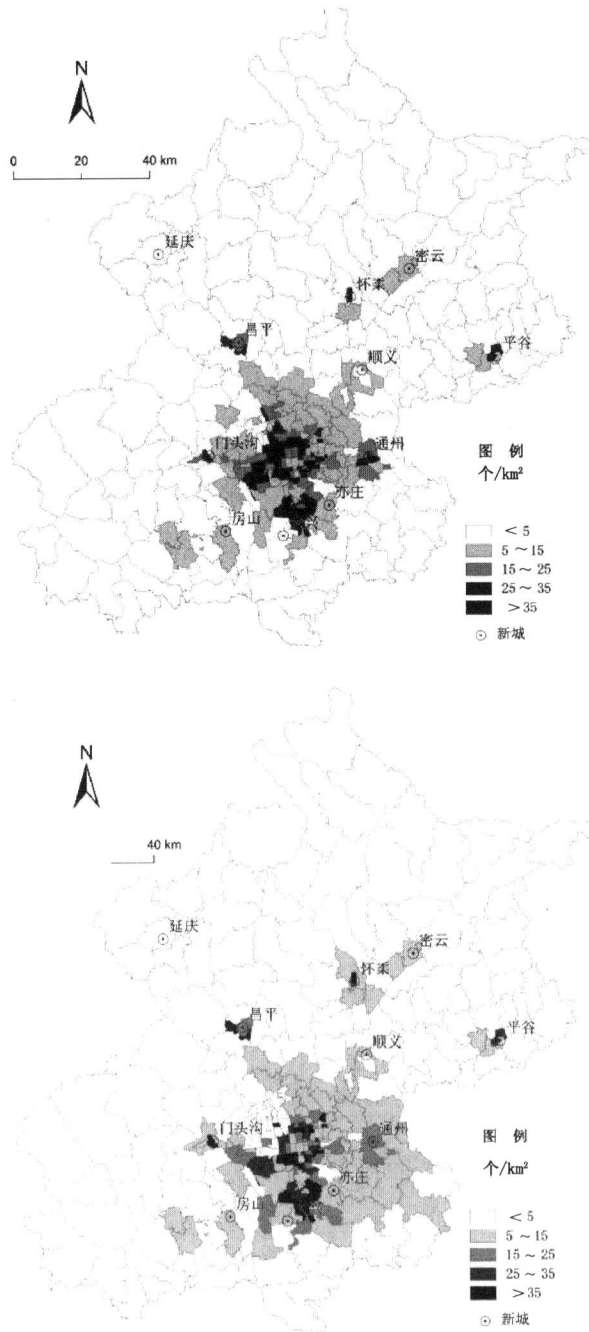

图4-10 2004年和2008年北京市街乡第二产业法人单位密度

注：海淀区由于街乡行政区划调整，2008年街乡层面的数据缺失，导致图中海淀区法人单位密度为0。

4.1.2.4 第三产业的空间分布及变动

新城对第三产业的吸引力不足，第三产业法人单位和从业人员仍然更多地向中心城集聚。2004 年—2008 年新城第三产业法人单位和从业人员的绝对增长量仅仅是中心城的 25% 和 22%，因此在全市第三产业高速增长的过程中，新城第三产业法人单位和从业人员所占的比重均没有大的变化，第三产业空间布局延续了高度集聚在中心城的态势，2008 年新城第三产业从业人员比重仅有 17%。其中第一圈层新城法人单位增长 6060 家，从业人员增长 23 万人，占全市的比重分别增加 1.4% 和 1%，对中心城第三产业的疏散作用甚微，而第二圈层新城除第三产业从业人员有所增加外，其他指标均为负值，没有起到疏散中心城第三产业的功能，见表 4-11。

表 4-11　两次经济普查间北京市城乡第三产业分布及变动

	法人单位增量（个）	从业人员增量（人）	法人单位比重（%）			从业人员比重（%）		
			2004 年	2008 年	比重变化	2004 年	2008 年	比重变化
中心城：	15394	1157050	78.3	78.4	0.1	83.4	83.0	-0.4
首都功能核心区	-4736	72957	21.6	17.7	-3.9	29.8	24.1	-5.7
城市功能拓展区	20130	1084093	56.7	60.7	4.0	53.6	58.9	5.3
新城：	3883	259238	21.7	21.6	-0.1	16.6	17.0	0.4
城市发展新区	6060	231621	14.7	16.1	1.4	12.1	13.1	1.0
生态涵养发展区	-2177	27617	7.0	5.4	-1.5	4.5	3.9	-0.6

图 4-11 是第一次和第二次经济普查北京市街乡第三产业法人单位密度。图 4-11 显示，在两次经济普查期间，北京市第三产业继续向中心城集聚，中心城核心区第三产业密度快速增加，建成区边缘第三产业密度有所上升，部分新城核心区第三产业密度略有提高，第三产业密度由城市中心向外围急剧下降的格局没有改变。2004 年—2008 年第三产业法人单位密度增加最多的 30 个街道以及 2008 年第三产业法人密度最高的 40 个街道全部位于中心城区，中心城第三产业法人单位密度最高的建外街道密度达到 1529 家/km²，而新城中最高的大峪街道密度不到 400 家/km²。如果海淀区街乡数据完整，则会发现第三产业向中心城集聚的态势更为显著。

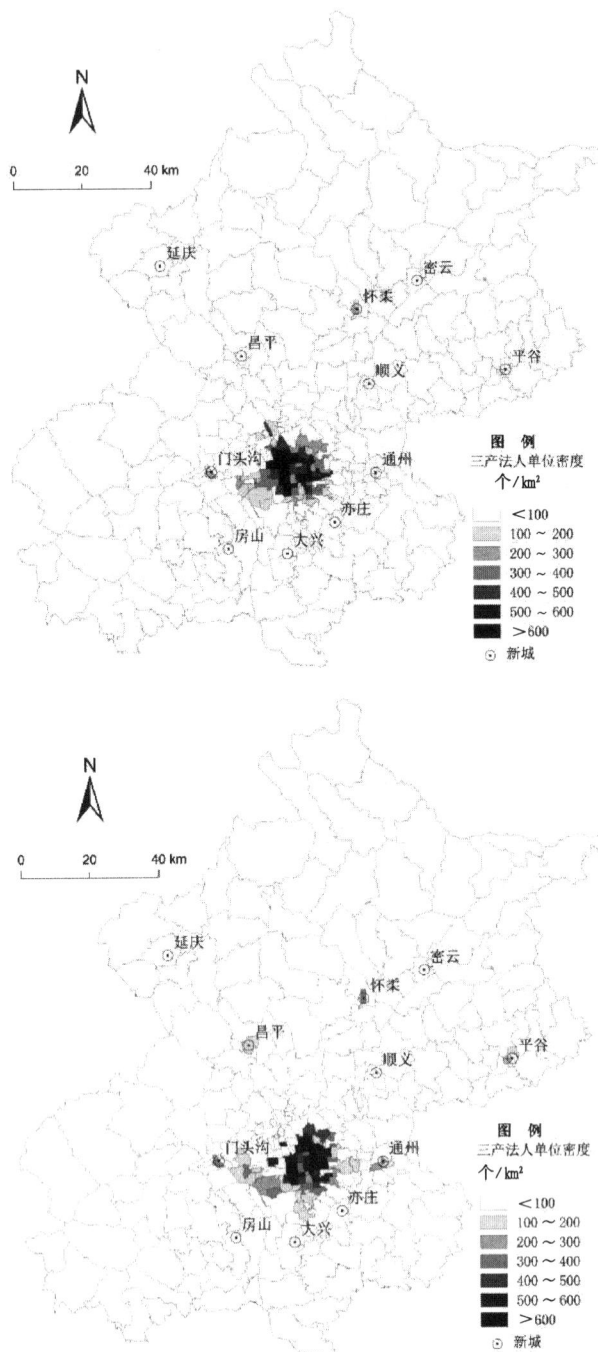

图4-11　2004年和2008年北京市街乡第三产业法人单位密度

注：海淀区由于街乡行政区划调整，2008年街乡层面的数据缺失，导致图中海淀区法人单位密度为0。

继续考察第三产业内部产业的空间分布，由表4-12可以发现，新城传统服务业法人单位占全市的比重由20%增加到21%，其中第一圈层新城该比重提高了2.8%，说明在四个地域圈层中其传统服务业法人单位增加最多。而在以金融和商务服务业为代表的现代服务业地域分布中，新城所占比重下降了2.4%，现代服务业继续向中心城集中，城市功能拓展区成为现代服务业集聚的核心板块，第一圈层新城现代服务业比重略有下降，第二圈层新城在现代服务业空间分布中越发边缘化。

表4-12　两次普查间北京市传统与现代服务业法人单位的分布及变动（%）

	传统服务业比重			金融和租赁、商务服务业比重		
	2004 年	2008 年	比重变化	2004 年	2008 年	比重变化
中心城：	80.0	79.0	-0.9	82.5	84.9	2.4
首都功能核心区	20.3	16.6	-3.7	27.7	24.5	-3.2
城市功能拓展区	59.7	62.4	2.7	54.8	60.4	5.6
新城：	20.0	21.0	0.9	17.5	14.9	-2.4
城市发展新区	13.9	16.7	2.8	12.7	12.3	-0.2
生态涵养发展区	6.1	4.2	-1.9	4.8	2.6	-2.2

由于缺乏资料，难以分析新城企业来自中心城企业迁出、市外企业迁入和内生成长的各自比重。然而在调研中发现招商引资依然是远郊区县各级政府的工作重点之一，在发展经济的强烈冲动下，不断扩张产业区，出台各种优惠政策吸引企业入驻，而跨国公司和很多外地具有一定规模水平的企业，也愿意迁往北京或者在北京开设分支机构以靠近市场和中国政治与经济管理决策中心，满足进一步发展的需要。跨国公司一般将区域总部或研发部门布置在中心城，将生产制造环节子公司放在新城，如亦庄和顺义新城均分布有大量世界500强企业的子公司，而外地迁入北京新城的企业基本是生产制造类型企业，如河北以岭医药集团、山东金晶集团等。新城市外迁入的企业数量远远超过中心城疏散和自发成长的企业数量。

综合以上分析可以发现，新城成为工业发展的重要空间，承担了接纳中心城第二产业部分企业外迁转移的任务。但是新城第三产业吸纳能力不足，第三产业更多地向中心城集聚，尤其是生产性服务业，而服务于新城快速增长的居住和就业人口的传统服务业得到了较大发展。

2010 年北京市社科联重点课题"加快推进优质公共资源均衡配置，促进城市中心区人口和功能疏解"课题组对中心城与新城的部分居民及其单位做了抽样调查。有 88.98% 的中心城单位不愿迁至新城，仅有 11.02% 的单位愿意迁至新城；并且，90% 的中心城区企事业单位未来没有迁至远郊区县的打算，如图4-12 和图4-13 所示。

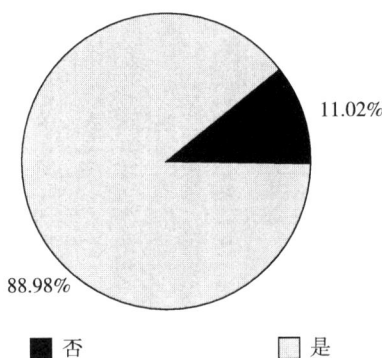

图 4-12　中心城单位是否愿意迁至新城

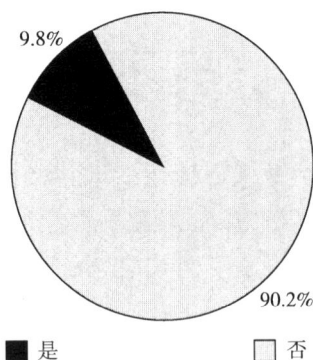

图 4-13　中心城单位未来是否打算迁至新城

4.1.3 城市功能疏散

城市功能可以分为外部功能和内部功能。外部功能指城市作为区域或国家中心为本市以外地区提供服务的功能，外部功能是一个城市形成和发展的原动力，是城市的基本功能。城市外部功能的增强意味着城市为辐射区域提供商品、信息与服务能力的增强，城市可以从这一系列经济活动中获取大量财富，同时也能够刺激城市经济向多样化、集约化的方向发展，城市因此而不断成长壮大。城市的外部功能越强，其辐射范围越广，获得的收入、利益越大，城市地位越高。反之，如果城市的外部功能少而薄弱，城市就会缺乏持续发展的动力，逐渐走向衰落。内部功能则指为其市内企事业单位、社会团体和居民服务的功能与作用，是保障城市自身正常运转的功能。城市的内部功能越强、承载能力越大，越能提供更好的发展环境，从而为城市外部功能服务。城市的外部功能与内部功能是城市发展过程中的两个方面，二者相互影响、相互作用，不可或缺，只有城市的外部功能和内部功能处于协调平衡的状态，城市才具有旺盛的生命力（表 4-13）。

20 世纪 90 年代中期到 2000 年，北京的城市经济外部功能基本上完成了由生产型向服务型的转变。北京第三产业增加值占 GDP 比重、占就业的比重分别于 1995 年和 1997 年超过 50%，生产性服务业是第三产业的主体，占比超过 50%。城市经济功能向服务中心的转变必然要求城市空间结构随之调整。

表 4-13　北京市中心城与新城主要城市功能

	内部功能	外部功能
中心城	市级行政管理和公共服务职能；居住功能；服务居民的交通、物流、商服等功能	国家行政管理和国际交往中心；生产服务功能（金融、科技研发、会展等）；服务区域和全国的科教文卫等功能；生产制造功能
新城	区级行政管理和公共服务职能；居住功能；服务本市居民的交通、物流、商服等功能；生态屏障、观光休闲	生产制造；物流集散；旅游；会展；教育；体育

新城与中心城的内部功能相似，都包括城市正常运转所必需的居住、行政管理、公共服务等功能，另外，新城服务本市的功能方面还包括生态屏障和观光休闲功能。

北京市中心城的外部功能：首先是作为首都职能的国家行政管理和国际交往中心功能；其次，北京是全国的文化、教育、医疗、体育和科技研发中心；再者，北京拥有发达的生产者服务业，金融、会展等功能服务于全国；最后，北京中心城仍然保有一定量的高新技术和航天制造业，生产制造但也是其外部功能的一部分。其中前三个功能构成了北京的核心竞争力，可以称为核心城市功能。

新城对中心城内部功能的疏散以居住功能为主。

新城对中心城外部功能的疏散以生产制造功能为主，通过部分生产制造企业向新城的迁移来实现。

中心城核心功能向新城的疏散尚处于起步阶段。昌平和良乡大学城、中心城中小学新城分校、昌平和顺义奥运体育场馆、顺义新国展等项目使得新城也具备了教育、体育与会展的城市功能。通州出版交易中心、大兴多媒体文化创意产业园、延庆建院工作室、怀柔中科院研究生院等项目，在区县政府的优惠政策扶持下，也已开工建设或达成意向。但是，目前新城的城市核心功能项目寥寥可数，疏散中心城功能作用微弱。首先，行政办公、医疗等设施向新城的搬迁难度较大。如通州规划的行政办公预留区尚未有相关部门提出搬迁意向，中心城大型医疗设施扩建多采取了原地扩建或收购周边设施的方式，如协和医院、同仁医院、宣武医院和儿童医院等，还有的医院在中心城外围地区新建，未搬迁到新城，如天坛医院由原崇文区搬迁至丰台区。其次，区县竞争的格局下，中心城第三产业功能区的扩张均尽最大努力规划布局在本辖区内，以保留财政收入和税源，如朝阳区 CBD 东扩、西城区金融街西扩、海淀区山后金融创新中心、丰台丽泽金融商务区等，中心城的城市功能拓展区还存在一定面积的未开发地区，在这些地区仍有发展空间的时期，服务等功能向新城的疏散难度较大。

4.1.4 问题与结论

4.1.4.1 新城与中心城均处于规模绝对扩张阶段

中国城市化处于快速发展的中期阶段，北京的新城与中心城都成为城市化的增长空间，新城与中心城的人口及就业规模的绝对量均呈现上升趋势，北京都市区域整体处于规模快速扩张阶段。北京城市内部空间结构的改变体现在相对比重的变动上。这种整体增长之中的相对集聚或扩散态势有别于国外城市郊区化阶段的内城人口产业向郊区的绝对迁移，中国城市的中心城在部分传统产业和人口迁出之后，新的人口和产业空间快速成长，"内城衰退"现象远未出现。

4.1.4.2 新城未能有效发挥疏解中心城功能、产业与人口的作用

通过对北京市人口、产业与城市功能的空间变动分析发现，新城对中心城的疏解作用极为有限，主要体现在两个方面：新城大量的住房建设为中心城居住功能疏解提供了空间，带动了部分中心城人口向新城的扩散；中心城一部分第二产业企业向新城迁移，生产制造功能得以疏解。

城市核心功能、主导性的生产服务业以及人口（尤其是高素质人口和户籍人口）仍然高度集聚在中心城，并没有向新城大规模转移的趋势。

新城地区快速发展的动力主要来源于新增第二产业项目以及以此吸纳的大量外来人口，而非中心城产业与人口的向外迁移。新城的建设事实上更多地促进了人口与产业由全国向北京市内的集聚，而不是疏解中心城功能与优化城市内部空间结构，并且成为部分人口或产业进一步进入中心城的"跳板"。

4.1.4.3 中心城单中心近域蔓延，而非大规模远距离向新城疏散

如前所述，北京市常住人口密度、从业人员密度、法人单位密度基本呈现由城市中心向外围依次递减的态势。中心城生产要素的扩散仍然发生在原有建成区的"近域"，扩大了的建成区与新城相比仍具有很大优势，其周边地区成为进一步拓展扩散的空间所在。这样，中心城城市空间由中心向外围滚动式拓展，中心城建成区持续向外蔓延逐渐形成"超大核心"，单级向心集聚的空间结构趋于强化和固化，新城难以形成"次级中心"。

尽管不同类型人口与产业目前的主要集聚空间不同，但无一例外都经历了由城市功能核心区向城市功能拓展区、发展新区依次转移的历程。生产要素远距离向新城扩散的空间拓展方式尚未成形。

综上，在中国城市化的浪潮中，北京市的新城与中心城都在生产要素集聚中经历着高速扩张，然而新城除了承接中心城部分居住人口和第二产业之外，主要成为外来工业项目与相应的外地劳动力的增长空间，中心城核心功能与生产要素的扩散主要发生在原有建成区边缘，新城没有有效发挥疏解中心城的功能，与中心城依然维持"中心—外围"的关系，如图 4-14 所示。

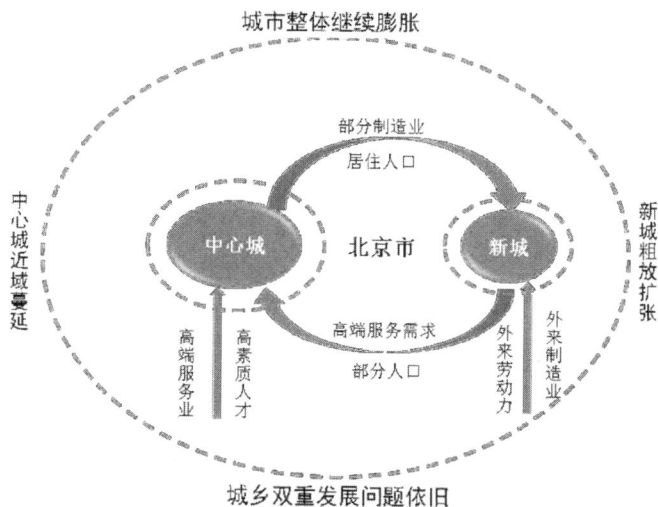

图 4-14　新城与中心城发展关系图示

4.2 北京新城统筹周边地区发展的成效评价

新城是在大城市外围规划建设的规模化新城区，在辐射带动农村发展，实现城乡一体化方面至少应该起到三方面的作用：首先，通过产业发展与就业扩张吸纳周围农村的富余劳动力；其次，以产业链统筹新城与周边地区的发展，形成城乡生产要素的有序流动；最后，作为地区经济社会和行政中心，为周边小城镇和农村提供服务，并将基础设施与公共服务向周边地区延伸。

然而在调研中发现，北京新城在城乡一体化中尚没有发挥应有的作用，其主要功能基本还停留在促进规划区域内的农村城市化和农民就业转移方面，对周边小城镇和农村的辐射带动作用有待加强。

4.2.1 新城建设对周边地区发展的积极作用

新城作为远郊区县的增长极，对周边地区发展的带动作用主要体现在以下三个方面。

4.2.1.1 新城城区拓展直接带动边缘农村的城市化

北京市新城是在原有卫星城或者县城的基础上进行规划建设的，原有城市规模较小，难以满足新城功能定位的实现，因此 11 个新城的规划建设均涉及建成区的向外拓展。这样，原有城市周边的部分镇村就纳入了新城的规划范围，实现农村城市化。

4.2.1.2 新城开发与产业发展吸纳了周边地区富余劳动力

新城的开发建设和产业发展带来了新增就业岗位的快速扩张，吸纳了一定数量的周边农村富余劳动力，促进了周边农村劳动力由第一产业向第二、三产业的转移，从而提高了周边地区农民的收入。

由于缺乏相关统计数据，本书从新城周边农村三次产业从业人员比例的变化来间接考察新城对农村劳动力转移的作用，并辅以亦庄与顺义新城的案例。

相比 1995 年—2002 年乡镇及行政村三次产业从业人员比例的缓慢变化，2002 年之后第一产从业比例较快下降，第三产从业比例快速提高，第二产从业比例缓慢变化，在 2005 年新城建设全面开展之后，这一变动趋势更为明显迅速，如图 4-15 中所示的 2005 年—2006 年曲线的大幅变动。新城建设是这一变动的重要影响因素之一，对农村劳动力由第一产业向第二、三产业的转移起到了重要的推动作用。至 2009 年，第一圈层新城所在区县的镇村从业人员从事第二、三产业的比例将近 80%，第二圈层新城周边农村这一比例也达到了 60% 左右，如图 4-16 所示。

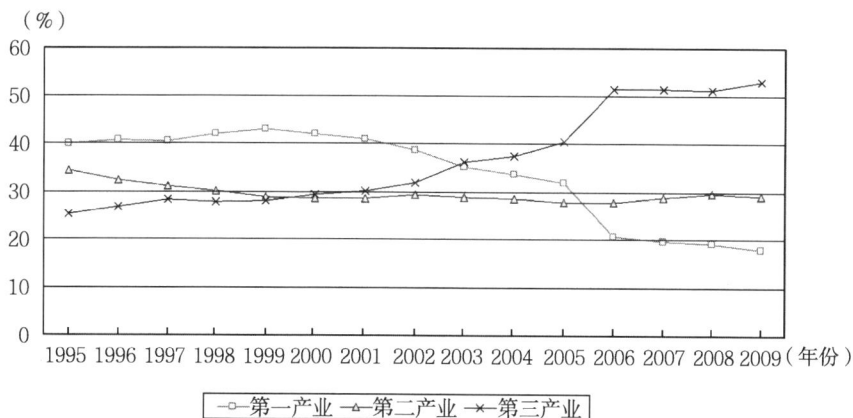

图 4-15　1995 年—2009 年北京市乡镇及行政村三次产业从业人员比例

资料来源：北京市统计局，《北京农村统计年鉴 2010》。

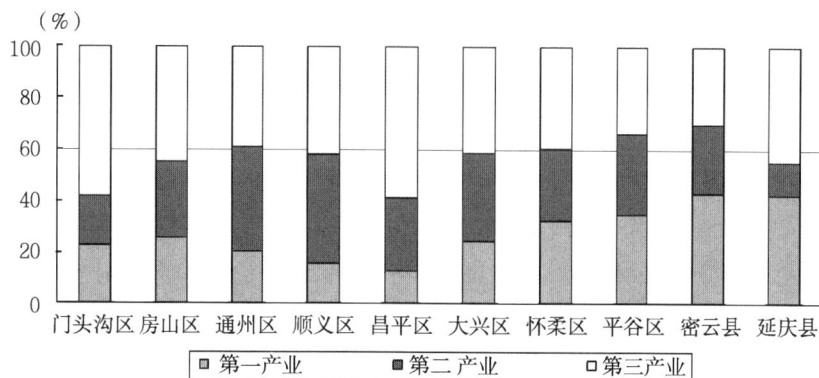

图 4-16　2009 年北京市远郊区县乡镇及行政村三次产业从业人员比例

资料来源：北京市统计局，《北京农村统计年鉴 2010》。

案例：

以顺义新城为例，2005 年顺义区提出，通过镇村就业服务和培训，未来几年全区 10 万农户平均每户要有一名劳动力在第二、三产业就业。而就业的重点就指向了在顺义新城蓬勃发展的现代制造业。北京现代一厂吸纳了 2600 余当地农民，空港工业区为农民提供了 16400 个就业岗位，首都机场吸纳了 6000 余名顺义劳动力，林河经济技术开发区农民就业人数达到8000多人。在北京市的另外一个产业新城亦庄，截至2011年8月，超过1万名大兴区农村富余劳动力转移到亦庄新城的第二、三产业中，他们中超过1/3的劳动力服务于世界500强企业。亦庄新城与周边的镇村合作吸纳农村劳动力，比如通过多种渠道发布就业招聘信息，共同开展"送岗位下乡""大兴专场招聘会"等就业发布活动，农民第一时间获取招聘信息。另外，还建立起"资生堂—榆垡、金伯利—长子营、LG化学—魏善庄、SMC—安定"4个镇企对口招聘伙伴。

资料来源：顺义区、大兴区人民政府网站。

4.2.1.3 新城基础设施与公共服务水平的提升惠及周边地区

北京新城是周边地区的经济与服务中心，其基础设施与公共服务设施的规划标准远远高于原有的县城标准，随着各项设施的逐步建成完善，高品质、高水平的公共服务必将惠及新城周边地区居民。

4.2.2 新城统筹城乡发展的不足之处

新城应以统筹城乡发展为指导思想，以城乡一体化为目标，探索新型城市化之路。统筹城乡发展，要求将城乡置于同一层次上统一谋划发展，将农村的发展纳入区域发展框架下进行统筹安排。其中，统筹规划是引领，产业联动发展、生产要素城乡合理流动是基本路径，公共服务均等化共享发展成果是最终落脚点。

4.2.2.1 新城规划缺乏与周边地区的统筹协调

科学规划是统筹城乡发展和推进城乡一体化的引领和基础，只有通过规划确立了城乡发展的大格局和大框架，其他工作（如教育、医疗、交通、市政设施）才能有一个实现城乡一体化布局的平台。科学编制"全域"城乡统筹规划、刚性执行城乡规划，是成都市推进城乡一体化的重要经验。

北京市已由"城市规划"向"城乡规划"转变。在远郊区县，新城规划、镇域规划和村庄发展规划编制任务全部完成，规划在地域上已经达到了"全覆盖"。然而这仅仅是形式上的"城乡规划"，长期以来重城市轻农村的城乡二元规划管理体制并没有发生根本改变。

统筹城乡规划不等于城市规划加乡村规划，并非仅仅是城、乡分别编制规划，而是要求以全域作为规划对象，科学判断城镇化过程中城乡关系变动的规律，深刻把握城镇化进程中城乡之间各类资源要素优化重组的方向、布局与演变，通过规划的编制、实施、管理积极引导新型城乡关系的合理变动，为各类要素的高效重组奠定宏观上的本底框架，在此框架下再展开各级、各层次的规划与建设。

比照上述要求，北京新城规划尚未贯彻统筹城乡发展理念，仍旧主要谋划城市规划边界内的人口规模、产业发展、基础设施、公共服务设施配置和空间布局，对带动周边地区发展重视不够，对城乡关系变动规律研究不够，城乡功能布局和发展方向缺乏前瞻性与导向性，突出表现在 11 个新城规划的文本中对统筹城乡的表述篇幅极小，几乎一笔带过。

新城地区不同规划自成体系、缺乏统筹衔接。新城规划与镇域村庄规划分别由不同级别的政府和不同的规划设计院在不同的时点进行编制，基本站在本行政区划的立场论发展，城乡之间以及不同镇村之间缺乏统筹与衔接，镇域规划和村庄规划盲目模仿城市规划，缺乏针对性，不能适应农村特点和农民的需要。

4.2.2.2 新城对周边地区产业发展的拉动不大，产业联系薄弱

新城与周边地区的产业缺乏统筹谋划，导致城乡产业发展自成体系，相互脱节。北京市新城与周边镇村的各级产业园区由各自的辖区政府分头管理，在招商引资以及产业配套协作方面缺乏统筹协调，彼此没有联系，处于孤立发展状态。下面以亦庄新城与其周边长子营镇和青云店镇的产业发展为例进行分析。

亦庄新城产业主要集聚在新城内的北京经济技术开发区，以全球制造业转移背景下的外源型高端制造业为主，2011 年第二、三产业结构比为 61.9 ∶ 38.1。2011 年，完成工业总产值 2273 亿元。主导产业为电子信息、装备制造、生物工程和医药、汽车及交通设备，2011 年四大主导产业产值占开发区工业总产值的比重为 87.4%，见表 4-14。亦庄新城企业结构以外资大企业为主，产业链以加工制造环节为主，以"垂直一体化"的形式嵌入全球产业价值链，与全球经济网络联系密切。

表 4-14　2011 年亦庄新城四大主导产业产值情况

产业分类	产值（亿元）	增速（%）	占工业总产值比重（%）
合　计	1986.8	3.0	87.4
电子信息产业	978.2	-18.2	43.0
装备制造产业	459.0	17.3	20.2
生物工程和医药产业	197.3	25.0	8.7
汽车及交通设备产业	352.3	90.5	15.5

资料来源：北京经济技术开发区网站，http://www.bda.gov.cn/cms/ztsjfx/59169.html。

　　亦庄新城周边多数镇经济发展处于粗放增长阶段，以传统和低附加值产业为主，企业规模小，布局分散，效益较差。这些企业与新城产业联系薄弱，难以融入新城产业体系。

　　由表4-15可见，紧邻亦庄新城的长子营镇共有企业301家，其中第二产业261家，占86.7%，第三产业企业数占13.3%。①产业层次较低。第二产业以劳动密集型的家具制造业为主，占第二产业企业总数的1/4强，此外企业数量较多的为通用设备制造业、化学原料及化学制品制造业、非金属矿物制品业等，详见表4-15。而第三产业中批发和零售业企业占一半还多（个体经营的小型餐饮零售等未统计在内），传统的生活服务业是第三产业的主体，主要为本镇尤其是镇区居民生活提供服务，另有8家舞美设计或广告公司，7家物流企业或仓库，还没有发展起为新城配套服务的休闲旅游、文化娱乐等相对高端的第三产业。②企业规模小，发展水平低。第二产业企业平均员工数仅有22人，第三产业企业平均19人。在与镇政府的访谈中了解到，多数企业经营状况一般，市场开拓能力差。③产业布局分散，集中程度低。301家企业中仅有32家在镇工业区，其他将近90%的企业零散分布在各个村庄内。

表4-15　长子营镇企业情况

	企业个数	占比（%）	平均员工数（人）
总计	301	100	21
第二产业	261	86.7	22
家具制造业	67	25.7	
通用设备制造业	22	8.4	
化学原料及化学制品制造业	21	8.0	
非金属矿物制品业	18	6.9	
金属制造业	17	6.5	
建筑材料业	16	6.1	
第三产业	40	13.3	19
批发和零售	22	55.0	
租赁和商务服务	8	20.0	
交通运输、仓储和邮政	7	17.5	

　　注：具体产业的占比数据为占第二或第三产业的比重。

　　资料来源：根据北京市大兴区长子营镇政府资料整理。

青云店镇同样是与亦庄新城空间相接的镇，其产业发展有小、散、低的特点。全镇收入 1000 万以上的企业有 33 家，大约一半集聚在镇工业区。由图 4-17可以发现，该镇企业的行业构成比较零散，没有突出的主导产业，更没有围绕主导产业形成紧密关联的产业集群。现有企业产业层级较低，如服装、食品、家具和化工等。通过与镇政府的座谈得知，招商引资主要考虑企业本身质量如规模、收入、就业等，并没有对工业区产业类型做出明确规划，工业区内不同企业彼此联系极少，与亦庄新城的企业几乎没有关联。

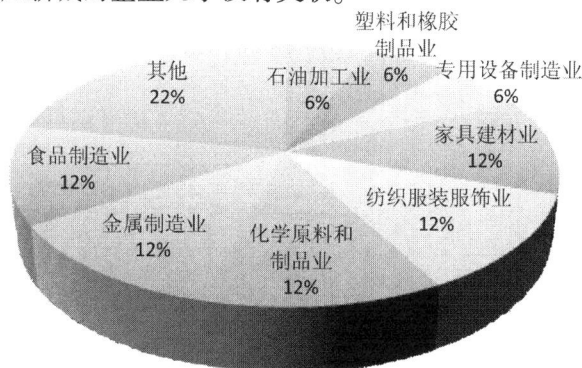

图 4-17　青云店镇收入千万元以上企业的行业构成

资料来源：根据北京市大兴区青云店镇政府提供资料整理。

综上所述，周边镇村与亦庄新城在产业类型、企业规模、产业效率方面都存在巨大鸿沟，基本处于孤立粗放发展阶段。新城对周边镇村产业发展的带动作用不明显。

4.2.2.3 新城城乡要素市场分割

城乡二元结构的核心症结在于城乡生产要素二元分割，农村生产要素维持低水平传统生产方式。新城建设中统筹城乡发展必然要求通过制度创新促进生产要素在城乡间的自由有序流动，将市场机制引入城乡要素市场，使各类生产要素由低效率部门向高效率部门流动。

北京新城发展中尚未尝试突破城乡要素壁垒构建城乡要素一体化平台，甚至在实践中存在变相剥夺农村土地资源的做法。

北京新城地区户籍壁垒仍然严格，人口不能在城乡间自由流动，进入新城工作的本地或外地农村人口在公共服务和社会福利等诸多层面不能享受市民待遇，城乡二元结构和城市内部的二元结构依然突出。

城乡建设用地市场二元分割，农村建设用地使用权未市场化。中国城乡建设用地指标实行总量控制、增减挂钩政策，为了满足城市建设用地的增长，通过村庄迁并、土地整理复耕来减少农村建设用地以置换出城市建设用地指标，保持城乡建设用地指标的总量不变。在成都、重庆等地，这种建设用地指标可以在有形土地市场上交易然后有序流转，城市以市场价格得到最为稀缺的土地资源，农村和农民可以赢得农村地区最为稀缺的资金。但是北京市尚未建立农村建设用地使用权市场，北京新城及其周边工业区的拓展中，沿袭重城市轻农村的发展思路，城市建设用地使用权的"消费"优先于农村建设用地使用权的"生产"，即城市政府先有城区或工业区拓展的规划，以确保城市建设用地顺利增长为目标计算需要置换的农村建设用地指标数量，在未及征询农民意愿、未及统筹考虑农民住房、就业和公共服务供给，未及配置迁并资金的背景下，以"生产"建设用地指标为目的机械地规划农村居民点的迁并。结果往往是城市拓展快速进行，而村庄迁并仅仅停留在规划层面，由于缺乏资金长期不能有效实施。这种农村建设用地使用权的非市场化配置实质上是对农村土地资源和农村发展能力的一种无偿剥夺。

农业生产用地流转缓慢，农业生产经营规模偏小，农业生产尚未形成产业化和规模化经营模式。第二次全国农业普查结果显示，北京农业生产仍未完全摆脱小、散、低的状况，规模以下生猪生产占近 1/3，规模以下奶牛生产占近半数，种植业规模经营比重更低，经营 20 亩（1 亩 = 66.67m²）以下耕地的种粮农户及企业比重达 71.31%，经营 20 亩以下耕地的种菜农户及企业比重为 52.47%❶。农民仍然延续传统的粗放式农业生产技术进行耕作，或者出租给外地人进行劳动密集型精耕细作，机械化程度不高，农业生产效率低下，技术进步缓慢；农业生产社会化程度很低，基本上处于自给自足的自然经济状态。这种分散经营体制，影响了土地等生产要素的顺畅流动及优化配置，制约了农业产业化发展。

4.2.2.4 新城地区的公共服务和基础设施发展仍然延续城乡二元模式，亟须向农村延伸

新城基础设施和公共服务设施仍然延续城乡二元分割的建设管理模式，以规划区域为供给边界，而没有向周边镇村进行延伸，有悖城乡一体化的发展理念。

仍以亦庄新城为例，基础设施方面，新城未规划建设与周边镇村的连接道

---

❶ 北京市统计局，《北京农村统计年鉴 2010》。

路，导致与其空间相接的长子营镇和青云店镇与新城间交通联络不畅，距离较远的镇村进入新城更加困难；镇村道路交通系统不完善，道路工程建设各自为政，相互之间对接不顺畅，影响了道路系统的完整性和使用效率；供排水设施由乡镇自建，容量较小，难以保障水质；供变电设施未向周边配置，不能满足镇工业区用电需求；天然气与供热管道尚没有延伸到镇区。城乡污水、生活垃圾处理一体化进程尚未起步。

亦庄新城周边镇公共服务设施的配置同样匮乏。文化体育设施方面，长子营镇至今没有一处文化设施，除采育镇之外，其他镇都没有体育场馆；医疗服务低水平。周边每镇有一处卫生院，均为一级甲等，人均病床数为 1.25 张/千人，远远低于北京全市 5.09 张/千人的平均水平。农村地区急救公共服务匮乏，尚无急救站点和急救装备配置；教育设施方面，四镇的中小学基本能够满足全镇适龄青少年九年义务教育需要。但一些设施由于年久失修，存在着不同程度的质量问题；师资力量相对薄弱；有些村庄与中、小学距离较远，特别是小学，给家长和学生带来不便。除采育镇之外，其他镇都只在镇区设置了一所幼儿园，不能满足全镇尤其是农村幼儿教育的需求。

4.2.3 问题与结论

北京新城的开发建设通过吸纳周边农村剩余劳动力、加快城市化进程和提供更高品质服务给周边地区发展带来积极影响。但是，这种积极作用是任何城市在发展中所必然具备的正外部性。换言之，无论是被动城市化还是被动转移剩余劳动力，周边农村均处于被动和从属地位，其起点和初衷都是城市的成长发展。

而在"主动"统筹周边地区发展方面，北京新城尚未破题。统筹城乡发展是一场革命性、系统性突破城乡分割制度，在政治经济社会的各个层面几乎所有领域有序推进的变革。然而在北京新城规划建设的各个层面，都依然存在城乡二元分割的路径依赖，城乡规划不协调脱节、城乡产业彼此孤立发展，城乡要素市场分割、公共服务和基础设施以城为壑未向农村延伸。

因此可以说，北京新城发展仍然沿袭传统的城市化道路，并没有以统筹城乡发展和城乡一体化为指引和发展目标。如果这一发展思路不加以调整，新城必然难以发挥在城乡发展中的节点作用，繁荣的城市和落后的农村二元并存的局面将依然存在。

4.3 北京城乡一体化水平的评价

科学客观地分析城乡一体化发展的现状及变化规律，是选择发展战略和制定政策措施的前提与基础。本节将影响城乡一体化进程的主要因素参数化，建立城乡一体化的评价指标体系，对城乡一体化水平进行综合测度。从三个视角进行量化分析：①包括北京市在内的四个直辖市城乡一体化水平的比较，研究北京与同等城市城乡一体化水平的差异；②2005 年—2010 年北京市城乡一体化水平的演变，研究新城建设是否显著提高了北京的城乡一体化水平；③北京市新城地区的城乡一体化水平现状，通过时间与空间不同维度的比较展示北京城乡一体化的发展水平，为制定有利于城乡统筹发展的新城发展战略提供依据。

4.3.1 构建评价指标体系

遵循客观性、系统性、典型性和可操作性等公认的指标选取原则构建城乡一体化指标体系。

4.3.1.1 评价指标的选取及其含义

按照城乡统筹发展和城乡一体化的内涵，将城乡一体化的主要衡量因素分为经济发展、居民生活和基础设施与公共服务三个方面共 7 个指标，见表 4–16。所有指标均选用乡城的比值，指标值越高则反映该项目一体化程度越高，指标的目标值均为"1"。

表 4–16　城乡一体化评价指标体系

	一级指标	二级指标
城乡一体化程度	经济发展一体化	农业与非农业劳动生产率比
	居民生活一体化	城乡居民收入比
	基础设施与公共服务一体化	城乡人均拥有执业（助理）医师数比

城乡经济发展一体化是实现城乡一体化的基本前提与路径，在客观上反映城市对农村发展的辐射带动作用。农业与非农产业劳动生产率比 =（农业地区生产

总值/农业从业人员）／（非农产业地区生产总值/非农产业从业人员），该指标反映了经济一元化程度，在经济二元结构明显时期，农业与非农产业相比，生产效率较低，随着经济一体化发展，农业逐渐实现现代化，农业劳动生产率逐渐与其他产业趋于一致。发达国家农业的比较劳动生产率基本为1。

城乡居民生活一体化是城乡一体化的最直接反映，是城乡统筹发展的根本目标，体现了以人为本的发展理念。城乡居民收入比＝农民人均纯收入/城市居民人均可支配收入，是城乡居民生活一体化的基本指标。

基础设施与公共服务一体化是改善农村生产生活环境、实现城乡一体化发展的重要途径，是政府作用的主要方面。鉴于统计数据的局限性，仅选取"城乡拥有执业（助理）医师比"指标来反映基础设施与公共服务的一体化程度。

4.3.1.2 指标权重与数据来源

城乡一体化的三个方面互相联系，不可分割，同等重要。因此赋予这三个指标同等权重，即1/3。

北京等四个直辖市的数据来源于中国知网统计数据库；北京新城地区数据根据《北京区域统计年鉴2012》以及有关部门内部资料整理所得。由于所有指标均为比值，所以不需要再对数据进行无量纲化处理。

4.3.2 评价结果

利用城乡一体化评价指标体系对包括北京市在内的四个直辖市城乡一体化水平和北京市新城地区的城乡一体化水平分别进行了评价，结果如下。

4.3.2.1 直辖市城乡一体化水平比较

2005年—2010年直辖市城乡一体化总体水平如图4-18所示。①总体来看，四个直辖市城乡一体化水平都比较低，6年中最高得分为0.35，即农村发展水平仅相当于城市的1/3多，最低得分仅为0.15，城乡差距巨大。②北京市城乡一体化水平在四个直辖市中列第二位，天津市城乡一体化水平最高，重庆市城乡一体化水平最低，一直在0.2以下，上海列第三位。③四个直辖市城乡一体化水平差距逐渐缩小。2005年—2010年四城市城乡一体化得分差距由0.16缩小为0.13，至2010年北京、上海和天津三个城市城乡一体化水平已经渐趋一致，重庆市城乡一体化水平仍然较低。

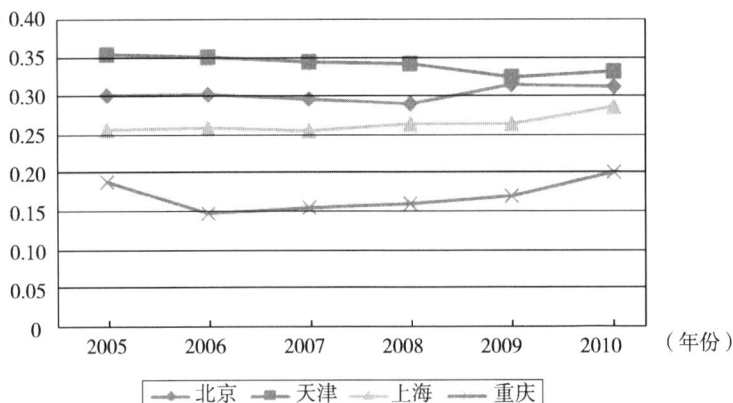

图 4-18　2005 年—2010 年直辖市城乡一体化水平

图 4-19～图 4-21 是经济、居民生活水平、基础设施与公共服务三个分领域的城乡一体化水平。①城乡经济一体化平均水平最低。四个城市的城乡经济一体化都处于极低的水平，得分为 0.10～0.19，即农业劳动生产率为非农产业的 10%～19%。北京市农业与非农产业劳动生产率之比在四个城市中总体较高，重庆市该指标波动最大，上海市农业与非农产业劳动生产率逐年提高，而天津市逐年降低。2010 年，北京、上海和重庆三城市城乡经济一体化水平相差无几，天津市城乡经济一体化水平最低。②城乡居民生活一体化水平最高。除重庆市城乡居民收入比低于 0.3 之外，其余三个城市为 0.43～0.49，北京市该指标得分为 0.45，居第二位。③城乡基础设施与公共服务一体化水平总体不高，城市之间差别较大。以人均拥有执业（助理）医师数比指标衡量的该领域得分为 0.11～0.42，四城市该指标排名与城乡一体化总水平排名一致，北京市位居第二位。

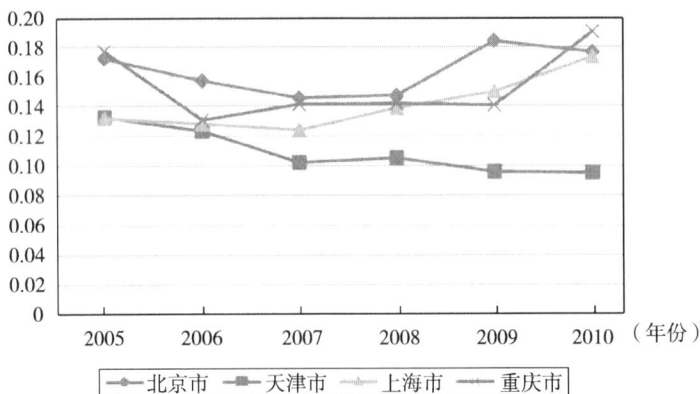

图 4-19　2005 年—2010 年直辖市农业与非农产业劳动生产率之比

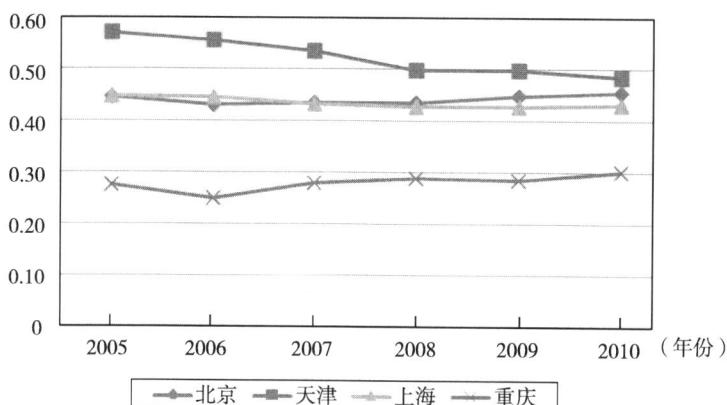

图 4-20　2005 年—2010 年直辖市城乡居民收入比

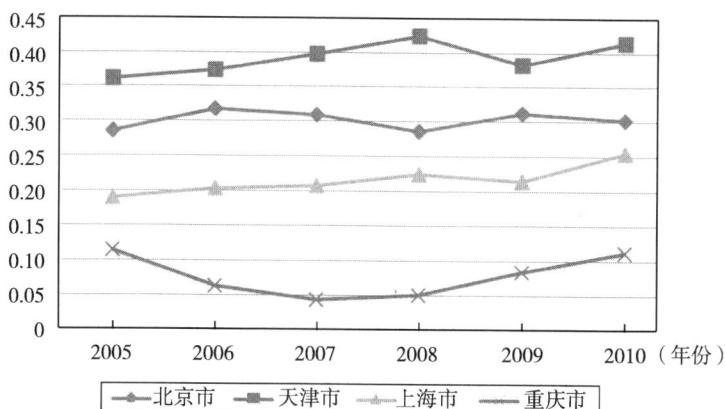

图 4-21　2005 年—2010 年直辖市城乡人均拥有执业（助理）医师数比

综上，四个直辖市城乡一体化水平总体偏低，北京市总体水平与分项指标得分大多处于第二位。其中，城乡居民生活一体化水平最高，其次是城乡基础设施与公共服务水平，而城乡经济发展一体化水平最低。

4.3.2.2 北京市城乡一体化水平演变

2005 年—2010 年北京市城乡一体化总体水平变化很小，一直稳定在 0.30 上下，意即农村发展水平还不到城市发展水平的 1/3。如图 4-22 所示，城乡居民生活一体化水平最高，但仍不到 0.5；其次是城乡基础设施和公共服务一体化程度，在 0.30 上下，农村居民人均拥有执业（助理）医师数仅为城市居民的30%；城乡经济一体化水平最低，仅为 0.15 ~ 0.18，农业劳动生产率仅为非农产业的15% ~ 18%。说明政府干预下的城乡居民生活与公共服务相比市场主导的经济发展领域，城乡的融合程度更高。

从时间维度来看，2005年—2006年总体水平和各项指标得分比较稳定，2007年—2008年略有下降，2009年—2010年又重新回升，但波动幅度较小。

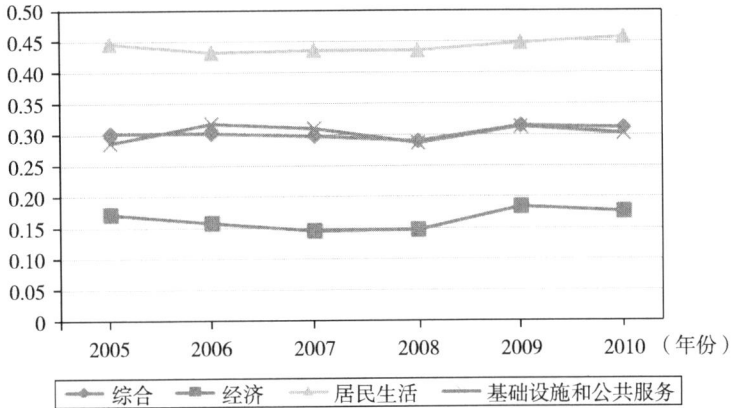

图4-22　2005年—2010年北京市城乡一体化水平

2005年之后，北京新城建设全面展开，但同期北京市城乡一体化水平基本没有发生变化，这说明北京新城尚没有发挥城乡联系枢纽、促进城乡一体化发展的作用。

4.3.2.3 北京新城地区城乡一体化水平

对北京13个区县（不包括东城区、西城区和石景山区，由于这三个区均为城镇，因此不在城乡统筹研究范围内）城乡一体化水平的评价结果见表4-17。

表4-17　北京市区县城乡一体化发展水平

	城乡一体化水平	经济一体化	居民生活一体化	基础设施与公共服务一体化
全市	0.31	0.18	0.45	0.30
朝阳区	0.28	0.11	0.58	0.15
丰台区	0.23	0.10	0.54	0.04
海淀区	0.24	0.10	0.53	0.08
门头沟区	0.27	0.18	0.48	0.15
房山区	0.32	0.15	0.50	0.31
通州区	0.34	0.26	0.52	0.26

	城乡一体化水平	经济一体化	居民生活一体化	基础设施与 公共服务一体化
顺义区	0.45	0.43	0.51	0.40
昌平区	0.42	0.17	0.49	0.59
大兴区	0.40	0.45	0.49	0.27
怀柔区	0.33	0.17	0.49	0.32
平谷区	0.38	0.37	0.50	0.27
密云县	0.38	0.33	0.49	0.34
延庆县	0.42	0.32	0.49	0.45

评价结果显示，包括新城地区在内的北京市各个区县之间的城乡一体化发展水平差别不大，目前都处于一个较低的水平。相对城市功能拓展区，新城地区的城乡一体化平均水平略高，但二者差距不大，第一圈层新城和第二圈层新城在城乡统筹发展方面也不存在大的差别。

新城地区相比中心城的三个城区（丰台、朝阳、海淀），居民生活一体化指数较低，这说明新城的农村居民生活水平低于中心城的农民。新城经济一体化指数相对较高并不能说明新城地区的农业现代化和农村投资水平更高，而恰恰说明了新城的非农产业发展水平和城镇投资水平相对较低，使得农业与非农产业的比较劳动生产率高于中心城。如延庆的经济一体化指数在 13 个区县中排名较高，事实上延庆的经济发展水平在北京各个区县中基本排在末位，这种相对较高的经济一体化指数是低水平的城乡均衡状态，同理，新城地区城乡人均拥有执业（助理）医师比高于中心城区，也是由于新城城镇医疗公共服务水平明显偏低造成的。

经济和公共服务的城乡低水平相对均衡反映了新城城市发展弱质的现实。

4.3.3 小结

直辖市、北京市和北京区县三个空间层次的城乡一体化水平都处于极低的状态。在中国城乡二元发展的大背景下，北京市以及北京新城地区的城乡一体化水平同样非常低下，北京市总体水平与分项指标得分在同类城市中大多处于第二位，并没有成为"城乡一体化首善之区"。

三个空间层次分领域的城乡一体化水平比较呈现相似结果，即城乡居民生活一体化水平最高，其次是城乡基础设施与公共服务水平，而城乡经济发展一体化水平最低。说明政府干预下的城乡居民生活与公共服务领域相比市场主导的经济发展领域，城乡融合的程度更高。

北京新城开发建设没有起到显著提高城乡一体化水平的作用。从时间维度来看，2005 年北京新城建设全面展开之后，北京市城乡一体化水平基本没有发生变化，说明新城尚未发挥城乡联系枢纽带动区域发展的功能；从空间维度来看，与中心城的三个城区相比，新城地区的城乡一体化平均水平不存在大的差别。

第5章　基于城乡一体化的北京新城发展路径

本章首先对北京新城发展的质量与效益进行了分析评价，然后深入剖析了新城未能有效发挥城乡一体化节点作用的原因，进而提出基于城乡一体化背景的新城发展路径。

5.1　北京新城发展评价——综合承载力与发展效率

5.1.1 基于主成分分析的新城与中心城综合承载力比较

主成分分析法是多元分析法的一种，就是通过少数几个主成分量（原始变量的线性组合）来解释多变量的方差。具体地说，就是导出少数几个主分量，使它们尽可能完整地保留变量的信息，且彼此间不相关，以达到简化数据的目的。用少量的几个综合变量代替原来的许多变量是有实际意义的。由这几个综合变量出发还有可能得到一个总的指标，按此总指标来排序、分类，问题就可能简单多了。

主成分分析的数学模型为

$$F_1 = \boldsymbol{a}_{11}ZX_1 + \boldsymbol{a}_{21}ZX_2 \cdots + \boldsymbol{a}_{p1}ZX_p$$

$$F_2 = \boldsymbol{a}_{12}ZX_1 + \boldsymbol{a}_{22}ZX_2 \cdots + \boldsymbol{a}_{p2}ZX_p$$

$$\vdots$$

$$F_p = \boldsymbol{a}_{1m}ZX_1 + \boldsymbol{a}_{2m}ZX_2 + \cdots + \boldsymbol{a}_{pm}ZX_p$$

式中：$\boldsymbol{a}_{1i}$，$\boldsymbol{a}_{2i}$，$\cdots$，$\boldsymbol{a}_{pi}(i = 1，2，\cdots，m)$ 为 X 的协方差阵 $\boldsymbol{\Sigma}$ 的特征值所对应的特征向量；ZX_1，ZX_2，$\cdots$，ZX_p 为原始数据的标准化值。

$\boldsymbol{A} = (a_{ij})p \times m = (a_1，a_2，\cdots，a_m，)$，$\boldsymbol{R}_{ai} = \lambda_i a_i$，$R$ 为相关系数矩阵，λ_i、a_i 是相应的特征值和单位特征向量，$\lambda_1 \geqslant \lambda_2 \geqslant \cdots \geqslant \lambda_p \geqslant 0$。

主成分分析法的一般步骤包括数据标准化、计算其 R 矩阵、R 矩阵的特征根和特征向量、主成分贡献率、确定主成分的个数、合成各主成分得到综合评价值。在这一过程中，主成分分析实质是完成其他三项工作：消除原始变量间的相关影响，确定综合评价时所需要的权数和减少综合评价的指标维数。

5.1.1.1 城市综合承载力评价指标体系的构建

遵循设置评价指标体系的科学性、代表性和可行性原则，结合城市经济学、城市地理学和社会学的基本理论，借鉴前人的研究成果，从经济发展、社会发展和生态环境三个方面，选取 20 个指标建立评价城市综合承载力的指标体系，见表 5-1。

表 5-1　城市综合承载力评价指标体系

一级指标	二级指标	三级指标
社会承载力	人口规模	常住人口总量（X_1）
		常住人口密度（X_2）
	居民收入与消费	在岗职工平均工资（X_3）
		城镇居民人均消费支出（X_4）
		人均生活用电量（X_5）
		最低生活保障人口比重（X_6）
	公共服务	千人拥有执业医师数（X_7）
		人均拥有公共图书馆藏书数（X_8）
	优质公共服务	三甲医院数（X_9）
		示范高中数（X_{10}）
环境承载力	垃圾处理	城区生活垃圾无害化处理率（X_{11}）
	绿化美化	林木绿化率（X_{12}）
	空气质量	空气质量好于二级的天数（X_{13}）
经济承载力	经济规模	地区生产总值（X_{14}）
		财政收入（X_{15}）
		全社会固定资产投资额（X_{16}）
	经济结构	第三产业占 GDP 比重（X_{17}）
	发展效益	GDP 增长速度（X_{18}）
		万元 GDP 能耗（X_{19}）
		万元 GDP 技术合同额（X_{20}）

5.1.1.2 城市综合承载力的主成分分析过程

1) 数据选取与标准化

(1) 数据来源。由于新城不是独立的统计单元，评价中有一些数据采用新城所在区县的总体数据来代替，尽管与实际情况有一定出入，但由于远郊区县的经济社会活动一般集中在新城内，可以接受用这些数据的替代方式来近似地水平比较各个新城与中心城的发展质量。

除"三甲医院数"和"示范高中数"来自北京市卫生局和教委的统计资料之外，其他所有数据均来源于《北京市区域统计年鉴 2013》和《北京统计年鉴 2013》。

需要说明的是，亦庄新城以北京市经济技术开发区为主体，跨越大兴和通州两个行政区，在统计上，仅有开发区口径的经济数据，由于其经济社会发展各项指标数据的难以获取，评价将亦庄新城排除在外。

(2) 指标数据的正向化处理。在上述城市发展质量的评价指标体系中，指标 X_{17} 万元 GDP 能耗、X_6 最低生活保障人口比重均为逆向指标，即该指标值越高，本项指标评价水平越低，而指标值越小评价越好。在多指标的综合评价中，必须对逆向指标进行正向化处理，以与其他指标进行主成分分析。

本书采取不会改变指标值分布规律的线性变换方法❶，逆向指标正向化公式为

$$x'_y = \max_{l \leq i \leq n}\{x_y\} - x_y \text{ 或 } x'_y = -x_y$$

适度指标正向化公式：

$$x'_y = \max_{l \leq i \leq n}|x_y - k| - |x_y - k| \text{ 或 } x'_y = -|x_y - k|$$

2) 确定主成分个数

通过统计分析软件 spss 处理指标体系中的数据，输出表 5-2 总方差解析表。

---

❶ 叶宗裕. 关于多指标综合评价中指标正向化和无量纲化方法的选择. 浙江统计，2003（4）.

表 5-2 总方差解释表

主成分	初始特征根			提取初始特征根		
	特征根	方差贡献率（%）	累计方差贡献率（%）	特征根	方差贡献率（%）	累计方差贡献率（%）
1	11.078	55.389	55.389	11.078	55.389	55.389
2	3.463	17.316	72.706	3.463	17.316	72.706
3	2.212	11.059	83.765	2.212	11.059	83.765
4	1.400	7.000	90.765	1.400	7.000	90.765
5	0.608	3.040	93.805			
6	0.557	2.784	96.590			
7	0.373	1.866	98.455			
8	0.148	0.742	99.197			
9	0.142	0.712	99.909			
10	0.018	0.091	100.000			
11	7.435×10^{-16}	3.718×10^{-15}	100.000			
12	4.332×10^{-16}	2.166×10^{-15}	100.000			
13	2.204×10^{-16}	1.102×10^{-15}	100.000			
14	8.092×10^{-17}	4.046×10^{-16}	100.000			
15	2.976×10^{-18}	1.488×10^{-17}	100.000			
16	-9.456×10^{-17}	-4.728×10^{-16}	100.000			
17	-1.873×10^{-16}	-9.363×10^{-16}	100.000			
18	-2.968×10^{-16}	-1.484×10^{-15}	100.000			
19	-4.916×10^{-16}	-2.458×10^{-15}	100.000			
20	-6.699×10^{-16}	-3.350×10^{-15}	100.000			
21	-3.7×10^{-16}	-1.5×10^{-15}	100			
22	-4.7×10^{-16}	-2×10^{-15}	100			
23	-5.3×10^{-16}	-2.2×10^{-15}	100			
24	-1.1×10^{-15}	-4.8×10^{-15}	100			

3）城市综合承载力的计算过程

由基本指标变量产生的前 4 个主成分 F_1、F_2、F_3、F_4 的方差累计贡献率达到 90.765%，根据累计贡献率大于 85% 的原则，故提取前 4 个主成分作为新的变量指标来计算各城市的综合经济实力。由因子载荷矩阵得到前四个因子的载荷矩阵见表 5-3。

表 5-3　初始因子载荷矩阵表

	主成分			
	F_1	F_2	F_3	F_4
常住人口规模	0.987	0.016	−0.104	−0.045
常住人口密度	0.992	−0.029	−0.070	−0.011
在岗职工平均工资	0.853	−0.209	0.113	−0.007
城镇居民人均消费支出	0.933	0.014	0.201	0.006
低保人口比重	0.541	−0.782	−0.092	0.079
人均生活用电量	0.069	−0.402	0.787	0.250
千人拥有执业医师	0.495	0.788	0.110	−0.177
人均公共图书馆藏书	0.537	0.746	0.031	−0.115
三甲医院	0.976	0.140	−0.096	−0.041
示范高中	0.979	0.106	−0.086	−0.050
城区生活垃圾无害化处理率	0.472	0.575	0.500	−0.112
林木绿化率	−0.419	0.722	−0.388	−0.070
空气质量好于二级天数比重	−0.258	0.381	−0.526	0.601
GDP	0.979	0.090	−0.078	−0.045
财政收入	0.990	−0.023	−0.063	−0.089
全社会固定资产投资额	0.985	−0.047	−0.049	−0.097
三产比重	0.857	−0.085	−0.228	0.272
GDP 增速	0.012	0.350	0.836	0.371
万元 GDP 能耗	0.378	0.293	−0.089	0.808
万元 GDP 技术合同额	0.726	−0.461	−0.188	0.135

根据初始因子荷载矩阵表，计算各主成分得分系数，见表5-4。

表5-4　主成分系数表

	主成分			
	F_1	F_2	F_3	F_4
常住人口规模	0.3	0.01	-0.07	-0.04
常住人口密度	0.3	-0.02	-0.05	-0.01
在岗职工平均工资	0.26	-0.11	0.08	-0.01
城镇居民人均消费支出	0.28	0.01	0.14	0.01
低保人口比重	0.16	-0.42	-0.06	0.07
人均生活用电量	0.02	-0.22	0.53	0.21
千人拥有执业医师	0.15	0.42	0.07	-0.15
人均公共图书馆藏书	0.16	0.4	0.02	-0.1
三甲医院	0.29	0.08	-0.06	-0.03
示范高中	0.29	0.06	-0.06	-0.04
城区生活垃圾无害化处理率	0.14	0.31	0.34	-0.09
林木绿化率	-0.13	0.39	-0.26	-0.06
空气质量好于二级的天数比重	-0.08	0.2	-0.35	0.51
GDP	0.29	0.05	-0.05	-0.04
财政收入	0.3	-0.01	-0.04	-0.08
全社会固定资产投资额	0.3	-0.03	-0.03	-0.08
三产比重	0.26	-0.05	-0.15	0.23
GDP增速	0	0.19	0.56	0.31
万元GDP能耗	0.11	0.16	-0.06	0.68
万元GDP技术合同额	0.22	-0.25	-0.13	0.11

根据主成分系数表，可以写出 $F_1 \sim F_4$ 各主成分的表达式如下：

$$F_1 = 0.290ZX_1 + 0.300ZX_2 + 0.300ZX_3 + \cdots - 0.080ZX_{20}$$

$$F_2 = 0.050ZX_1 - 0.010ZX_2 - 0.030ZX_3 + \cdots + 0.200ZX_{20}$$

$$F_3 = -0.050ZX_1 - 0.040ZX_2 - 0.030ZX_3 + \cdots - 0.350ZX_{20}$$

$$F_4 = -0.040ZX_1 - 0.080ZX_2 - 0.080ZX_3 + \cdots + 0.510ZX_{20}$$

最终得出城市发展质量的综合评价函数为

$$F = 0.610F_1 + 0.191F_2 + 0.122F_3 + 0.077F_4$$

根据综合评价函数计算出中心城与新城的城市综合承载力最终得分。运用同样的主成分分析方法，可以计算出新城与中心城在经济、社会和生态环境三个子领域的得分，见表5–5。

表5–5　城市综合承载力得分

	$F_{社会}$	$F_{环境}$	$F_{经济}$	$F_{综合}$
中心城	5.47	−0.14	4.67	20.01
门头沟	−0.64	−0.54	−1.75	−3.78
房　山	−0.16	−1.09	−0.12	−1.55
通　州	0.13	−0.85	−0.11	−0.92
顺　义	0.23	0.70	0.03	−1.09
昌　平	0.19	−1.46	0.31	−0.29
大　兴	−0.61	0.34	−0.28	−0.08
怀　柔	−1.00	1.16	−0.89	−2.76
平　谷	−1.01	0.97	−0.71	−1.47
密　云	−1.07	0.51	−0.63	−3.45
延　庆	−1.53	0.39	−0.52	−4.62

5.1.1.3　结论

1）新城综合承载力低，难以构成对中心城的"反磁力"中心

从综合承载力得分来看，各新城之间发展差距相对较小。新城中，综合承载力最高的大兴综合得分−0.08，最低的延庆得分为−4.62。各新城与中心城存在巨大鸿沟，中心城城市综合承载力得分为20.01分，而所有新城得分均为负值。中心城作为区域城市中综合承载力的绝对高地一枝独秀，对发展要素具有极强的吸引力，而周边新城在与中心城的综合承载力对比中处于绝对劣势，难以构成对中心城的"反磁力"中心，难以吸引中心城的人口和产业等要素向新城疏解，解释了前文所述新城疏解中心城人口与产业不力的原因。北京城市区域单中心向心集聚的发展态势由于新城发展的弱质而得以延续。当然，由于新城综合承载力与中国国内的一些城市对比仍然具备优势，所以仍有大量的外来生产要素涌入

新城。

2）新城经济增长速度高，结构与质量有待提高

经济承载力方面，中心城得分为4.67，昌平和顺义新城得分为正分，通州、房山和大兴新城排名随后。可以发现第一圈层新城经济发展势头良好，与中心城的差距相比综合差距要小得多；第二圈层的生态新城不以经济发展为核心目标，其经济发展得分普遍较低。

表5-6为经济指标的标准化值。新城在经济增长速度方面超过中心城，尤其是大兴、顺义和通州三个近域新城；但是新城的经济结构与中心城差距极大，第三产业比重较低；万元GDP技术合同额和万元GDP能耗指标反映了经济发展的技术含量与环境友好程度，新城这两个指标比中心城低，但差距不大。新城经济发展应当更加注重质量与效益，伴随新城经济结构的升级，其经济技术含量与环境友好程度有望达到中心城水平。另外，由于发展基础与时点的不同，新城地区生产总值等总量指标较为落后。第一圈层新城经济发展水平较高，应进一步提高产业水平，承接中心城相对高端产业的疏解转移。

表5-6　经济指标标准化决策矩阵

	地区生产总值	财政收入	全社会固定资产投资额	第三产业占GDP比重	GDP增长速度	万元GDP能耗	万元GDP技术合同额
中心城	3.01	2.96	2.95	2.51	-0.15	1.08	1.83
房　山	-0.27	-0.17	-0.07	-1.11	-1.17	-2.86	-0.65
通　州	-0.28	-0.15	-0.12	-0.32	0.57	0.18	0.18
顺　义	-0.09	-0.17	-0.09	0.25	0.95	-0.20	-0.64
昌　平	-0.26	-0.24	-0.12	0.02	-0.40	0.03	1.16
大　兴	-0.29	0.09	-0.05	0.35	-0.96	0.20	1.47
门头沟	-0.37	-0.42	-0.46	-0.26	2.18	0.32	-0.71
怀　柔	-0.35	-0.46	-0.49	-1.07	-0.28	0.41	-0.64
平　谷	-0.36	-0.45	-0.51	-0.50	0.44	0.13	-0.76
密　云	-0.35	-0.46	-0.47	-0.52	-0.07	0.43	-0.54
延　庆	-0.38	-0.53	-0.56	0.66	-1.13	0.28	-0.71

3）新城社会承载力极低，尤其优质公共资源差距较大

相比经济发展与生态环境，新城在社会发展方面与中心城差距最大，中心城

社会承载力得分 5.47，而新城中得分最高的昌平也仅有 0.23 分，得分最低的延庆为 -1.53 分。

新城社会综合承载力低下的主要原因在于优质公共服务的短缺，表 5-7 显示新城与中心城差距最大的两项指标为代表优质公共资源的三甲医院和示范高中，这两项中心城得分最高，为 3.01，而新城得分区间为 -0.36～-0.22。而代表普通生活水平的人均生活用电量，新城与中心城没有差别，部分新城得分甚至超过中心城。

表 5-7　社会指标标准化决策矩阵

	常住人口总量	常住人口密度	在岗职工平均工资	城镇居民人均消费支出	最低生活保障人口比重	人均生活用电量	千人拥有执业医师数	人均公共图书馆藏书数	示范高中数	三甲医院数
中心城	2.98	2.95	2.32	2.62	1.23	-0.16	1.80	1.85	3.01	3.01
房　山	-0.25	-0.37	-0.30	-0.43	-0.03	-0.21	-0.15	-0.51	-0.32	-0.29
通　州	-0.17	-0.01	-0.69	0.11	0.55	1.49	-1.26	-0.91	-0.32	-0.22
顺　义	-0.27	-0.20	0.70	-0.48	0.65	1.86	-0.46	-0.67	-0.26	-0.22
昌　平	-0.03	-0.04	0.09	0.42	1.14	0.42	-1.25	-0.90	-0.32	-0.29
大　兴	-0.12	-0.01	0.77	0.07	1.14	-0.67	-0.96	-0.77	-0.32	-0.29
门头沟	-0.45	-0.48	-0.01	0.46	-1.48	0.34	1.37	0.49	-0.26	-0.36
怀　柔	-0.43	-0.49	0.01	-0.55	-1.32	-0.31	0.63	0.03	-0.32	-0.36
平　谷	-0.42	-0.38	-1.17	-0.32	-0.72	-0.65	0.37	1.82	-0.32	-0.29
密　云	-0.40	-0.48	-0.67	-0.68	-0.58	-0.44	0.09	-0.15	-0.32	-0.36
延　庆	-0.44	-0.50	-1.05	-1.21	-0.59	-1.67	-0.18	-0.27	-0.32	-0.36

优质公共资源短缺是新城缺乏吸引力的最主要原因。2010 年 8 月北京市社会科学界联合会重点课题"加快推进优质公共资源均衡配置，促进城市中心区人口和功能疏解"课题组的调查结果显示，不愿到新城居住和就业的原因方面（见图 5-1），选择"中心城设施齐全、生活方便"的居民占 35.8%，选择"郊区优质公共资源短缺"的居民占 42.59%，合计为 78.39%，新城生活的不方便表现在交通、就医、上学、购物等各个方面（见图 5-2）。

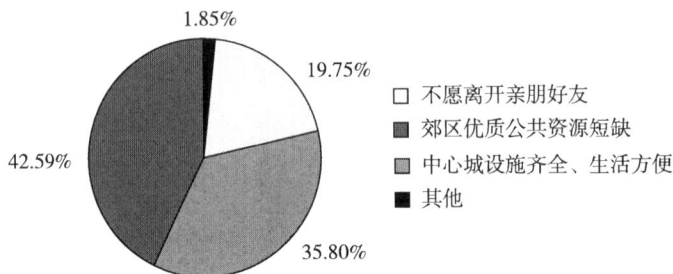

图 5-1 不愿到新城就业居住的原因

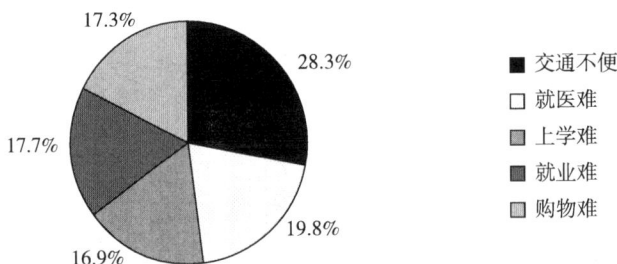

图 5-2 新城生活不便的表现

4) 新城基础设施不健全，弱化了其生态优势

环境承载力方面，多数新城得分高于中心城，显示了新城环境的优质程度。但二者之间的差距并不明显。除平谷之外，其他所有新城的生活垃圾无害化处理率均不能达到 100%，由于生活污水和垃圾处理设施的不健全，新城在生态环境方面的优势被弱化。昌平、通州、房山和门头沟不仅基础设施不健全，其林木绿化率或者空气质量得分也较低，导致了这几个新城生态环境得分低于中心城。提升新城宜居水平亟须加强污水处理、垃圾处理等城市基础设施的建设。

5.1.2 北京新城发展效率以及与上海新城的比较

选用数据包络分析（DEA）方法构建新城发展效率模型，并以此对北京和上海的 17 个新城效率进行测度与分析比较。

5.1.2.1 数据包络分析基本思路

数据包络分析（Data Envelopment Analysis，DEA）是评价多投入和多产出的相同类型部门相对有效性的一种非参数统计分析方法，1978 年由 Charnes、

Coopor 和 Rhodes 三位学者共同提出，其原理主要是通过保持决策单元（Decision Making Units，DMU）的输入或者输出不变，借助于数学规划确定相对有效的生产前沿面，将各个决策单元投影到生产前沿面上，并通过比较决策单元偏离 DEA 前沿面的程度来评价它们的相对有效性。

DDEA 的主要步骤包括决策单元选择、输入/输出指标确定、模型建立与求解、评价分析等。

5.1.2.2 新城发展效率的评价指标体系

选取上海和北京的共 17 个新城❶作为评价对象，每个新城为一个决策单元 DMU，利用 DEA 方法，评价新城发展效率。

根据投入产出指标数量宜少原则，一般要求投入和产出指标的加总数不大于 1/3DMU 数。对京沪 17 个新城进行 DEA 分析，即要求投入产出指标最多设置 6 个。

利用 DEA 方法评价一般城市的发展效率，经常选取投资、人口或者土地、技术等投入量作为输入指标，选取城市经济总量、地方财政收入等作为输出指标。新城是在特大城市郊区规划建设的新的规模化城市地区，评价新城发展效率，选择投入产出指标时，既要考虑其作为城市的发展属性，更要兼顾新城的开发目标和阶段特征。如前所述，新城规划建设的目标是作为城乡发展节点，通过疏解中心城和带动区域发展同时解决城区过度集中和郊区低密度欠发达的双重问题，而其对内反磁力和对外辐射力的来源在于高端产业带来的就业容量、居民收入和高质量公共服务奠定的生活品质。因此衡量新城产出，至少需要考虑产业发展、居民收入和公共服务供给三个方面。一方面由于北京和上海新城均处于后工业化发展阶段，以第三产业为城市主导产业，新城构建反磁力系统及提升服务区域的能力必然依赖第三产业的培育和提升，新城发展的难点与关键点也在于服务业而非制造业；另一方面现有统计资料中产业数据均以区、县为统计单元，区县的第三产业大部分集中在新城建成区，而第二产业在新城及其周边镇村均有广泛分布，选取第二产业产出数据会造成研究的严重不准确性，由于这两方面的因素，城市经济产出和产业发展指标不选择常用的城市经济总产出，改为选择"第三产业增加值"，公共服务供给选择"医院床位数"指标。新城投入指标的选取

---

❶　由于北京的亦庄新城和上海的 4 个新城缺乏统计数据，故不作为评价单元。

方面，由于新城是城市政府主导并投入大量财政支出的特殊城市地区，除了经典的人口和投资指标之外，必须加上政府财政支出指标，但是鉴于新城"建成区面积"和"建设用地面积"指标的缺失，不得不放弃土地这一投入指标。

综合城市发展效率的已有研究成果，考虑新城的发展目标与现有统计数据的可获得性，最终确定新城发展效率的评价指标体系见表5-8。

表5-8 新城发展效率的评价指标体系

	产出指标	投入指标
新城发展效率	Y_1 城镇居民人均可支配收入	X_1 新城固定资产投资
	Y_2 医院床位数	X_2 新城常住人口
	Y_3 三产增加值	X_3 财政支出

数据来源：北京新城数据来自于《北京区域统计年鉴2012》，上海新城数据来源于《上海年鉴》以及各个新城2012年的统计年鉴。

5.1.2.3 DEA 模型构建

根据不同的评价背景与目的，DEA 模型具有多种形式，这里选用经典的 C^2R 模型。对于 $n(n=17)$ 个决策单元，每个决策单元 $DMU_j(j=1,2,\cdots,n)$ 都有 $m(m=3)$ 种输入和 $s(s=3)$ 种输出，X_j 和 Y_j 分别表示第 j 个决策单元的输入和输出向量，则评价决策单元具有非阿基米德无穷小的 C^2R 模型为

$$\begin{cases} \min[\theta_{j0} - \varepsilon(\hat{e}^T S^- + e^T s^+)] \\ s.t. \sum_{j=1}^n X_j\lambda_j + S^- = \theta_{j0}X_{j0} \\ \sum_{j=1}^n Y_j\lambda_j - S^+ = Y_{j0} \\ \lambda_{j0} \geqslant 0, j=1,2,\cdots,n \\ S^- \geqslant 0 \\ S^+ \geqslant 0 \end{cases}$$

式中：θ_{j0} 为决策单元 DMU_{j0} 投入相对于产出的有效性，称为协调发展度；ε 为阿基米德无穷小量，即小于任何正数且大于零的数；S^- 为 m 项输入的松弛变量，S^+ 为 s 项输出的松弛变量；$\lambda=(\lambda_1,\lambda_2,\lambda_n,)$ 为 n 个 DMU 的组合系数；$\hat{e}=(1,1,\cdots,1)^T \in E^m$，$e=(1,1,\cdots,1)^T \in E^s$。

假设模型的最优解为 λ^*、S^{-*}、S^{+*}、θ_{j0}^*，根据决策单元有效性定理分三种情况进一步讨论：

① $\theta_{j0}^* = 1$，且 $s^{-*} = 0$、$s^{+*} = 0$：决策单元 DMU_{j0} 为 DEA 有效。其经济意义是：决策单元 k_0 的生产活动（X，Y）同时为技术有效和规模有效。技术有效是指对于生产活动（X，Y），从技术角度来看，资源获得了充分利用，投入要素达到最佳组合，取得了最大的产出效果。

② $\theta_{j0}^* = 1$，但至少有某个 $S^{-*} > 0$ 或者至少有某个 $S^{+*} > 0$：决策单元 DMU_{j0} 为弱 DEA 有效。

其经济意义是：决策单元 DMU_{j0} 不是同时技术有效和规模收益有效。若某个 $S^{-*} > 0$，表示该投入指标没有充分利用；若某个 $S^{+*} > 0$，表示第产出指标与最大产出值尚有不足。

③ $\theta_{j0}^* < 1$：决策单元 DMU_{j0} 为非 DEA 有效。其经济意义是：决策单元的生产活动既不是技术效率最佳，也不是规模收益最佳。θ_{j0}^* 越接近 1，则 DEA 有效性越强；否则 θ_{j0}^* 越接近 0，DEA 有效性越弱。

计算时将各项投入指标作为模型的输入，各项产出指标作为模型的输出，则通过 DEA 模型求解，可得到每个新城的发展效率为 $\theta = (\theta_1，\theta_2，\cdots，\theta_n)$。

5.1.2.4 北京与上海新城 DEA 评价分析

运用 DEA 软件计算了北京与上海 17 个新城 2011 年发展效率的相对有效指数，见表 5-9。

总体分析比较：①北京新城发展效率低于上海新城。北京新城综合技术效率指数平均值为 0.623，远低于上海新城的 0.922，10 个新城中只有顺义新城 DEA 有效；而 7 个上海新城中，宝山、金山、奉贤和崇明 4 个新城均为 DEA 有效，青浦弱 DEA 有效，另外两个新城 DEA 无效，但 θ 值较高，表示其较趋近有效性。DEA 分析评价的是决策单元的相对有效性，意即在中国新城整体处于发展初期有待完善的背景下，北京新城相对上海新城仍然显示出发展效率较低的状况。②北京新城发展效率较低的原因主要在于纯技术效率低下。无论与规模效率对比，还是与上海新城纯技术效率的横向比较，北京新城的纯技术效率都较低，纯技术效率反映了 DMU 在最优规模时投入要素的生产效率。北京新城纯技术效率低，表示在目前的技术水平上，其产出与投入不匹配，投入资源的使用是缺乏效率的。③北京新城规模效率相对较高。规模效率反映的是实际规模与最优生产规模的差距。除门头沟新城外，其他北京新城的规模效率得分均较高。

表5-9　北京与上海新城的 DEA 分析结果

		综合技术效率	纯技术效率	规模效率
上海新城	宝　山	1	1	1
	嘉　定	0.785	0.815	0.963
	松　江	0.811	0.852	0.952
	金　山	1	1	1
	青　浦	0.857	1	0.857
	奉　贤	1	1	1
	崇　明	1	1	1
	平　均	0.922	0.952	0.967
北京新城	房　山	0.396	0.428	0.927
	通　州	0.463	0.467	0.991
	顺　义	1	1	1
	昌　平	0.486	0.494	0.984
	大　兴	0.37	0.479	0.772
	门头沟	0.277	1	0.277
	怀　柔	0.543	0.656	0.827
	平　谷	0.906	0.957	0.947
	密　云	0.877	0.937	0.936
	延　庆	0.91	1	0.91
	平　均	0.623	0.713	0.857

具体分析各个北京新城 DEA 类型。①顺义新城 DEA 有效。处于生产前沿面，投入要素达到最佳组合，资源利用取得了最大的产出效果。②门头沟和延庆新城弱 DEA 有效。其纯技术效率 DEA 有效，资源利用效率高，但规模效率无效，处于规模效率递增阶段，即扩大新城发展规模有助于其综合发展效率的提升。③其余 7 个新城均为 DEA 无效。其中，房山、昌平和大兴新城处于规模效率递减阶段，继续扩大规模并不能使其发展效率提高；其他新城均处于规模效率递增阶段，适度提高新城规模有助于其效率提升。另外，第一圈层新城整体效率低于第二圈层新城，这似乎有悖一般认识，究其原因应该是北京新城开发建设以来，第一圈层新城正处于快速发展期，投资、财政支出等投入较大，但仍处于建

设投产周期中，尚未显示发展成效，而第二圈层新城相对吸引力较低，资金财政等投入较少，相对的投入产出效率较高。

表 5-10 显示了各新城投入产出值与目标值之间的差距，也就是投入冗余与产出不足。

（1）产出方面。北京新城产出不足主要表现在第三产业增加值和医院床位数两个指标上，二者需要增加的比例大致相同（除昌平新城床位数严重不足之外）。北京与上海是中国产业发展的领军城市，相比之下，北京第三产业比较发达，上海第二产业更具优势。但是北京新城的第三产业发展效率却远低于上海新城，说明北京新城需要更加重视产业发展尤其是第三产业的培育与提升。医院床位数代表了新城公共服务与社会发展程度，体现了城市以人为本的发展理念，其产出不足说明北京新城亟须提升公共服务水平，促进经济社会协调发展。

（2）投入冗余。第一圈层新城投入冗余主要体现在固定资产投资方面，一方面说明其资本使用效率较低，另一方面，如前所述，第一圈层新城尚有部分投资还没有实现效益；而第二圈层新城主要是财政支出冗余，第二圈层新城承担生态保护的功能，自身经济发展水平低，每年市级财政均投入大量的转移支付。其财政支出冗余说明财政转移支付的利用效率不高，应适度减少财政支出。

表 5-10　新城投入产出改进值及比例

		产出不足			投入冗余		
		Y_1 城镇居民人均可支配收入（元）	Y_2 医院床位数	Y_3 三产增加值（亿元）	X_1 城镇固定资产投资（亿元）	X_2 新城常住人口（万人）	X_3 财政支出（亿元）
上海新城	宝　山	0	0	0	0	0	0
	嘉　定	212（0.7%）	2163（159.9%）	74（22.7%）	175（43.3%）	0	0
	松　江	442（1.5%）	1710（84.6%）	55（17.4%）	85（30.0%）	0	0
	金　山	0	0	0	0	0	0
	青　浦	633（2.2%）	0	0	0	0	0
	奉　贤	378（1.4%）	0	0	0	0	0
	崇　明	0	0	0	0	0	0

		产出不足			投入冗余		
		Y_1 城镇居民人均可支配收入（元）	Y_2 医院床位数	Y_3 三产增加值（亿元）	X_1 城镇固定资产投资（亿元）	X_2 新城常住人口（万人）	X_3 财政支出（亿元）
北京新城	房　山	1817 (6.7%)	1999 (131.9%)	189 (133.9%)	94 (23.7%)	0	88 (39.1%)
	通　州	1037 (3.7%)	1897 (114.1%)	209 (114.1%)	143 (38.1%)	0	0
	顺　义	790 (2.8%)	0	0	0	0	0
	昌　平	877 (3.2%)	3056 (462.4%)	236 (102.4%)	149 (39.1%)	22 (12.4%)	0
	大　兴	951 (3.4%)	2027 (108.9%)	212 (108.7%)	179 (42.8%)	0	72 (33.5%)
	门头沟	158 (0.5%)	0	0	0	0	0
	怀　柔	215 (0.8%)	373 (52.3%)	31 (52.3%)	7 (9.8%)	0	15 (17.7%)
	平　谷	38 (0.1%)	65 (4.5%)	3 (4.4%)	0	0	18 (20.5%)
	密　云	124 (0.5%)	121 (6.7%)	5 (6.7%)	4 (4.5%)	0	10 (11.4%)
	延　庆	0	0	0.04 (0.1%)	0	0	0.03 (0.1%)

5.1.2.5 结论与建议

本节介绍了一种测算新城投入产出效率的定量方法，受到数据获得难度较大的限制，只选取北京和上海两个城市来进行新城投入产出效率的测度及比较分析。尽管有所局限，仍然得出一些对深入量化研究新城和指导新城实践有益的发现。

（1）北京与上海新城具有相似的规划轨迹、发展目标和阶段性特征。北京与上海都经历了从卫星城到新城的规划历程。相对独立功能完善的新城替代功能单一的卫星城是城市持续发展、空间结构深层调整的必然选择；北京与上海新城的发展目标都是承担疏解中心城和带动区域发展的双重功能，从而解决城区过度集中和郊区低密度欠发达的双重问题，大都依托远郊区县的县城进行规划建设；两个城市的新城均处于发展初期阶段，共同特征在于以基础设施和公共服务建设为主要着力点，城市基本框架完成但功能尚不健全，面临产业缺乏联动、市政生活配套设施和公共服务水平不高以及建设管理体制不顺畅等共同问题，还远未达到发展目标。

（2）北京新城发展效率低于上海，提升纯技术效率是主要改进方向。DEA分析结果表明，北京新城在中国新城整体处于发展初期有待完善的背景下，相对上海新城仍然表现出综合发展效率明显偏低的状况；北京多数新城处于规模效率递增阶段，规模效率相对较优，其综合效率较低的原因主要在于纯技术效率低下，即投入资源的使用缺乏效率。

因此，改进北京新城发展效率必然要求提升纯技术效率水平。城市纯技术效率是在最优规模前提下仅仅由制度和管理水平决定的效率，新城需要通过制度创新和管理水平提升来提高纯技术效率，包括搭建城乡一体市场化配置的要素交易平台，完善资源节约型产业准入机制，建立公共服务导向的财政资源使用评估管理机制，以人为本全面提升城市建管水平等。

（3）北京新城第三产业和公共服务产出严重不足。北京新城第三产业增加值和医院床位数产出严重不足，达到 DEA 相对有效至少需要在现有基础上增加一倍产出，昌平新城床位数甚至仅为目标值的18%。

因此，北京要真正发挥新城的作用，提高新城发展效率，必须高度重视培育发展第三产业，大幅度提升新城服务业发展水平，促进产业结构升级。同时，需要特别重视公共服务尤其是高品质公共服务的供给，为新城居民高品质的生活提供基础性保障。

（4）北京内外圈层新城效率呈现不同特征，宜选择差异化的改善路径。内圈新城整体投入产出效率低于外圈新城，尤其是纯技术效率与外圈新城差距很大，内圈新城第三产业与公共服务产出不足的程度远高于外圈新城。相应地，内圈新城投入冗余主要体现在固定资产投资方面，而外圈新城则为财政支出冗余。部分原因在于内圈新城仍处于快速建设投产周期中，而外圈新城对资本、人口等投入要素的吸引力较低，投入产出效率相对较高，但事实上处于发展前期的低水平均衡状态。

不同特征的内外圈层新城宜选择不同的发展改善路径。内圈新城应着力于提高固定资产投资的使用效率以提高纯技术效率从而增加服务业和公共服务的数量与质量；外圈新城则应增强要素集聚能力，打破低水平均衡状态，另外，外圈新城生态屏障的功能决定了需要大量财政转移支付，但财政支出的使用方向和效率需要进一步规范和完善。

5.1.3 小结

与中心城相比，北京新城综合承载力低下。新城相对综合承载力由高到低的排序为生态环境、经济水平和社会质量。新城社会综合承载力较低的主要原因在于优质公共资源的匮乏；新城经济增长速度超过中心城，然而第三产业发展滞后，经济结构、技术含量与资源友好程度亟待提高；新城生态环境优于中心城，但其不健全的市政设施（垃圾污水处理等）弱化了环境优势。

北京新城在中国新城整体处于发展初期有待完善的背景下，相对上海新城仍然表现出发展效率明显偏低的状况。在10个新城中只有顺义新城 DEA 有效。北京新城发展效率较低的原因主要在于纯技术效率低下，投入资源的使用缺乏效率。多数新城处于规模效率递增阶段。北京新城产出不足主要表现在第三产业增加值和医院床位数两个指标上，说明需要更加重视第三产业的发展和公共服务水平的提升。第一圈层新城投入冗余主要体现在固定资产投资方面，而第二圈层新城主要是财政支出冗余。

综上，提升北京新城的综合承载力与效率，使之发挥城乡一体化节点作用，至少需要在以下方面加以改进：①培育发展第三产业，促进产业结构升级；②提升公共服务水平，提供优质公共服务；③完善市政基础设施，提升新城环境质量；④提高资源配置效率；⑤实施新城差别化发展战略。

5.2 新城未能有效发挥城乡一体化节点作用的深层次原因

5.2.1 新城发展定位不明确

城市发展定位决定了城市发展方向，是制定实施城市发展战略的基础，是城市可持续发展的前提。功能定位不清则引起主导产业不突出，城市各项设施不配套，城市持久发展无从谈起。

当前，对北京新城的功能定位存在分歧，关于建设新城的目的和功能作用方面，一直存在着"新的增长极和发展空间""疏散中心城人口产业"以及"区域互动发展的节点"等不同观点，尽管这几种功能定位可能在某些领域和某种程度上存在交叉，但其侧重点完全不同。"新的增长极和发展空间"从城市经济发展的角度强调新城作为经济增长点和经济活动空间的作用，"疏散中心城人口产业"以中心城为本位强调通过新城建设解决中心城的问题，"区域互动发展的节点"则从城市区域的角度定位新城为城镇体系互动发展的中间节点。

《北京城市总体规划（2004 年—2020 年）》对新城的定位为"北京'两轴—两带—多中心'城市空间结构中两个发展带上的重要节点，是承担疏解中心城人口和功能、集聚新的产业、带动区域发展的规模化城市地区"。发展目标是"充分依托现有卫星城和重大基础设施，把它们建设成为相对独立、功能完善、环境优美、交通便捷、公共服务设施发达的健康新城"。《北京市国民经济和社会发展第十二个五年规划纲要》中提出要"使新城成为宜居宜业、更富吸引力的现代化城市，成为首都功能的新载体和区域城市群的重要节点"。将新城按照区位条件划分为"面向中心城的综合新城和带动区域发展的区域新城"。

在对具体新城的发展定位方面，不同政府部门之间也有分歧。以亦庄新城为例，《北京城市总体规划》中将亦庄新城定位表述为"东部发展带的重要节点，北京重点发展的新城之一，引导发展电子、汽车、医药、装备等高新技术与现代制造业，以及商务、物流等功能，积极推动开发区向综合产业新城转变"；而包括亦庄开发区在内的国家级经济技术开发区"十一五"规划提出"三为主，两致力，一促进"，即"以提高吸收外资质量为主，以发展现代制造业为主，以优化出口结构为主，致力于发展高新技术产业，致力于发展高附加值服务业，促进国家级经济技术开发区向多功能综合性产业区转变"❶；北京市委、市政府要求北京经济技术开发区成为走新型工业化道路的综合示范区，成为"南部高技术制造业和战略性新兴产业发展带"的重要增长极。可以发现，不同的行政主体对亦庄地区发展定位的侧重点是不同的。相比"新城"，国务院和市委、市政府则更加侧重"产业区"。

新城定位的分歧往往会导致发展重心的摇摆不定，不利于区域持久竞争力的形成。对城乡统筹功能定位的不明确，导致新城与区域发展联系不够紧密。

---

❶ 商务部，国土资源部.国家级经济技术开发区经济社会发展"十一五"规划纲要，2006.

5.2.2 传统增长导向型发展模式

新城多数是在原有区县县城和卫星城的基础上规划建设的，在行政关系上隶属于各个远郊区县政府，在经济发展方面区县政府主导作用明显。在当前政府考核机制和财政体制下，地方政府带有明显的短期性和功利性色彩，仍然延续传统的增长导向与发展模式，追求 GDP 和财政收入的快速增长，追求城市面貌的尽快变化。于是，城镇建设用地快速扩张和投资快速驱动下的外延式经济增长成为区县政府的必然选择，不断扩张建设用地，出台各种优惠政策吸引外来投资大量进入，以农民工为主体的廉价劳动力与资本结合，推动地区生产总值迅猛扩张。这种增长导向的外延式发展模式必然难以满足城乡一体化对新城产业发展和城市建设的要求。

首先，传统增长导向发展模式下的新城产业选择造成城乡产业关联度低下和产业集群的缺失，并带来本地就业不足等问题。尽管北京市对各区县的功能定位进行了界定，但除了生态涵养区外，这一定位仅具有指导意义而缺乏相关约束。以经济增长为主要目标的新城产业选择和引进缺乏城乡区域统筹的思想，新城大部分企业的集聚仍属于互不关联的企业个体的集聚，企业之间的互动很少，新城企业与中心城或小城镇企业的关联程度也很低，产业链上下游企业极少，没有形成产业集群发展的态势。此外，投资驱动的外延增长使得经济重心必然向资本密集型的制造业和基础设施倾斜，资本密集型产业不能创造足够的就业机会，且其进入的技术门槛一般高于本地农村劳动力素质，能够创造足够就业机会的劳动密集型服务业则长期落后，经济发展对本地就业的带动作用不强。

其次，传统增长导向发展模式重产业轻配套，重建设轻管理，造成新城生产生活配套和公共服务的低水平发展，影响了人口由中心城和周边农村向新城的集聚。相比能快速带来产出的产业发展（包括房地产业）和城市建设，对于生产生活配套设施、城市管理以及社会事业的发展似乎永远处于从属地位，至少在发展伊始得不到地方政府的重视。这就造成了新城综合配套设施和公共服务的低水平发展。此外，增长导向型的城镇化还带来了一系列社会问题，如农民工融入问题、失地农民问题、对地方历史文化民族特色的破坏等。

最后，在传统的增长导向和现行财税体制下，区县之间对产业和税源的竞争激烈，彼此之间缺乏协调，尤其是新城所在的远郊区县产业同构、恶性竞争的现象仍然存在。而在中心城的产业疏散方面，中心城各区政府并不积极，集中表现在第三产业功能区的扩张均尽最大努力规划布局在本辖区内以保留财政收入，而不是向新城疏散，如朝阳区 CBD 东扩、西城区金融街西扩等，这些都加剧了新城定位实现的难度。

5.2.3 城乡二元发展的路径依赖

北京新城的规划建设仍然延续了城乡二元分割的思路，以城市为本位，在产业发展、基础设施、公共服务和社会管理等领域基本没有考虑与周边农村的统筹，"就城市论城市"，存在对城乡二元体制的路径依赖。

以新城规划边界为城乡二元制度的分水岭，产业发展脱节，基础设施规划与投资延续城乡分治模式、农村基础设施仍然由集体组织提供，公共服务和社会管理模式等城市要素并没有向农村延伸，除城市化带来的农村土地征用之外，包括土地、人口在内的各项生产要素在城乡之间流动不畅。

可以说推动城乡一体化所需的创新机制和发展思路并没有在新城规划建设中体现。新城的发展仍然延续了中心城区原有模式。

5.3　基于城乡一体化的新城发展路径

统筹城乡发展的视野下新城定位于城乡联动发展的中间节点和纽带，以新城发展为中间桥梁和枢纽促进中心城市、新城、小城镇和农村的分工合作和整体互动，联动解决中心城和农村的问题，达到城市整体功能和空间布局的优化。

新城实现发展定位的两大着力点在于提升综合承载力和促进要素自由有序流动。其中，新城综合承载力的提高是核心环节，构成新城吸引力的根本和基础，要素的自由有序流动即是新城综合承载力提高的途径之一，也是新城发挥城乡一体化节点作用的根本保障。

基于城乡一体化的新城发展路径是首先通过提升新城综合承载力使新城成为对要素富有吸引力的区域，然后以制度创新打破城乡二元分割管理格局，允许人口、产业、资本等要素在中心城、新城和农村之间自由流动，双轮驱动实现新城作为城乡一体化节点的系统性功能，形成整个城市区域功能衔接、产业联动发展、人口合理分布的格局。

5.3.1 提升新城综合承载力

北京新城功能弱化的核心原因在于社会生态承载力弱，对于要素缺乏吸引力，集聚能力弱。5.1 节对新城与中心城的综合承载力进行了分析比较，新城社会承载力与中心城存在极大差距，经济承载力低于中心城，环境承载力优于中心城但优势微弱。

市域人口"以足投票"，新城亟须全面提高社会、环境和经济三大承载力，以提升综合竞争力，增强要素集聚能力，成为中心城疏散和农村城市化的主要空间载体。

5.3.1.1 以优质公共资源和特色文化建设为核心提升新城社会承载力

新城社会承载力提升的路径为配置优质公共服务；推动市级行政管理机构向新城转移、服务管理高水平的社区；推动有内涵、有档次、有特色的城市文化建设；构建和谐文明社区。

（1）配置优质公共服务。优质公共服务短缺是新城相比中心城缺乏竞争力的最主要原因。北京市基础教育和医疗服务不仅服务于区域和全国，还服务于本地居民，因此应该引导中心城部分优质中小学和优质医疗机构向新城整体搬迁而非仅仅设立分支机构。在新城成立科研创新中心、大学城、文化创意中心等；在新城建立区域或全国交通枢纽。

（2）推动市级行政管理机构向新城转移。在当前经济社会转型时期，市场作用尚不健全，行政资源的配置仍然是影响区域发展格局的重要因素，甚至是决定性因素。行政管理中心的区位选择直接影响城市功能布局和发展轴向、公共资源分配以及大型项目的选址，并极大地影响市场资源的空间选择，使得区域地位和发展格局发生根本改变。行政管理功能是中心城作为国家首都和市政府所在地最基本也是最核心的功能，同时也是中心城过度拥挤的主要原因之一。国家行政部门的搬迁难度较大，可以先从市级政府部门向新城的全面搬迁转移开始，通过承担市级行政管理功能带动优质公共资源和社会资本导入新城。

（3）推动有内涵、有档次、有特色的城市文化建设。城市文化建设是新城吸引高素质人才居住生活的关键，城市文化是建设和谐城市的重要基础，城市的文化资源、文化氛围和文化发展水平是城市竞争力的核心内容。新城"有居住而非生活"的根本原因在于文化建设滞后，既缺乏必要的文化设施和文化空间，又没有广泛参与的文化生活。因此，必须加强新城文化建设。充分挖掘各个新城的特色和文化内涵,如通州新城历史悠久的大运河文化、大兴新城的皇家苑囿文化、昌平新城的"明城"文化等,形成各个新城不可复制的独具特色的城市文化;科学规划城市公共文化空间,完善城市文化设施建设,如图书馆、博物馆、美术馆等文化设施;建设高档次的文化休闲娱乐场所,为居民提供丰富多样的文化生活。

(4)构建和谐文明社区。对于新城的新建社区来说,社区在为其提供基本居住空间的同时,应注重相关配套设施的供给,实现与中心城社区公共服务设施的一体化;另外,由于流动人口大量聚集以及多元化的社会结构,居民彼此间缺乏沟通渠道和信任基础,容易造成社会关系的冷漠甚至脱节,因此在治理中应更加注重邻里互助互惠关系的建立,加强其社区生活的归属感,从而增进社区的和谐氛围。

如图 5-3 所示,通过优质公共服务的提供和社区建设满足居民在新城生活的基本需求,通过特色城市文化建设来满足居民特别是高素质居民的高端生活需求,提高新城的社会综合承载力,改善新城的人居环境和生活品质,集聚高素质人口在新城生活。

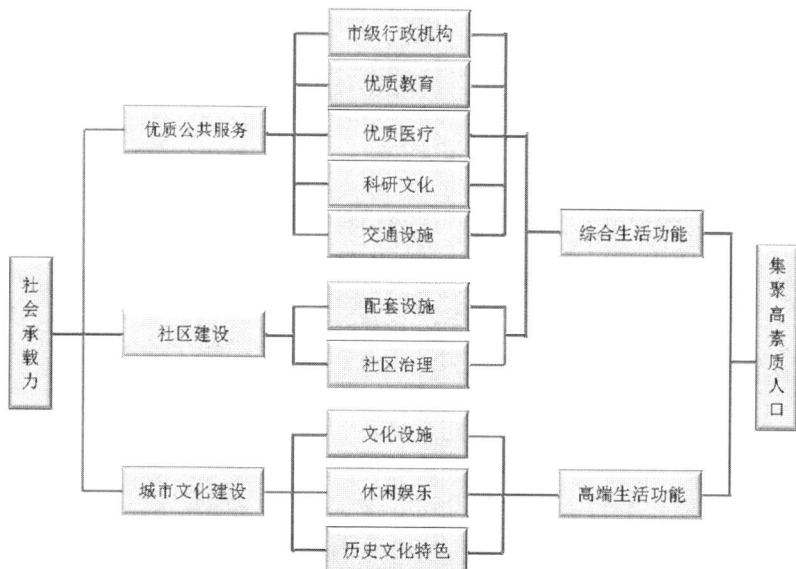

图 5-3 新城提升社会承载力逻辑框架图

5.3.1.2 突出生态特色、完善基础设施,提升新城环境承载力

完善城市环境,提高宜居水平。与中心城相比,新城生态环境本底良好,居

住密度较低，住房面积较大。但是其水电气热等市政基础设施不完善，垃圾和污水处理能力低下，影响了新城城市环境。因此，新城应强化生态优势，发展富有特色、独具魅力的城区绿化美化系统，尤其需要重视居住区的绿化建设。同时完善新城基础设施，尤其是垃圾和污水消纳设施，将使新城的宜居程度得到提升，对中心城居民产生较大的吸引力。

5.3.1.3 调整升级产业结构，提升新城经济承载力

提高新城经济承载力包括规模和效益两方面，经济规模和产业效率的提高必然带来就业容量的扩大和工资水平的提高，吸引劳动力尤其是高素质劳动力的进入，资源能耗的降低有利于保持新城良好的生态环境。新城产业结构的调整升级是兼顾经济规模和经济效益最终提升经济综合承载力的根本途径，新城通过高端产业的引入和原有产业的高端化发展，保持经济适度增长，提高产业效率，降低资源消耗。

北京处于工业化后期发展阶段，以服务全国的生产性服务业为主导产业。而生产性服务业在空间上高度集中在中心城（首都功能核心区和城市功能拓展区)，如图5-4所示。新城或者以第二产业为主导产业（如顺义、亦庄等)，或者主导产业不突出（如通州等)。周边镇村则主要发展低端制造业和传统农业。新城在北京市域内的产业体系中处于次要和从属地位。中心城与新城、镇村的产业层级落差过大，难以进行有效率的产业分工和合作。

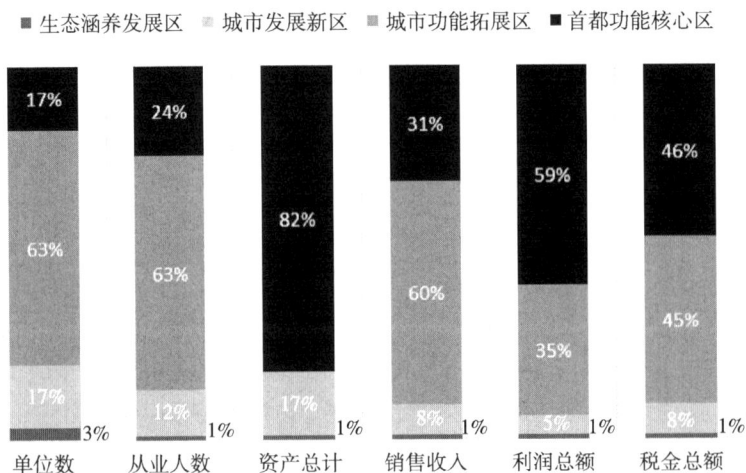

图5-4 2008年北京市生产性服务业在四大功能区中的分布情况

因此，提升新城的产业层级，使中心城、新城与农村地区形成合理的产业梯度，方能实现区域产业的联动发展。

新城产业调整升级的方向是以生产性服务业为主体的第三产业、高新技术与现代制造业和都市型工业。

1）发展以生产性服务业为主体的第三产业

新城必须大力发展以生产性服务业为主体的第三产业。①北京市产业结构服务业主导特征明显，工业比重和地位在逐年下降。北京新城如要提升在城镇体系中的地位，发挥城乡产业互动的节点与次级中心作用，则必须发展以生产性服务业为主体的第三产业。②以生产性服务业为主体的高端产业具有高技术、高效率、低排放的特征，对土地、资源以及廉价劳动力的依赖不强，而对高素质人才、高新技术、信息、金融咨询等城市软服务的需求日益增强，这种产业发展特征将带动产城融合，即产业集聚与城市发展的互相促进，提高新城的集聚能力。新城高端产业与城市的互动发展如图 5-5 所示。

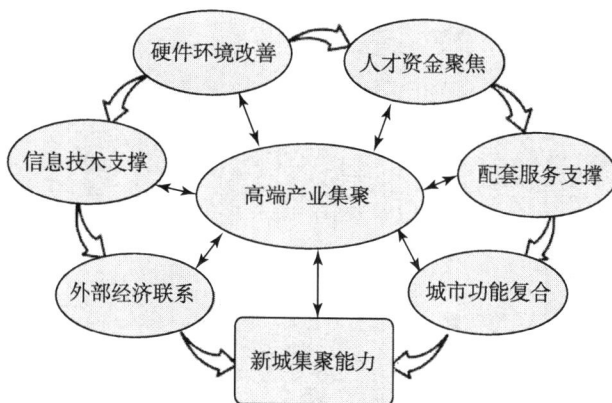

图 5-5　新城高端产业与城市的互动发展

生产性服务业与制造业融合发展。北京第一圈层新城目前已经具备良好制造业基础或者一定的人口规模。从全球范围来看，制造业与生产性服务业的融合发展已经成为产业深化升级的必然路径。第一圈层新城应围绕自身的制造业发展相关的生产性服务业，包括制造业生产前期关联的研发、设计、市场研究和战略规划领域，中期的融资、法律、会计和管理咨询等领域，以及后期的销售、物流、售后服务和信息反馈等环节。促进制造业的服务化，与生产性服务业融合发展。

承接中心城生产服务业的转移，与中心城的生产性服务业互动发展。引导中心城服务企业实施跨地区、跨行业的兼并重组，促进生产性服务业的大型化、组织化和社会化。位于生态涵养区的第二圈层新城重点承接低碳环保的休闲度假、会议或金融研发后台等产业。第一圈层新城则全面承接金融服务、商务服务、科技服务和流通服务的转移，构建服务业的次级中心，如通州文化创意产业中心、亦庄制造业服务管理中心、昌平科技创新中心、顺义国际空港交流中心等，形成不同等级的生产服务业布局联动，产业链接一体的空间发展格局，如图5-6所示。

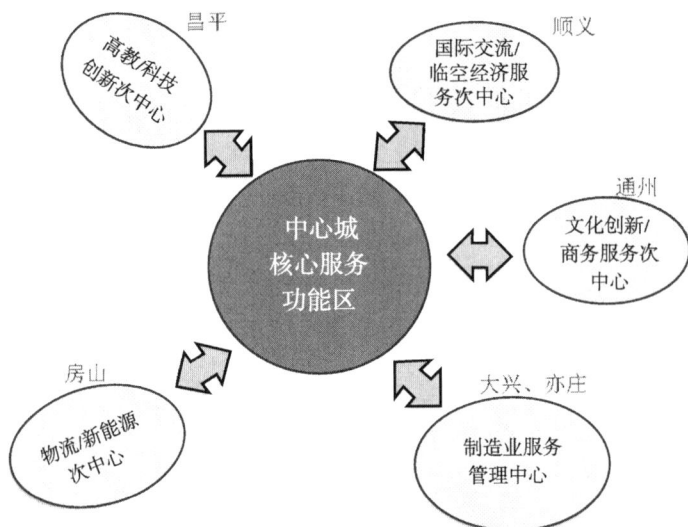

图5-6 新城次级服务业中心布局设想

2）第二产业集群式发展

产业集群是一群在地理上临近而且互相联系的企业和机构，它们具有产业联系而且互相影响。通过联系和互动，在区域中产生外部经济，从而降低成本促进技术创新❶。产业集群包括三方面的特征：①行为主体地理邻近；②产业间联系；③行为主体间相互作用相互影响。

将培育产业集群作为产业结构转型升级和促进新城与周边地区产业联动发展的重要途径。

依托新城现有主导产业和支柱产业，通过企业的纵向一体化在周边地区延伸产业链，发展为新城产业配套的制造业。

---

❶ 王缉慈. 超越集群——中国产业集群的理论探索. 北京：科学出版社，2010：6.

摒弃以往单纯考虑地区生产总值与税收增长的产业引进和发展思路。以统筹城乡发展为指导思想，在产业项目的招商阶段设置准入机制，引进和发展品牌影响力较大、突破关键核心技术、产业链条长、辐射带动能力强的高端项目，重视培育产业链和产业集群，并从城乡统筹发展的角度合理配置产业，使得新城产业在城乡产业协调发展中发挥重大项目的引领作用。

调整新城、镇、村各级工业园区现有产业，加快低端产业的退出，"腾笼换鸟"，完善产业发展环境。

3) 发展都市产业，与周边镇村现代农业联动发展

与传统工业相比，都市产业具有资源节约和环境友好等特征，是与城市功能紧密联系、以满足城市居民日益增长的物质生活和文化生活需要为市场目标的产业，以工业园区、工业小区、商用楼宇为活动载体，适宜在都市繁华地段和中心区域内生存和发展。

都市产业在纽约等世界城市的发展中都占有重要地位，因此，北京市应该在新城地区大力发展都市产业，一方面与现代农业联动发展，另一方面又可以与新城和中心城第三产业互动，满足都市生活需求。第一圈层新城承载高端的都市产业，生态新城则发展生态友好、与周边农业紧密相关的都市产业，如加工农业、精品农产品生产等。

新城最终形成以特色生产服务业、高新技术和现代制造业以及都市工业为主体的产业体系。形成与中心城的高端第三产业，与周边镇村的一般制造业和现代农业联动发展的格局，如图 5-7 所示。

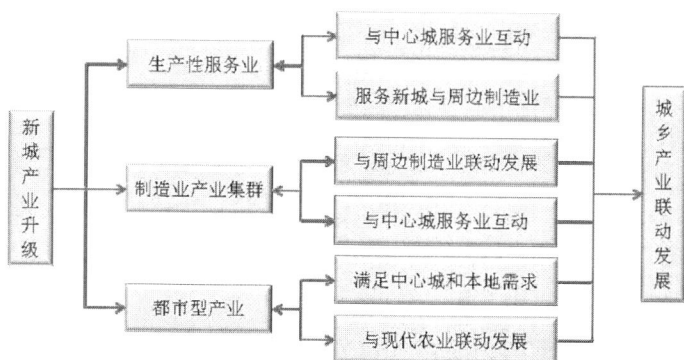

图 5-7　新城产业升级路径

综上，社会承载力和环境承载力的提升是经济承载力提高的先决条件，通过优质公共服务提供、特色城市文化建设和社区治理来提升社会承载力，通过凸显

生态特色完善市政设施来提升环境承载力，这样，新城优质的社会与生态环境必然吸引高素质人口在新城生活，吸引高端产业的入驻，继而完成产业升级提升经济承载力。新城成为综合承载力高地，对中心城和农村地区要素产生强大的吸引力。新城综合承载力提升逻辑框架图如图5-8所示。

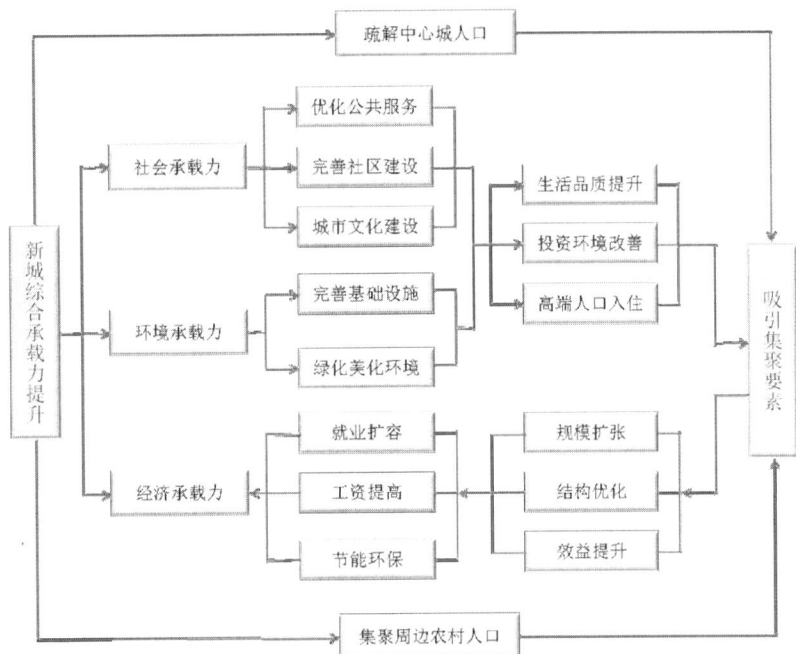

图5-8　新城综合承载力提升逻辑框架图

5.3.2 促进要素有序流动

新城城乡要素壁垒森严，人口不能在城乡间自由流动，进入新城工作的本地或外地农村人口在公共服务和社会福利等诸多层面不能享受市民待遇；城乡建设用地市场二元分割，农村建设用地使用权未市场化；农业生产用地流转缓慢，农业生产经营规模偏小；城市资本未参与农业和农村发展，城市基础设施和公共服务未向农村地区延伸。新城与周边农村的生产要素流动基本是单向流入城市的，即农村高素质人口向城市第二、第三产业转移，资本向城市集聚，建设用地指标向城市转移等。

城乡生产要素二元分割是城乡一体化发展的核心障碍，新城建设中统筹城乡发展必然要求将市场机制引入城乡要素市场，通过制度创新促进生产要素在城乡间的自由有序流动，实现城乡互动融合发展，如图5-9所示。

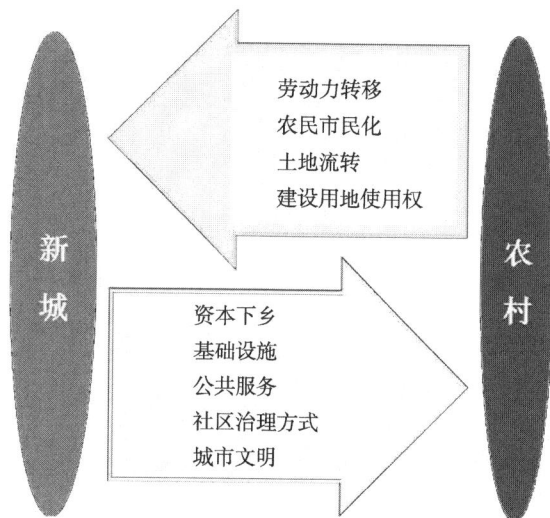

图5-9 新城城乡要素有序流动路径图

（1）推动农村富余劳动力向新城的流动和市民化。出台针对周边地区农民的就业信息公布和培训帮扶政策，组织化引导农村富余劳动力向新城转移。以人为本，走新型城市化道路，提高城市化质量，对在新城长期居住工作的农业转移人口逐步给予与户籍居民同等水平的公共服务和社会福利。

（2）引导农村土地和建设用地有序流转。通过土地确权明晰农村土地权益，进而引导农村土地流转，发展规模化、集约化和现代化的农业经营模式；建立城乡建设用地使用权交易平台，建设用地指标以市场价格出售并有序流转，从而保障农村的土地权益，促进城乡建设用地的自由流转和市场化配置；兼顾新城用地主体和被征地农民的利益诉求，共享土地增值收益。摒弃"一次买断"征地方式，组织引导农民以土地或者土地拆迁补偿款入股到新城开发过程中，共享城市化的土地收益。

（3）积极引导城市资本投入农业和农村建设。在农村产权逐步清晰、城乡要素交易平台日渐成形的基础上，鼓励和引导城市工商资本投入农村和农业发展，利用社会力量增加农村的资金、科技和装备投入，引进先进的经营管理方式，加速传统农业改造和现代农业建设，发挥城乡融通的要素配置机制。

（4）城市基础设施、公共服务和社区管理模式向周边地区延伸。统筹安排新城与周边地区的基础设施和公共服务设施建设。在规划交通、市政等基础设施和学校、医院、文体等公共服务设施时，不能只考虑新城自身的需求，而应考虑所在地区的人口数量、服务半径和整体需求，加大基础设施和公共服务由新城向周边乡镇的延伸，即使近期难以向周边地区延伸，也要在规划设计中做出预留与安排；随着基础设施向农村延伸，公共服务向农村覆盖，科学技术向农村传播，现代文明向农村辐射，引入城市社区建设理念在农村地区推行社区化管理与服务成为城乡一体化的重要内容。按照城市社区标准高水平规划镇村新型农村社区，积极培育面向农村生产、生活服务的社会化服务体系，借鉴城市社区管理经验，完善村级公共服务功能，拓展服务领域，提高综合管理能力，营造现代、文明、祥和的新型农村社区氛围。

通过促进生产要素在城乡之间的自由流动，公共资源在城乡之间的均衡配置，基本公共服务在城乡人口之间的均等享有，实现城乡居民共同分享经济改革与社会发展成果的目标。

综上，新城通过经济、社会和环境承载力的提升来形成媲美中心城的生活投资环境，增强综合竞争力，要素在整个城市范围内自由有序流动，新城逐渐成为未来北京市人口分布的主要空间，从而形成以中心城人口疏散、新城人口集聚和农村城市化为特点的区域人口合理分布格局；新城城市功能得到优化提升，形成中心城—新城—周边镇村衔接一体的功能格局，如图5-10所示；新城产业升级，以特色生产服务业、高新技术和现代制造业以及都市工业为产业主题，形成与中心城的高端第三产业，与周边镇村的一般制造业和现代农业联动发展的格局。

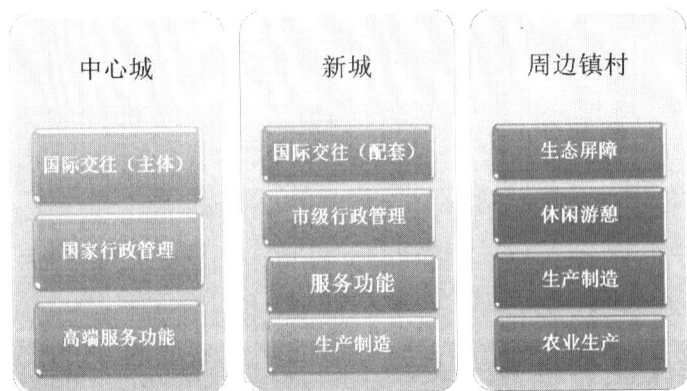

图5-10　基于新城的区域功能衔接图示

第6章 基于城乡一体化的
三类新城发展案例研究

6.1 产业新城发展研究——以亦庄为例

6.1.1 亦庄新城发展现状

亦庄新城以北京经济技术开发区为核心,开发区为新城现状主体,具有代表性。由于统计资料的限制,以下研究重点分析开发区产业发展、城市建设和社会发展特征。

6.1.1.1 亦庄新城发展历程与定位

亦庄新城地处北京东南部,新城核心距离市中心 16.5km,是北京城市东部发展带和京津走廊上的重要节点城市。地铁亦庄线、城市四环路、五环路、京津塘高速公路、京津城际铁路将亦庄新城与中心城和京津唐产业带联结在一起。

亦庄新城范围以北京市经济技术开发区为核心,跨越大兴和通州两个行政区,由大兴区亦庄镇、瀛海镇以及旧宫镇三海子地区,通州区马驹桥镇和台湖镇京津第二通道以西辖区组成。总面积约 212.7km²。

1991 年以来,亦庄经历了开发区、卫星城、新城三个发展阶段。①1991 年 8 月,亦庄工业区开始筹建,1992 年的《亦庄工业区总体规划》规划亦庄开发区人口规模 15 万,建设用地规模约 15km²。1994 年 8 月,亦庄被国务院批准为北京市唯一的国家级经济技术开发区——北京经济技术开发区。1999 年北京经济技术开发区中的 7km² 同时定名为中关村科技园区亦庄科技园,在享受国家级经济技术开发区政策优惠的基础上,又进一步享受国家高新技术产业园区的政策优惠。②2002 年 10 月,《亦庄卫星城总体规划(2001 年—2020 年)》批复,亦庄卫星城定位为"北京市重点发展的卫星城,是发展新兴高新技术产业的重要基地"。规划 2020 年人口规模为 49 万人，建设用地规模 64km²。③2004 年底批复的《北京城市总体规划（2004 年—2020 年）》将亦庄确定为"北京市未来重点发展的三个新城之一，东部发展带的重要节点，高新技术产业发展中心，引导发展电子、汽车、医药、装备等高新技术产业与现代制造业，以及商务物流等功能，积极推动开发区向综合产业新城转变"。

2007 年批复的《亦庄新城规划（2005 年—2020 年）》将亦庄新城定位为"北京重点发展的新城之一，是以高新技术产业和先进制造业集聚发展为依托的综合产业新城，是辐射并带动京津城镇走廊产业发展的区域产业中心"。

亦庄新城 2020 年规划人口规模 70 万人，建设用地规模 100km²。以高新技术和高端服务业为产业支柱，以宜居城市为目标进行环境改造，使经济、社会以及生态环境协调并可持续发展，将亦庄打造成国际化的综合产业新城。

6.1.1.2 亦庄新城具有政策优势，产业发展以高新技术制造业为主

亦庄是全国为数不多的既享受国家级经济技术开发区政策又享受高新技术产业园区政策优惠的区域，经过多次扩区，亦庄新城享受双重优惠政策区的面积已超过 40km²。

亦庄新城现有的产业主要集中在开发区，还包括隶属通州的光机电一体化基地、金桥科技产业基地和物流基地，这些产业区产业总量和开发区相比差距极大。

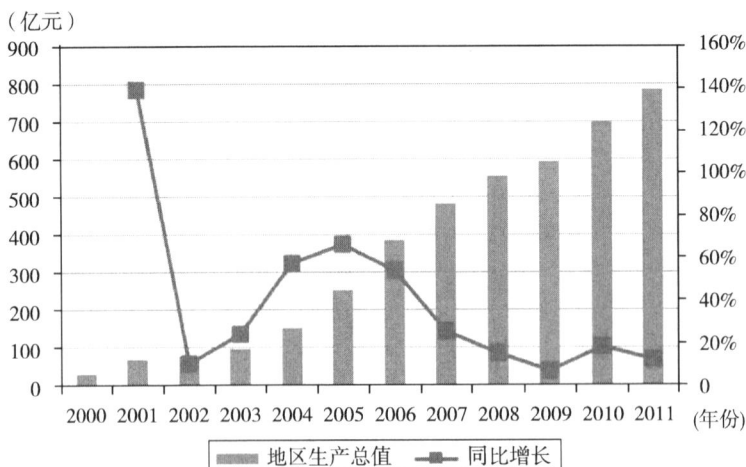

图 6-1　2000 年—2011 年北京市经济技术开发区国民生产总值及增长率

资料来源：历年北京统计年鉴。

经过近 20 年的发展，北京经济技术开发区的经济总量快速持续增长。2011

年，亦庄地区生产总值782.5亿元，约为2000年的27倍。图6-1显示了开发区2000年以来的地区生产总值及年增长率，除个别年份外（如受金融危机影响的2008年、2009年），年增长率均在20%以上。

开发区在北京市经济中的比重稳步提高，作为北京市六大高端产业功能区之一，已经成为首都经济的重要支撑和南部地区发展的主导力量。2011年，开发区地区生产总值占到全市的4.8%，工业总产值占全市的14.5%。

亦庄新城产业结构以第二产业为主，2011年第二、第三产业结构比为63.3：36.7。由图6-2可以看出，2005年—2008年，亦庄第三产业比重逐年提高，由2005年的10.54%迅速提高到2008年的41.3%，但2008年—2011年第三产业比重又缓慢下降。

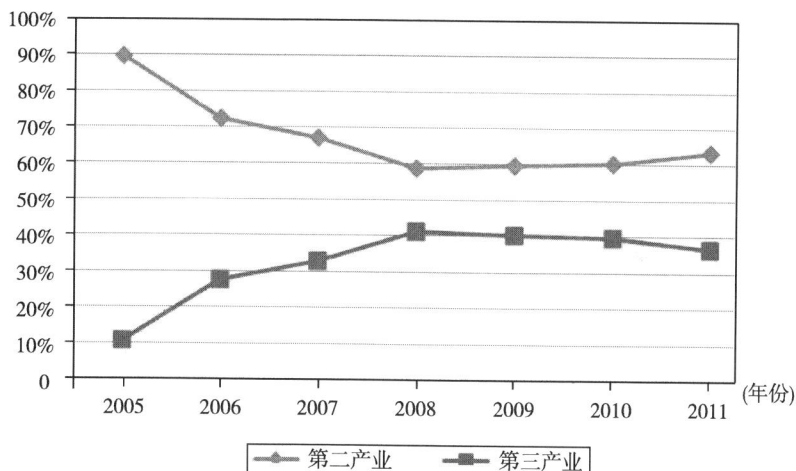

图6-2 2005年—2011年开发区产业结构变动

资料来源：历年北京市统计年鉴。

无论就业规模还是区位商，开发区各项产业中最为核心的都是制造业，尤其是通信设备、计算机及其他电子设备制造业更是制造业中的龙头产业，此外，装备制造业（含专用设备、通用设备、交通运输设备、电气机械及器材）、医药产业、印刷业等也都具有较高集聚度。总体上，制造业在向多元化方向发展。

由表6-1可见，制造业相对于北京全市有着很高的专业集聚度，区位商达到3.77，就业人口超过10万。采矿业区位商较高则主要是由于中石油等大型央企在亦庄设立下属职能总部，相比之下其就业规模远远低于制造业，只有4000多人。与制造业直接相关的交通运输、仓储和邮政服务业是开发区第二大就业部门，就业人数超过1万，但区位商小于1。表6-2进一步分析制造业内部的企业数量、就业规模和区位商。在制造业下属的行业大类中，通信设备、计算机及其他电子设备制造业地位突出，区位商达到13.31，就业人数超过4万人，是开发区第一大产业，并且在北京市占据重要地位。不过，根据产值计算的区位商为0.5662，在北京内并没有特别显著的比较优势，表明开发区内的电子通信设备制造业劳动密集型特征比较明显。代表装备制造业的专用设备、电器机械及器材制造业、通用设备和交通运输设备制造业几个行业的区位商分别为6.75、6.66、4.27和2.02，就业人口合计接近4万人。医药制造业、化学原料和化学制品制造业的专业化指数分别达到8.6和3.7，就业人口合计接近1.5万人。除此以外，专业化指数超过1，就业人口超过1000人的产业还有印刷业和记录媒介复制、仪器仪表及文化办公用机械制造业、食品制造业、饮料制造业、纺织业，这些产业大多服务于北京市本地的需求，是高度依赖北京中心城经济的产业。表中化纤业的专业化指数高达20，但就业人数不足600人，主要是美国3M公司、宏大研究院注册在此的研发机构，以及生产特种合成纤维材料的艾欧希润滑系统（北京）有限公司等，由于北京市总体化纤产业发展规模很小，并且几乎没有生产，导致开发区这项产业的专业化指数比较突出。

表6-1 2008年北京经济技术开发区各行业门类就业规模与区位商

行业	就业规模（人）	区位商
采矿业	4194	3.83
制造业	108094	3.77
电力、燃气及水的生产和供应业	646	0.45
建筑业	6826	0.59
交通运输、仓储和邮政业	12258	0.83
信息传输、计算机服务和软件业	10312	1.04
批发和零售业	10017	0.50
住宿和餐饮业	1858	0.19
金融业	22	0.00
房地产业	3573	0.41
租赁和商务服务业	4603	0.21
科学研究、技术服务和地质勘查业	7463	0.62

行业	就业规模（人）	区位商
水利、环境和公共设施管理业	1219	0.62
居民服务和其他服务业	1078	0.36
教育	822	0.09
卫生、社会保障和社会福利业	229	0.05
文化、体育和娱乐业	476	0.12
公共管理和社会组织	217	0.03

资料来源：《北京经济普查年鉴 2008》，中国统计出版社，2010。

表 6-2　2008 年北京经济技术开发区制造业内部产业规模与区位商

行业	企业个数	就业人数	区位商
制造业总计	408	108094	3.77
通信设备、计算机及其他电子设备制造业	65	40720	13.31
专用设备制造业	71	14346	6.75
电气机械及器材制造业	38	9968	6.66
医药制造业	36	9645	8.60
通用设备制造业	39	8946	4.27
交通运输设备制造业	15	5156	2.02
化学原料及化学制品制造业	18	4184	3.70
印刷业和记录媒介的复制	18	3419	2.51
仪器仪表及文化、办公用机械制造业	41	2999	3.21
食品制造业	15	2135	2.28
饮料制造业	3	1565	2.46
纺织业	1	1268	1.66
金属制品业	10	948	0.65
塑料制品业	7	626	0.95
化学纤维制造业	3	594	20.38
造纸及纸制品业	3	552	1.33
工艺品及其他制造业	4	436	1.14

行业	企业个数	就业人数	区位商
非金属矿物制品业	4	163	0.09
纺织服装、鞋、帽制造业	7	131	0.07
文教体育用品制造业	2	115	0.44
有色金属冶炼及压延加工业	4	108	0.57
农副食品加工业	1	59	0.07
石油加工、炼焦及核燃料加工业	1	7	0.02
皮革、毛皮、羽毛（绒）及其制品业	1	3	0.03
橡胶制品业	1	1	0.00

资料来源：《北京经济普查年鉴2008》，中国统计出版社，2010。

在第三产业中，只有信息传输、计算机服务和软件开发业的区位商略高于1，接近北京市的平均水平，由于信息服务和软件产业在北京市具有重要地位，北京经济技术开发区尽管这一行业已经具有一定规模和发展水平，但与全市总体相比并不突出。其就业规模在各大类行业部门中居于第三位，也超过了1万人。其他各项服务业的专业化水平都大大低于北京市的平均水平，特别是教育、卫生社会保障与社会服务、公共管理和社会组织与北京全市的总体水平差距巨大。

以高新技术产业为主导的经济结构决定了亦庄的资源消耗水平相对较低、资本投入产出效率较高。亦庄资本投入产出效率在国内发达开发区中名列第一，2011年平均创造产值2.43亿美元/公顷，累计固定资产投资的年GDP产出系数❶为0.94，累计基础设施投资的年GDP产出系数为6.4，均远远高于国内其他发达的国家级开发区。2011年亦庄万元GDP水耗为3.9t，不到北京市平均水耗的1/9，万元GDP能耗仅为0.14t标准煤，不到北京市平均水平的1/4，大大低于绝大多数国家级高新区的能耗水平。

6.1.1.3 亦庄新城建设取得显著成绩，城市功能基本健全

"十一五"期间，开发区固定资产投资力度不断加大。截至2010年底，累计完成固定资产投资827.7亿元，其中入区企业累计完成固定资产投资656.87亿元，管委会累计完成固定资产投资170.83亿元。

---

❶ 计算方法为：年GDP/截至该年的累计固定投资总额，GDP与投资额的计量单位均为亿元人民币。

2009年新城土地拆迁工作全部结束，实现快速和谐无振荡拆迁，探索出"瀛海经验"。2010年底，土地一级开发基本完成。

交通设施完善，城市主干道全部铺建完成，已开通十几条公交线路。

水电气热等能源要素供给能够满足工业生产和居民生活需求；路东区的市政基础设施建设正全面开展，变电站、污水处理厂、热电厂扩容及再生水利用等项目积极推进中。

住宅面积超过200万m^2，商业服务设施基本齐全；建有40m带状绿色公园、凉水河滨河森林公园等休闲场所，园区绿化率超过40%。

信息化基础设施建设工程——"无限亦庄"一期已经开通使用，核心区内已实现无线网络覆盖。

6.1.1.4 亦庄新城社会事业发展现状

教育上，亦庄新城初步形成了双语幼儿园、中小学、职业教育以及北京市国际艺校等共同组成的教育体系。

医疗上，亦庄新城建有国际医院、北京同仁医院开发区分院、社区卫生站等多级医疗机构，其中同仁医院为三级甲等医院。

亦庄新城有7个社区居民委员会，成立了社会保障事务所，并启动了社区服务中心工作，开展社会保障和社区管理活动。

6.1.2 城乡一体化视角下的亦庄新城发展评价

6.1.2.1 亦庄新城对中心城功能疏解和带动农村发展有积极作用

亦庄新城是北京市高新技术产业和现代制造业基地之一，并承接了中心城生产制造功能的疏解。开发区的产业集聚经济经历了由地方化经济向城市化经济的转变。图6-3展示了这一变化，开发区早期以通信设备制造业为主导，其集聚指数远高于其他产业。此后，其他产业在开发区内得到较快发展，形成产业多元化集聚的城市化经济，并吸引新产业的进入。

向开发区集聚的企业包括国际产业转移、民营企业进京和北京"退二进三"战略中中心城产业外迁三大类。尽管国际产业转移是开发区产业主要来源，但近年来也有一些中心城企业或其生产制造环节向亦庄迁移，如京东方、同仁堂、北人印刷机械等，使亦庄成为中心城生产制造功能疏解的承接地之一。

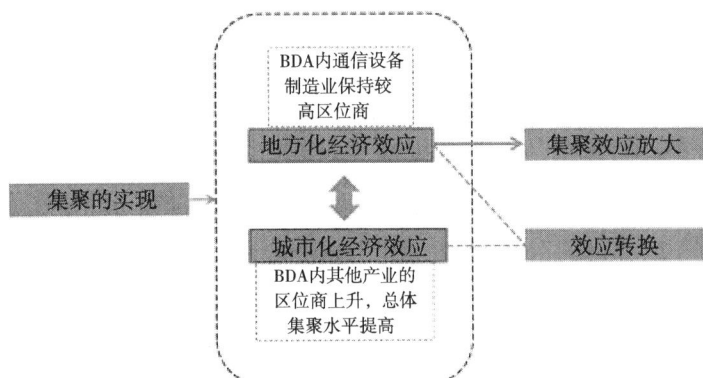

图6-3 城市化经济和地方化经济相互作用促进集聚

亦庄新城建设发展的人口容量对中心城人口疏解和农村人口城市化具有一定的作用。由于亦庄新城的不同组成部分由大兴区和通州区分别管理，缺乏独立的人口统计数据，难以考察农村城市化人口、中心城疏解人口和外来人口在新城新增人口中的具体比重。但是可以确定的是，除了随企业外迁而迁往新城的人口之外，近年来亦庄新城的住宅建设、居住环境的逐步成熟和相对偏低的住房价格对部分中心城人口有吸引力，新城吸引居民迁入的最大优势是地处郊区，人口密度低，较城里拥挤老化、达到人口高负荷的居住条件更好，许多居民的迁入行为便是缘于改善居住环境的需要。向新城迁移的第二位原因是靠近工作地，这部分迁入居民不仅包括在开发区内工作的人群，也包括了在开发区周边交通联系较为方便的朝阳、丰台等区。另一方面，新城建设的征地拆迁使周边原有的一些村庄完成了农村人口城市化，成为新城居民。

亦庄新城产业发展对城市化地区及周边地区的农村剩余劳动力有一定的吸纳作用，有利于城乡统筹发展。早在开发区建设初期就确立了新增就业岗位同等条件下优先安排本地农村剩余劳动力的倾斜性政策，新城内的企业还向周边镇村对口招聘，截至2011年8月，共有1.1万余名农村劳动力在亦庄开发区实现就业，其中，35%在世界500强企业工作。

6.1.2.2 社会承载力极低，影响对高素质要素的吸引与对区域发展的辐射

亦庄新城社会承载力低，生产生活配套设施不健全，不仅不能满足居民生活需求，难以集聚高素质人才，同时成为亦庄产业升级的核心瓶颈，即由于城市社会承载力不足，城市综合服务功能弱，造成创业环境、创新环境和投资环境难以改善。

由于亦庄新城规划建设的滞后以及过去工业园区开发建设模式下对城市功能的不够重视，公共服务配套能力不强，同时缺乏对居住配套的有效引导，导致产业发展与城市功能缺乏有机融合。亦庄地区建设用地基本以工业用地为主，开发区现状工业用地占总建设用地的44%，住宅、商服、公建等配套设施用地不足。

1）职工住房需求难以满足

职工住房是企业反映的当下最为紧迫的问题。

亦庄新城住房市场化程度较高，以商品房与租赁房为主，政策房较少，其中商品房占79.4%，租赁房占12.5%，其他类型房屋所占比例都小于5%。

作为依托产业区成长而成的新城，亦庄必须面对如何有效解决广大职工（新城规划就业人口为45万人）居住需求的问题。亦庄各企业的职工收入层次差距较大，家庭情况不一，住房的需求也是多层次的。收入最低的、来京时间短的一线工人收入低，公司提供的多人公寓，如永康公寓，即可满足他们的需求。但是随着工人来京工作时间越来越长、技术熟练、工资增加以及结婚等，他们的需求就会逐渐演变为对家庭私密空间的需求。数量较大的广大蓝领阶层和年轻的白领阶层难以承受高价的市场住房，而注定要依靠享有政策优惠的公租房、廉租房、保障房、小套型的自住房等住房形式。

然而亦庄目前的住房结构与需求不配套，一方面，廉租房、小户型、两限房的不足无疑使得对企业未来发展至关重要的中层技术骨干的住房需求在开发区不能得到满足。这可能成为企业中层技术人才大量流失的重要原因。另一方面，绝大多数在开发区的居住者在北京中心城就业，进而造成了大量的通勤流，引发了交通问题。

调研中企业表示希望通过政府放开对周边农村的出租房建设限制、组织多个企业共同建设适合自身需要的住宅房等多种方式解决住房需求。

2）文化、教育、医疗等公共服务水平不能满足需求

亦庄内的文化设施几乎是空白，图书馆、剧院、文化馆、青少年活动中心、电影院等都没有建设，亦庄内的企业文化活动及就业者、居民的文化活动都缺乏场所。

亦庄教育以基础教育和职业技能教育为主，且基础教育水平不高，与北京其他地区相比，没有师资力量强、口碑特别好的中小学，对吸纳中心城人口尤其是高端人才形成不利影响。新城年轻家庭数量较多，幼儿园需求量大，24.26%的开发区居民认为目前居住区附近最需要增加配置的设施为幼儿园，而目前亦庄教

学质量高、学费适中的幼儿园数量较少。亦庄现有小学和中学仅四所，公立学校偏少，私立学校学费高昂。已有小学和初中的接纳生源能力也远远不足以满足需要，且教育师资力量薄弱，教学质量普遍偏低，这使得在开发区居住的开发区企业工作人员子女就学的问题难以解决，成为开发区职工不愿在开发区居住和开发区人才流失的重要原因。调研中发现，在幼儿园和小学阶段，区内就学占绝大比重，但到初中之后迅速降至27.27%，至高中则几乎都选择了区外的学校。初中和高中区内就学的低比例说明了居民对目前开发区的中学教育质量较不满意。学校缺乏吸引力，限制了一些有孩子的新居民在开发区的定居计划，并且可能导致随着孩子年龄增长，对教育设施的不满日益增加，已定居的家庭，若有能力，将因此搬离开发区前往教育资源优质的区县，如在访谈中有居民表示，自己有北京户口，有动机搬到海淀区接受较好的初中和小学教育。这将造成开发区户籍缺乏吸引力，户籍迁入偏少，有北京户口的居民将其作为不经常的居住地，造成居住人口的流失。

亦庄企业员工自身的教育需求在区内同样难以得到彻底解决。由于企业职工本身受教育水平不一，职业技能培训、大专、本科直到研究生的培训都是企业职工自身教育需求的一部分。这方面开发区内同样不能提供如此多样化的教育，而亦庄较为偏僻的位置也使得在开发区外接受教育同样困难重重。

亦庄公共卫生和医疗服务水平难以满足居民需求。开发区目前只有两家社区卫生站，公共卫生体系尚不健全。目前主要的医院是亦庄医院和同仁医院分院。同仁分院为三甲医院，医院硬件设施水平高，但不相匹配的是专家坐诊的次数少，实习大夫居多，大夫的医疗水平有待提高，居民缺乏信赖感。亦庄医院相对而言价格较为便宜，服务好，但没专家，只能医治日常常见小病。而且在两所医院看病的人多，程序烦琐，花费时间长，效率很低。开发区内缺乏专门的中医医院，因而企业员工对开发区医疗水平提升和服务效率提升需求迫切。另外，亦庄企业每年对人力资源需求都相当大，按照政策很多企业人员入职离职都必须进行体检。因而开发区内缺乏有进行入职体检资质的职工体检中心成为大问题，使得企业不得不组织员工到市中心甚至去天津进行体检。

3）居民健身、休闲娱乐、高档次购物等生活需求难以得到满足

社区层面，虽然开发区极为重视整体自然环境的建设和公园等公共休闲娱乐设施建设，但在各居住区内，步行尺度的休闲、健身、娱乐公共设施并不能完全满足开发区内各企业员工，特别是中高技术、中高收入员工对于日常休闲、娱乐

的需求。而缺乏合适的社区娱乐休闲设施也使得这些知识层次较高的人才之间找不到合适场所进行充分交流，抑制了知识和信息溢出，导致大量中层知识型人才不愿意居住在开发区内。具体而言，目前开发区小区内的运动健身、文化设施、交往休息设施与居民的需求还存在一定的差距或不匹配现象。居民认为小区内及周边比较欠缺的、有待增加的休闲设施依次为图书室、休闲亭廊、球类运动场、游泳馆、座椅、运动器械、音像放映设施和报亭。此外，还有住户提出新增面向某些特定人群的休闲设施（如儿童游乐园、中老年人运动健身设施等），以及专门性的活动场所（如冰场、舞厅等），室内活动增加小区会所。

城市整体层面，超市、购物中心、餐饮、健身、休闲娱乐设施的规模和层次仍普遍偏低，不能满足开发区内企业较高收入层次员工的购物、娱乐需要，使他们在开发区内"挣的钱花不出去"，生活较为不便，因而不愿意住在开发区内。而这些设施和服务的缺乏同样使得高技术密集型企业、企业研发机构、外资企业高管人员和开发区内企业的外资合作伙伴不愿意进入开发区。例如，在调研中较多居民表示目前最缺乏的是文化娱乐设施如电影院、剧场、图书馆以及体育健身设施如免费球场、运动场等。居民对开发区内各项购物的平均评分从高到低依次为买家用电器、吃饭聚餐、买日常用品、买菜和买衣服。居民对买家用电器的满意度高，主要是在区内开设的大兴家电商场具有较好的信誉保障，吃饭聚餐的不同风味饭店也较多，日常用品在小区的超市内都基本能得到满足。较不满意的是买菜和买衣服两项，买菜的菜场少，超市价格贵是主要原因，购买衣服的大型商场缺乏，居民购买衣服的地点集中在中心城区，开发区内不到 10%。居民一般到市中心的西单、王府井，崇文门的新世界，南城的木樨园、百荣商场，以及朝阳区的燕莎、新光天地等地购买衣服，开发区内只有美廉美等超市兼有出售衣着服饰的功能。

综上所述，目前亦庄的商业、教育、文化、医疗等公共服务水平较为落后，"有业无城"的现象依然比较明显。不仅不利于新城自身的发展，也严重影响其发挥承接中心城功能疏解和带动区域发展的节点功能。

6. 1. 2. 3　外源制造业为主的产业结构导致经济承载力不高、产业发展关联度低

20 世纪 90 年代，在全球产业加速转移的背景下，国家对开发区提出"以利用外资为主、以发展工业为主、以出口创汇为主"的发展方针，亦庄逐渐走上以外源型经济为特征的高新技术产业集群发展模式，在当时条件下实现了开发区的

迅速崛起。

亦庄新城产业的典型特征是资本技术外生，产品市场外向，企业结构以外资大企业为主，产业链以加工制造环节为主（见图6-4），以"垂直一体化"的形式嵌入全球产业价值链。亦庄新城的外源型产业根植性很弱，与全球经济网络联系密切，而与周边镇村的本土企业联系薄弱。

外源型经济的典型特征是以外商投资为主的资源外生与以出口为主的市场外向。从地区产业发展的资本要素来看，开发区主要依靠外商投资，外商投资总额占开发区累计投资总额的比重高达66.23%。市场外向表现在出口比重方面，2010年外贸依存度为120%。外资企业是出口的主力军。

在外源式发展模式下，开发区形成了以外资大企业为主的企业结构和以加工制造环节为主的产业特点。开发区产业环节主要集中在生产制造上，目前已集聚了62家世界500强企业，加工制造是主要的产业环节，占比高达45%。"大象经济"的特征十分显著，表6-3是2008年开发区营业收入超过15亿的高新技术企业的排名情况，可以发现几乎全部是外资大企业。开发区总收入排名前100的企业占到整个开发区企业收入的98%。由图6-5可见，纳入中关村统计的企业方面，总收入超50亿元的企业有4家，但其产值占所有统计企业产值总量的70%，10亿~50亿元的企业有21家，产值占19%，1亿~10亿元的有68家，产值占8.8%；1亿元以下的企业有300家之多，产值比重仅有2.5%。

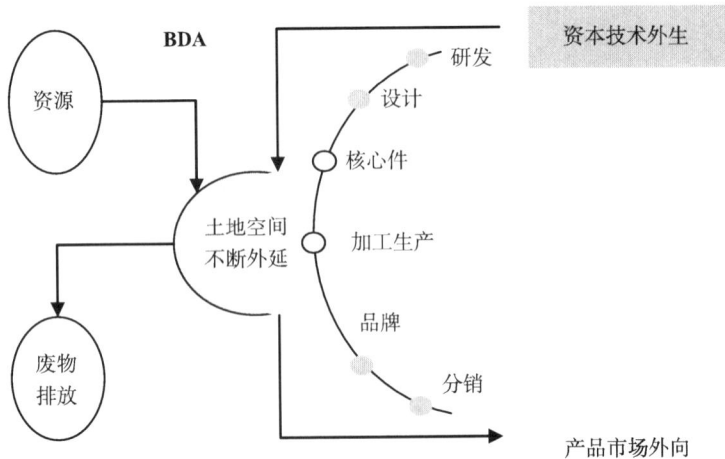

图6-4　开发区加工制造经济特征

表 6-3　2008 年北京开发区高新技术企业营业收入排名

企业	总收入（亿元）	性质
诺基亚通信有限公司	901.9	外资
诺基亚（中国）投资有限公司	449	外资
富士康精密组件有限公司	146.3	外资
北京京东方光电科技有限公司	67	合资
拜耳医药保健有限公司	46.6	外资
北京艾科泰国际电子有限公司	46.1	外资
威讯联合半导体有限公司	45.1	外资
经纬纺织机械股份有限公司	24.7	内资
三洋能源有限公司	23.8	外资
诺基亚西门子通信网络科技	20.5	外资
英资莱尔德无线通信技术有限公司	20.1	外资
航卫通用电气医疗系统有限公司	19.9	外资
中交路桥北方工程有限公司	19.7	内资
中芯国际集成电路制造	17.8	外资
中国石油集团海洋工程有限公司	16.9	内资
揖斐电电子有限公司	16.9	外资
施耐德中压电器有限公司	15.7	外资

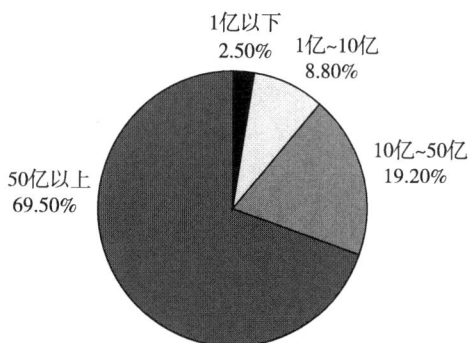

图 6-5　纳入中关村统计企业的结构情况（按产值分）

BDA 的外源型发展路径符合当时的发展条件，快速地实现了园区的发展。但是，这种外源型的发展道路，产业根植性较弱，以三资企业为主体，依托国际产业转移，以准"垂直一体化"的形式嵌入全球产业价值链的生产制造环节，与其国际供应商紧密联系，形成了一个相对封闭的生产合作网络，本土企业进入其产业链非常困难。外源型与内生型经济发展模式的不同特征见表6-4。

表6-4　外源型与内生型经济发展模式的不同特征

	外源型	内生型
形成诱因	国际产业转移	国内市场需求
产业主体	三资企业	民营企业
形成方式	招商引资	本土创业
产业链	缺乏关键环节，两头在外，中间在内	相对完整，研发实力较强
产业根植性	较弱	较强

在开发区周边有多个区属或镇属的工业区，各产业区相互之间缺乏联系，没有形成有效的协作发展机制。

下面以作为开发区主导产业组成部分的生物医药业和汽车产业的产业链构成为例，分析其与周边产业的联系。

汽车是工业社会的重要支柱性产业，产业链长（见图6-6），经济带动力强。汽车产业具有明显的规模效益，整车组装通常需要靠近消费市场，当整车产量达到一定规模之后，才能对产业链的其他环节如石化、钢铁、电子、零部件、金融、售后服务等产生足够的带动力。北京经济技术开发区的汽车产业是以北京奔驰汽车生产线为龙头。北京奔驰主打高端轿车市场，包含了车身焊装、总装、发动机、车桥、总成装配等生产环节。由于奔驰是高档品牌，本地现有零部件企业难以达到配套要求，尽管奔驰 C 级和 E 级轿车已经成功下线，但配套产业链并未形成，目前关键部件主要通过进口组装。而我国目前的汽车产业政策，不再对进口组装汽车有任何限制，依赖奔驰总装厂发展配套产业链的可能性大大降低。在奔驰带动力不足的情况下，开发区内的汽车产业链呈现松散联系，立足自身优势谋求嵌入更大区域范围内的上下游配套网络。如新城周边的采育镇工业区就发展为顺义新城北京现代汽车配套的零部件产业基地，而与亦庄新城汽车产业基本没有联系。

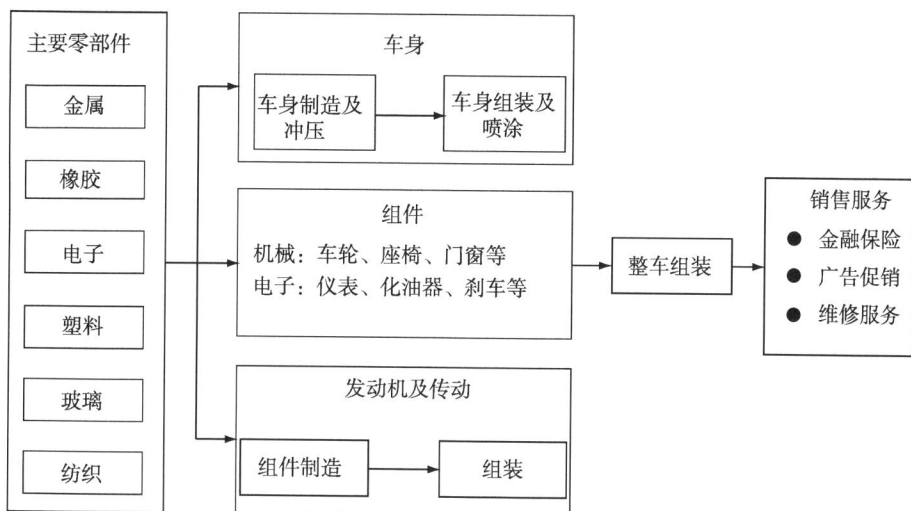

图6-6 汽车产业链示意图

生物医药产业是开发区传统支柱产业之一，开发区生物医药产业的明显特点是本地企业与跨国公司的共存，但无论本地企业还是跨国公司都只是各自独立的生产设施，彼此没有太多产业联系。由于生物医药产业高度依赖知识产权保护，生产制造本身并不需要大规模的生产链协作，往往由于工业地产开发或政策因素形成卫星平台式的产业集聚。如大型的跨国医药集团拜耳公司等虽然在开发区内设有公司，但总部、研发、核心技术等配置在外，这类公司在其全球化战略的实施过程中看到中国市场的巨大潜力，主要考虑政策优惠而选址在经济技术开发区内，是其全球产业链的一个卫星平台，与周边地区几乎没有任何产业联系与协作。

在发展高新技术产业和制造业的总体定位下，亦庄新城对服务业的发展不够重视，尤其是与生产制造业紧密配套的生产性服务业发展滞后，尽管在"十一五"期间第三产业得到了快速发展，但总体规模偏小，低于天津开发区和广州开发区；从第三产业结构看，主要以批发零售为主，而生产性服务业、科学研究和技术服务、教育文化卫生服务等服务业比重不高，仅占第三产业的18.18%、7.55%、0.42%。

开发区能够提供大部分专业服务项目，但是水平不高，2010年北京市经济技术开发区规划分局对产业配套的调研中发现多数企业仍然依赖开发区外、特别是北京市内其他地区提供的专业服务。企业使用开发区内的专业服务最多的是人力资源服务，其次是法律服务。具体的专业化服务改进措施建议方面，富士康提出"希望开发区能组织同行企业或同类行业多沟通"，奔驰提出"希望能进一步加强在政策咨询和支持服务方面的力度"，京东方提出"希望加快 TFT-LCD 领域产、学、研整合的专业化平台建设"，乐天包装提出"希望改善劳务工住宿和生活配套设施"。

综上，外源型经济发展模式下以外资大企业为主的产业结构以及加工制造为主的生产结构决定了亦庄经济承载力难以有效提高，企业的根植性和自主性相对较差，本地化发展动力不足，与周边地区产业发展联系不足。亦庄的生产性服务业尚不能满足新城和周边地区的需求，遑论分担中心城的服务功能。

6.1.2.4 城乡二元分割，亦庄对周边地区发展带动作用不足

亦庄新城与周边地区的经济差距较大。从公共服务设施水平和基础设施建设等方面看，开发区与周边乡镇的差异更明显，呈现出典型的空间二元结构格局，参见第 3 章相关内容。

无论是产业发展、基础设施还是公共服务供给等各方面，亦庄新城和周边地区基本处于各自独立发展状态，新城对农村发展的带动作用没有得到体现。

6.1.3 统筹城乡发展视角下的亦庄新城发展思路

亦庄应加强产业与城市功能的融合，产业与新城互动，由产业园向产业新城演进，成为"城强业盛"的产业新城，如图 6-7 所示。

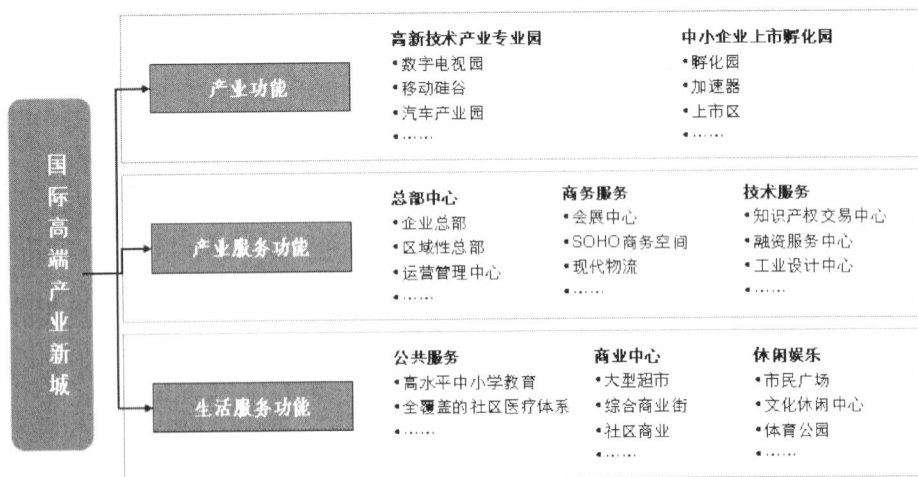

图6-7 亦庄高端产业新城的实现路径

6.1.3.1 优化新城公共服务和配套设施水平，提升社会承载力

亦庄新城城市公共服务和配套设施基本健全，但水平不高，构成城市吸引力的重大障碍。亦庄新城应创造条件，积极引进优质公共服务资源，建设高水准的区域公共设施，整体提升新城公共服务水平。

1）引进优质资源，提高公共服务水平

（1）教育方面。加大政府投入，继续引入北京市优质教育资源，在亦庄开设重点中小学分校或整体搬迁，建立北京市级重点学校，打造知名的基础教育品牌；结合高端产业发展需求，规划建设大专院校、职业学院，同时吸引北京市高校在开发区设立分院，形成从义务教育、职业教育到高等教育的完整布局。

（2）医疗方面。建立以综合医院和社区卫生服务中心为主的两级医疗服务体系，预计到2015年，新城人口将接近50万人，综合医院根据40床/万人标准，社区卫生服务中心根据10床/万人标准，需在新城范围内新建一所综合医院（1200床位数）和10个以上的社区卫生服务中心。新建医院应引入中心城区三级甲等医院医疗资源，高标准规划建设。理想中的医疗设施应该能够做到服务水平高、态度好，科室全，候诊效率高，不需要排长队挂号，多些有经验的大夫，技术水平高，设备齐全，平价收费，统一医保，加强儿科、老年病科、中医的就诊，最好能预约挂号。在开发区工作的员工同时希望能增设职业体检医院，当前职业体检需要去市区专门医院排队甚至到天津体检，为日常生活生产造成不便。

（3）文化体育服务方面。在新城核心区设置区级文化体育活动中心，包括图书馆、体育馆、文化中心等。居住区中心区设置老年活动中心、青少年活动中心、影视中心、体育场等标志性的休闲娱乐设施，改变当前居民文化素质高，文化娱乐需求量大、标准高，与区内供给严重不足的矛盾，并且在规划布局上应当与小区级的休闲空间做好衔接，同类休闲设施在小区基础上应当提高档次、加大规模，不同类的休闲设施在空间商布局合理，满足不同小区居民的共用要求。社区内建设小型文化活动中心和康乐设施。新城还应组织举办各种文化活动，如承接市区举办的研究会、文化节，开展群众文化活动，如亦庄冬季长跑节、亦庄职工自行车运动等。

2）建设高水平有文化内涵的城市配套设施，营造健康宜居环境

打造精品商业项目，建设高档次休闲娱乐场所，为园区居民营造健康、宜居

的高品质生活环境。另外，应注重娱乐健身场所档次的多层次性，满足不同人群需要，注重性价比，强调较高质量的大众性娱乐健身场所的建设。

开发凉水河景观带，建成集商务、商业、休闲、居住等多种功能的亲水现代高档生活休憩区，可沿凉水河建设开放型带状公园绿地，体现生态景观、休闲旅游、商务旅游、生态涵养等功能，沿河规划一到两家高层次商务会所，包括特色餐饮、会议中心、健身中心等设施；开发异域风情的娱乐项目，如人工娱乐岛、人工沙滩等。

打造一批精品商业项目。在居民住宅集中区域附近，规划建设商业街、商业广场或者商业中心，依托轻轨站台建设商业配套服务区，规划布点大型超市、一两家商贸市场、电影院等商业设施。

3）建设现代化、国际化生活社区，完善社区配套服务与管理

亦庄新城应以建设环境优美、功能齐全的人文宜居新城为目标，建设现代化、国际化生活社区，提升新城吸引力。

现代化、国际化的生活社区需要以高标准规划设计、高标准建筑设计，高水平街道景观设计、国际化高标准的城市形态、高端化符合5A标准的设备和设施以及高质量社区服务作为保障。

人性化设计，打造中西融合的社区人文环境。亦庄新城依托经济技术开发区兴起，人口构成具有多元化、国际化和高素质的特点，在社区规划建设和服务方面，需要注意多文化的融合需求。

完善社区配套服务设施建设。在新城范围内建设若干"邻里中心"，发展零售商业、社区服务、医疗配套等；合理布局小型商业、餐饮、公寓配套设施；推广社区数字化。

创新社区管理手段，加大资金投入，整合社区资源，建立社区服务管理中心，加强社区管理与服务。

4）建立多层次的住房供给体系

亦庄宜利用行政资源整合的机遇，突破原有新城边界的束缚，在更大的区域范围内，整合资源，大胆探索制度创新的可行方案，加强与企业的交流与合作，建立多层次的住房供应体系，解决企业员工的住房问题，从而保障本地专业化技能劳动力的积累和发展。

在沿良水河、沿中心公园等风景秀美的地方建设若干高档别墅，主要面向区内企业高层管理人员；建设一批人才公寓、青年公寓，主要面向在区内工作的年轻人；规划建设一批"三限房"，以在区内工作的普通员工为销售对象，并以配额方式分配给区内企业。

6.1.3.2 发展研发与服务业，提升经济承载力

亦庄新城产业加工经济、分厂经济的特征明显，缺乏同产业相配套的研发、商务、行销等生产性服务业。一方面，全球性金融危机对外向型经济造成巨大冲击，未来制造业转移机会将大大减少；另一方面，亦庄地区的一些二产企业发展到一定的生命周期，已有衰退的现象，亟须产业升级换代，因此亦庄要加快实现发展模式转变。

"施振荣微笑曲线"表明，一个产品完整的起讫链包括研发、制造、行销三个环节，其利润主要集中在研发和行销两部分。因此为了保证产业升级和高利润值，亦庄新城应该立足于制造业较为发达的基础，不断拓展产业链，建立丰富的产业层次，在发展制造业的同时，强化两端的研发和工商服务业，使制造业向服务业延伸。

大力发展研发设计、商务会展、现代物流等支撑主导产业发展的生产性服务业，以及为生活配套的商业居住服务业，提升产业创新能力、集群效应和生产服务能力。

产业升级的基本路径是现有产业做精做强和发展培养新兴产业。现有产业做精做强的途径包括：龙头企业产品更新换代，投资新产品，即同一系列的高级产品；产业链向上下游延伸条，发展核心零部件、关键原材料；价值链升级，重点发展应用研发、总部经济等。发现与培育新兴产业方面，在目前的科技与经济发展阶段，亦庄可以选择的新兴产业主要包括：①新技术突破催生的新兴产业，如物联网与下一代互联网（IPv6）、第三代移动通信、三网融合、极大规模集成电路制造、高端通用芯片及基础软件、生物芯片、高通量药物筛选、新材料与纳米技术、航空、航天等产业；②消费升级相关的高增长行业，如健康管理、文化娱乐、教育培训以及汽车、消费电子、家用电器等；③价值链分解与融合产生的新业态，如电子交易、商旅管理、在线教育、第三方支付，整体解决方案提供商、集成电路设计公司、第三方汽车设计公司、专业生物医药 CRO 软件研发外包的

零包平台等；④支撑向低碳经济转型的替代性技术和新兴产业，如低碳能源、高效节能、碳排放权交易商业模式、合同能源管理（EPC）以及包括水处理与资源化、大气污染防治、固体废弃物处理等在内环保技术产业。

发挥新城企业的辐射带动作用，向价值链两端拓展，在周边镇村培育和吸引上下游的配套企业，提高本地配套率，提升产业集群竞争力，同时带动了周边地区的发展。以汽车产业为例，奔驰整车生产组装环节已经实现成功下线，但整车企业与零部件企业尚未形成良好的上下游配套关系，零部件主要依靠进口，因此，可以引入核心零部件与组件企业，按照各细分领域的布局要求分别选址在新城和周边的各镇村工业区，为整车企业进行配套。力争将新城与周边地区通过汽车产业链紧密联系在一起，形成区域产业集群。

6.1.3.3 促进要素有序流动，与周边小城镇和农村统筹发展

亦庄新城周边的小城镇人口规模小，经济社会发展水平较低，与新城的交通联系不畅。

在新城的规划和发展中，应打破城乡二元分割格局，通过制度创新将周边小城镇和农村的发展一并考虑。在产业发展、基础设施、优惠政策、用地指标、资金投入等方面予以支持，使之依托新城发展，提升镇区发展水平，成为引导本镇城乡统筹的动力和龙头。

推动基础设施和公共服务由新城向周边小城镇延伸，使城乡居民共享均等化的公共服务。

以资金和政策支持村庄迁并与整合，增加镇区人口规模，完善基础设施，提升第三产业档次，积极发展商业服务业等第三产业，形成产业向园区集中、居住向镇区集中、农业向规模经营集中的发展格局。工业区和镇区的规划建设，要按亦庄新城和开发区的标准考虑，尤其是新的社区应完全依照城市标准进行各项设施的配置，使镇区人居环境得到较大提升，将来一旦纳入大亦庄，就可成为其组成部分而不需要另行改造。

新城周边镇均具有一定的发展基础，应把握此次新城开发建设的契机，将镇区建设成为城业结合、环境优美、生活便利、文教卫生和文化娱乐业较为发达的新型小城镇。

6.2　居住新城发展研究——以通州为例

6.2.1　通州新城发展现状

6.2.1.1　规划定位于城市"副中心"

通州新城位于北京市东南部，"紧邻北京中央商务区（CBD），西距国贸中心13km，北距首都机场16km，东距塘沽港100km，素有一京二卫三通州之称"❶。

通州是北京重点发展的新城之一，自 1958 年《北京市城市建设总体规划初步方案（草案)》提出在城市布局上发展卫星城镇与市区组成"子母城"的形式，规划昌平、通县等 40 多个卫星城镇以来，在历次北京城市总体规划中通州每次均为重点发展的卫星城或者新城之一。

通州作为北京的桥头堡融入环渤海经济圈协同发展，定位为面向区域的可持续发展的综合服务新城；同时以区域服务中心、文化产业基地、滨水宜居新城为发展目标。

2009 年，北京市委在十届七次全会上要求"加快重点新城建设，特别是集中力量聚焦通州，尽快形成与首都发展需求相适应的现代化国际新城"；2010 年 1 月，北京市政府工作报告确立"集中力量，聚焦通州，借助国内外资源，按照世界一流水平高起点谋划，实实在在地启动一批项目，努力取得重大突破，发挥好示范带动作用"；2012 年，北京市委在第十一次党代会报告中明确"进一步落实聚焦通州战略，分类推进重点新城建设，打造功能完备的城市副中心，尽快发挥新城对区域经济社会发展的带动作用"。副中心是一个相对于城市主中心的概念，地位层级比新城要高，将承担城市的诸多高端职能。

通州新城城区总面积为 155km²，2020 年城区规划人口为 90 万人。

6.2.1.2　通州新城经济发展现状

2011 年通州区实现地区生产总值 400.2 亿元，按常住人口计算，人均地区生产总值达到 32887.9 元，三次产业结构为 4.2∶50∶45.8。通州区地区生产总值增长速度高于全市平均水平，2006 年—2011 年地区生产总值增速均在 15.9% 以

---

❶　通州区人民政府网站，http://www.bjtzh.gov.cn。

上，2008 年和 2009 年超过 20%，如图 6-8 所示。

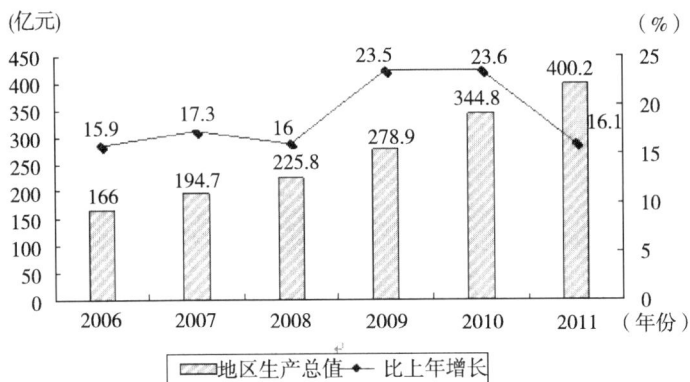

图 6-8　通州区 2006 年—2011 年地区生产总值及增速

资料来源：通州统计信息网，http://www.tz.bjstats.gov.cn。

目前，通州有光机电、环保产业、永乐、张家湾、西集五个工业开发区，以及一个商务园、一个物流基地共七个产业园区，占地 27km²。产业园区对全区经济贡献突出，完成税收总额占全区比重达到 26.5%。近年来，以"优化提高一产、二三产业并重，突出发展现代服务业"为经济发展思路，引进了一批项目，如北京烟草物流中心、北京卷烟厂、北京出版发行物流中心、苏宁、李宁、天宇朗通等。发展现代服务业，北京国际航空城、北汽动力总成、IDC 数据中心、北京世贸中心、金融街分区等一批投资百亿元、十亿元以上项目已经签约。其中，宋庄文化创意产业集聚区、北京出版发行物流中心被认定为北京市文化创意产业集聚区，商务园成为首都金融服务后台，商务园、物流基地和开发区西区创业园成为中国国际电子商务示范基地。综合承载力显著提升，总部、物流、文化创意、汽车零部件、金融等产业集聚效应日益显现，经济运行质量持续提高，万元地区生产总值能耗累计下降 20% 以上，二氧化硫及化学需氧量完成"十一五"时期削减指标。

6.2.1.3 通州新城社会发展现状

2010 年第六次全国人口普查数据显示，通州区共有常住人口 118.4 万人，户籍人口 67.3 万人，其中，农业人口 32.9 万人，占总人口的 49%；非农业人口 34.3 万人，占总人口的 51%。

2011 年，通州城镇居民人均可支配收入达到 27713.1 元，人均消费性支出

17779.2 元，恩格尔系数为 36.1%，人均住房建筑面积为 35m²。农民人均生活消费支出 10253 元，恩格尔系数为 36.6%；农村居民年末人均居住住房面积 37m²。

通州新城通过"名校办分校"方式引进优质教育资源。目前，已经引进北京二中、北京育才学校、史家小学、北京小学在通州开设分校，并以合作办学方式创办了北京工业大学实验学院；"十一五"期间新建了通州区第一实验小学、台湖学校、龙旺庄学校、于家务中学、区幼儿园等一批中小学校和幼儿园；整合教育资源，优化布局，撤并了 29 所中小学校；推行城镇优秀教师到农村支教。

公共卫生与基本医疗服务体系建设。2011 年，全区卫生机构 250 个，其中，医院 12 个，社区卫生服务中心 18 个，社区卫生服务站 81 个。实现了公共医疗服务全覆盖，以大中型医疗、预防、保健机构为主体，以社区卫生服务中心（站）为依托的三级医疗卫生服务体系基本形成。

文化体育事业方面。以运河文化为依托，保护和修缮了一批文物古迹；建成台湖国画院、宋庄文化创意产业集聚区公共服务平台。完成韩美林艺术馆、通州区社区文化活动中心等文化设施建设，改扩建区图书馆，建立起区、街道（乡镇）、社区（行政村）三级文化设施网络体系；全区共有公共图书馆 1 个，总藏书 41.6 万册，专业电影院 1 个，艺术表演场所 1 个，基层文化中心 15 个。拥有区级以上文物保护单位 54 处，博物馆 1 座，韩美林艺术馆 1 座。配建全民健身场地，人均体育用地面积达 1.6m²，2011 年全年体育活动经费投入 811 万元。

科技支撑作用日益显现，36 项产品列入北京市自主创新产品范围，"生产力促进型"农村科技推广服务体系初步建成。2011 年科技计划项目 31 项，登记技术合同 207 项，登记技术合同成交额 23 亿元。科技直通车参与活动 67 次。全年专利申请数 1482 件，比上年增加 413 件，增长 38.6%。

6.2.1.4 通州新城城市建设与管理现状

通州城区规划面积 108km²，是北京市规划建设规模最大的新城。

自北京市十一次党代会提出将通州新城的发展定位为"城市副中心"后，通州重点围绕包括新城核心区、宋庄文化创意产业聚集区、环渤海高端总部基地、文化旅游区、国际医疗服务区和国际组织聚集区在内的"一核五区"，从规划设计、招商推介、土地一级开发、基础设施建设和重点项目建设等几个方面全力推进城市副中心建设。

新城核心区开发建设启动，框架初步形成。规划、搬迁、招商工作同步推进，编制了全国首个低碳城市指标体系，搬迁工作快速推进，第一批工程破土动工；环渤海高端总部基地（"两站一街"地区）、商务园、宋庄文化创意产业集聚区、主题休闲旅游度假区、北苑商务区等功能区和节点开发建设取得成效。完成朝阳北路东延一期、潞苑北大街、壁富路、宋梁路、通胡大街、玉带河东大街、通香路、张采路、京榆路等一批路网工程，建成东关、运河、温榆河、邓家窑、凉水河等9座跨河桥梁及北苑、北关2座高架桥，打通了一批交通节点，新建改建道路250多km，新城框架初步形成。

市政设施方面。截至2010年底，铺设自来水管网118km；新建改建变电站14座；完成城西5号燃煤锅炉房整合，开工建设三河热电联供项目；铺设天然气管线200km，新增天然气用户9.7万户。

城市管理方面。推进社区建设，建成区、街、居三级社区服务中心（站），社区自治制度进一步完善；创新管理体制，组建城乡环境建设委员会，探索市场化运作管理；加强常态化管理，开展综合执法；提高信息化、精细化管理水平，建立了通州区地理信息系统和GPS卫星定位巡查体系；城市管理全面向社区延伸，覆盖面进一步提高。

6.2.2 城乡一体化视角下的通州新城发展评价

6.2.2.1 通州新城疏解了中心城的居住功能

通州新城主要承担疏解中心城居住功能的作用。通州房地产开发中住宅的比例达到70%，2006年—2011年通州年均住宅销售面积为133万m^2，在新城中排名第二，按照通州区人均住房面积35m^2计算，每年可以容纳3.8万新增人口。

通州新城是户籍人口市内净迁入地区，2006年—2010年年均净迁入户籍人口2753人。图6-9显示了近年来由市内其他区县迁入通州的户籍人口。另外，通州区人户分离人口超过20万人，其中大约一半为户籍登记在其他区县而常住在通州的人口❶。

---

❶ 北京市第六次人口普查办公室. 人户分离人口大量增加. 北京市统计局网站，2011年5月30日.

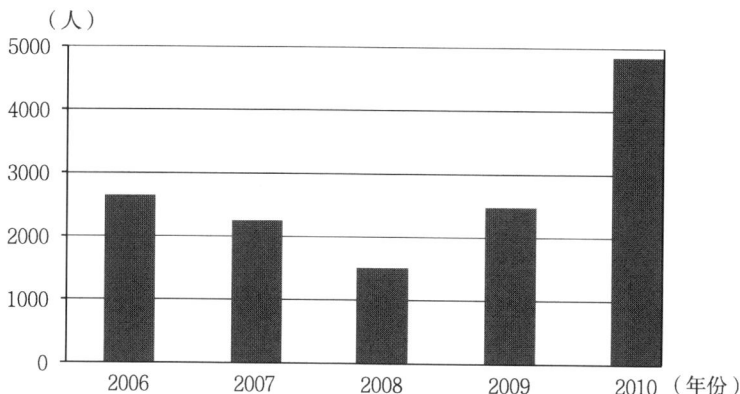

图 6-9 2006 年—2010 年北京市内净迁入通州区的户籍人口数

通州新城能够承担疏解中心城居住功能的作用，主要原因包括如下方面：在新城中距离北京中心城最近；最早与中心城实现轻轨和高速路连接；城市开发建设早，居住区配套设施相对完善；被确定为旧城人口疏解的主要安置地之一。因此，大量中心城就业人口选择在通州居住。

6.2.2.2 社会承载力弱，"有居住无生活"

通州新城具有基本生活服务业，但现代生活服务业发展滞后，优质公共服务缺乏，"有居住无生活"特征明显。尽管与亦庄、顺义等产业新城相比，通州新城的居住配套设施相对完善，具备基本生活服务业，居民日常生活简单需求可以得到满足。但是，与其他新城相似，通州新城优质公共服务同样缺乏，文化休闲、高档商业与服务业发展滞后。

优质公共服务匮乏。与中心城相比，通州新城公共服务水平低，至今没有三级甲等医院，新城医疗服务水平低；通州基础教育资源大大落后于中心城，尽管有一两所中心城小学在通州设立分校，但是整体教育水平低，没有师资力量强、口碑特别好的中小学，难以满足居民尤其是高素质居民对子女教育的需求。科技、文化、体育等公共服务尚处于起步阶段，与中心城相比极为匮乏。

现代高端生活服务业发展滞后。通州新城缺乏高素质居民所需的高档次生活服务业，包括高档百货商场、餐饮业、休闲娱乐会所、体育健身场馆等。

由于通州优质公共服务和高端生活服务的匮乏，通州社会承载力低，形成了居民在通州"居住而非生活"的现状，居民仅仅在通州居住，教育、医疗、消费、休闲、文化活动仍然高度依赖中心城，不在通州生活，导致通州缺乏对资本的吸引力，产业升级困难。

6.2.2.3 通州新城产业发展滞后，经济承载力低，难以促进城乡产业联动发展

通州新城以居住为主要功能，产业发展相对滞后。

通州第三产业发展基础薄弱，产业结构低端化。2006 年—2011 年，第三产业年均增长 13.6%，高于经济总体增长速度。但是通州第三产业结构落后，房地产经济特征明显，生产性服务业发展相对滞后。房地产业是固定资产投资的主要方向，2011 年，通州房地产开发投资 274.6 亿元，同比增长 34.3%，占全社会固定资产投资的 75.3%。房地产业同时是地方财政收入的主要来源，2011 年，房地产业及相关的建筑业共实现地税 19 亿元，占全区地税总量的 38%，房地产经济特征非常鲜明。除房地产业之外的生产性服务业发展滞后，占第三产业增加值的比重不到 20%。图 6-10 为 2008 年通州第三产业行业构成情况。传统生活服务业和房地产业为比重最大的两个行业。

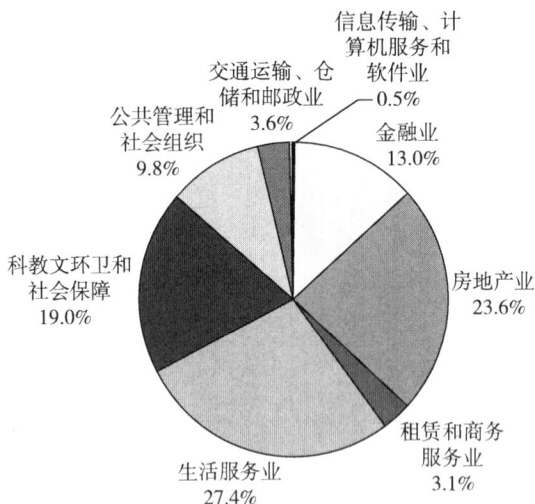

图 6-10　通州第三产业行业构成

资料来源：2008 年通州区第二次经济普查数据公报。通州统计局网站。

通州第二产业门类齐全，但特色不突出，缺乏能带动区域经济发展的主导产业。通州区第二产业门类非常齐全，几乎涵盖第二产业所有门类，但行业构成过于分散，没有形成支柱产业和优势产业，如图 6-11 所示。

产业空间布局分散，企业规模小，没有形成产业集群式发展模式。通州近期

宣传建设的九个高端商务园区，散落分别在通州新城的各个部分。商务园缺乏重大公建设施，商务服务能力较弱，特别是能够起到凝聚作用、有较大影响力的现代服务产业还没有形成。通州共有七个产业园区，分散分布在通州的各个方向，除成立较晚的宋庄文化创意集聚区外，其他六个园区均在一定程度上存在产业多而全、主导产业不突出的问题。园区产业集中度不够，产业发展存在一定程度上的雷同，如都市产业、先进制造在各园均有分布。部分园区产业发展与园区产业定位不吻合，根本原因在于园区产业发展思路缺乏延续性，在近期利益下缺乏对引入项目的选择。企业规模偏小，缺少竞争力较强的品牌企业和大型企业。工业园区纳入统计的规模以上企业 184 家，工业总产值超 5 亿元的仅有两家企业。由于缺少龙头企业的辐射带动，区内企业间产业协作较少，产业没有形成集群发展态势，产业发展效率低。与国内发达开发区相比，通州园区单位面积土地工业产值产出率差距较大，仅相当于上海漕河经济开发区的 1/17，北京经济开发区的 1/12，广州经济开发区的 1/9；与北京市内的主要开发区相比，除经开区西区和光机电基地单位面积土地工业产值产出率处于中等偏上水平外，其他几个园区排名均较低；从单位面积税收产出率来看，通州园区各分园在全市主要开发区比较中相对较低。

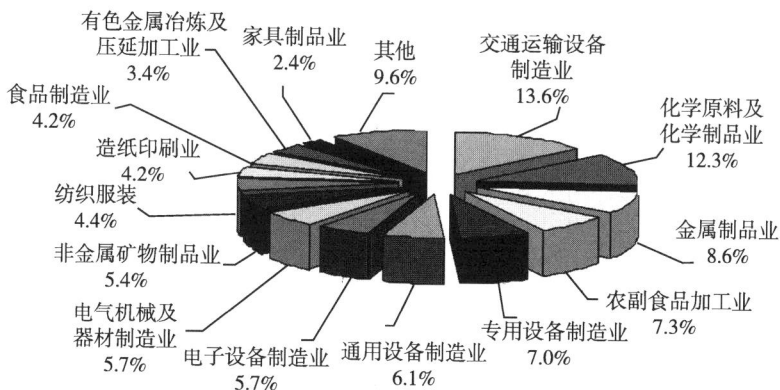

图 6-11　通州区规模以上工业比重

以居住功能为主产业发展滞后的现状导致通州新城难以发挥促进城乡产业联动发展的节点作用。首先，新城自身发展缺乏产业支撑，经济增长缺乏动力，城市可持续发展能力不强。这样，一方面，通州新城难以承接中心城产业功能有疏解，反而由于纯粹的居住功能而产生就业与居住的分离，加剧交通压力；另一方面，低质低效的新城产业不能对周边镇村起到带动与引领作用，中心城—通州新城—周边镇村的产业发展彼此割裂，难以联动协调发展。

6.2.2.4 通州新城环境承载力低，成为新城建设和城乡一体化发展的制约因素

通州位于北京市的东南方向，作为下风下水的区域拥有天然劣势。空气质量方面，以二级和好于二级的天数一项指标为例，通州为 271 天，低于北京市全市平均水平的 286 天；河流水质方面，通州要建设"滨水宜居新城"尚困难重重，潮白河下游的通州段目前常年干涸，区内合流水源多为城市污水，水质基本上为劣 V 类；园林绿化方面，受其他建设用地挤压林业用地不足，目前通州林木绿化率仅为 23.9%，距离全市平均 54% 的水平尚有很大差距。

生态环境是新城综合承载力的重要组成部分，对于城乡人口的导入起着重要作用。因此，通州进一步的发展需要在充分发挥毗邻中心城区、交通便利的区位优势上，尽力克服目前区位带来的生态环境不佳的现状，摆脱这一新城建设和城乡一体化发展的制约因素。

6.2.2.5 城乡延续二元格局，通州新城对农村发展的带动作用有待提高

通州新城发展对周边农村有一定的带动作用。通过实施惠农政策，促进都市型现代农业和设施农业发展，在周边农村建成了一批农业观光示范园，规模以上农产品加工企业达到 31 家。通过新城发展带动农村劳动力转移，"十一五"期间，向第二、第三产业转移农村剩余劳动力累计达 4.6 万人，实现农民就业与收入双增长。

但是通州区城乡二元发展态势依然明显，城乡差距仍然较大，一些偏远的农村地区仍然以传统农业为主，农民收入较低。城市基础设施和公共服务亟须向农村延伸。目前，农村基础设施水平较低，路网不完善，缺乏综合管线等配套设施。城乡之间义务教育水平差距明显，农村学校办学条件差，骨干教师缺乏。医疗卫生资源主要布局在新城，农村地区具备一定规模和医疗水平的医疗机构极少，医疗服务能力缺乏❶。

---

❶ 王云峰. 关于通州区推进城乡经济社会发展一体化的调研. 北京农业职业学院学报，2009（4）：50-56.

6.2.3 城乡一体化视角下的通州新城发展思路

6.2.3.1 提升通州城乡公共服务和文化建设水平，提高社会承载力

（1）承接优质公共资源转移，提升公共服务水平。在继续承接中心城教育医疗资源以分支机构向新城转移的基础上，争取促成中心城优质教育和医疗机构向通州新城的整体搬迁，提升新城公共服务质量。在居住区、产业区和商务区等功能区根据人口数量和分布配置不同等级文化活动中心，包括图书馆、电影院、文化中心等设施。居住区中心区还应设置老年活动中心、青少年活动中心、影视中心、体育场等休闲娱乐健身设施，提升新城的文化品位。

（2）高标准建设生活配套服务设施，打造高水平社区。①大型商业设施配套。打造精品商业项目，规划建设商业街、商业广场或者商业中心。②社区配套服务。发展社区服务、教育文化、医疗配套、零售商业等，合理布局小型商业、餐饮、公寓配套设施。③建设敞开式道路、大型休闲广场、街心公园及居民娱乐的文体设施。

（3）建设不同档次的居住用房。面向企业高层管理人员，在沿运河、公园等风景优美的地方建设若干高档别墅和高级公寓；面向在新城工作的白领和年轻员工，建设一批人才公寓、青年公寓；规划建设一批"三限房"，以在通州新城工作的普通员工为销售对象，并以配额方式分配给入驻企业。

（4）完善市政基础设施。改造现有污水处理厂，提高污水处理标准，全部改建成中水厂。实施通州段引温济潮工程，修建若干橡胶坝，留住宝贵的水资源。在新城的基础设施建设中，政府应出资统筹考虑再生水利用设施建设，建设收集雨水设施，实施雨水和污水分流；通过政府补贴强制推行使用节水设备；推广建筑节能，鼓励使用清洁能源和新能源。将通州新城打造为生态友好和资源节约的示范城区。

（5）推动基础设施和公共服务向农村地区延伸。通州产业园区在区内分布较广，可以将完善产业园区的基础设施和公共服务作为突破口，在满足园区需求之后以产业园为基地向周边农村延伸市政管线和道路网络，帮助提升乡镇的基建水平，逐步实现园镇对接，提高基础设施使用效率。同样可以以产业园为区域的公共服务次级中心来配置公共设施，建立起园区和乡镇在公共服务上的共建共享机制，实现教育、卫生、科技以及文化等方面的资源共享，服务周边农村地区。在治安、联保上实行园村联动，加强群防群治网络建设，形成"治保、调解、普

法、帮教、巡逻、消防"六位一体的社区治安防范网络。在边远农村地区推行基本公共服务均等化建设。

6.2.3.2 营造环境优美、健康宜居的新城生态环境

生态环境是通州新城的弱势领域，加强生态环境建设，提升城市形象，有助于通州新城集聚城乡人口，实现可持续发展。①树立"自然、人文、生态"理念，以公路、铁路、河渠、堤坝沿线为重点，实施绿化美化工程，形成空气清新、错落有致的绿化造景；②推进温榆河、北运河整治、郊野公园等重大生态项目，形成整体与运河文化相适应的生态城市；③重点加强主干道的绿化和公园广场绿化，提高壁富路建设标准、改造京通路，使这两条道路成为与中心城相连的景观大道，提升新城形象；④建设开放型带状公园绿地；⑤设计一些水系景观建设，构建绿地、水系相结合的生态网络；⑥减少城市建设和产业发展对生态环境的破坏⑦积极推行节能建筑和绿色建筑，组织实施重大资源节约与综合利用示范工程，如太阳能光伏建筑一体化、LED 路灯照明工程；⑧落实新理念，建设生态城市；⑨坚持"以人为本、倡导科技、绿色环保"的规划设计理念，把工业发展与环境保护紧密结合起来；⑩有效控制和治理工业污染，抓好重大污染处理项目的建设，减少和避免对环境和生态的破坏；⑪鼓励企业采用资源节约型生产工艺，优化生产、清洁生产，鼓励节能减排，构建低消耗、低污染的生态生产体系。

6.2.3.3 推动产业升级，提升经济承载力

通州新城以居住功能为主的现状是其不能发挥城乡一体化节点作用的主要原因，因此，促进产业升级，完善城市产业功能，是通州新城可持续发展的任务。围绕打造"国际精品通州园"和"京东产业新区"的通州区总体定位，把握通州现代化国际新城和中关村自主创新示范区建设机遇，充分发挥地处北京东部发展带和京津冀门户的区位优势，立足现有"一区七园"的产业基础，通过产业转型升级，空间布局优化，为建设通州现代化国际新城提供强大的支撑。

综合考虑通州产业基础和北京市产业发展方向，确定通州新城产业转型升级的方向。①以文化创意、商务服务和现代物流等现代服务业为主导产业，提升服务业竞争能力；②促进现代制造、汽车零部件等制造业集聚，发展高端制造业；③积极培育清洁技术、电子商务等新兴产业；④吸引各类企业总部入驻，重点打造总部经济，形成"以总部经济为核心，四大产业集群为支柱，新兴产业为增长

点"的产业格局❶。通州新城产业升级路径如图 6-12 所示。

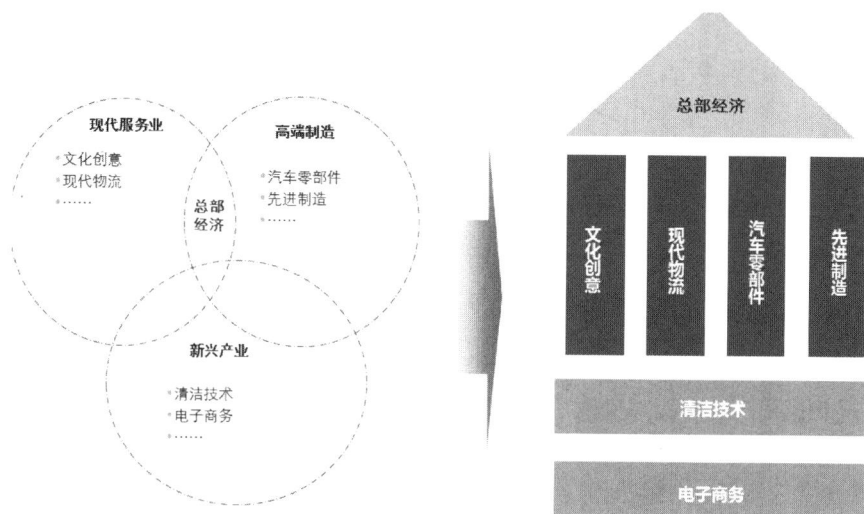

图 6-12 通州新城产业升级路径

（1）根据"国际精品通州园"的建设目标，重点吸引中心城和环渤海地区总部向通州转移，将通州园建成与 CBD 衔接的京东总部经济新区，促进生产性服务业的同步发展，引进总部类型主要包括都市型产业、现代物流产业、电子商务、先进制造和文化创意总部。通州总部经济发展设想如图 6-13 所示。

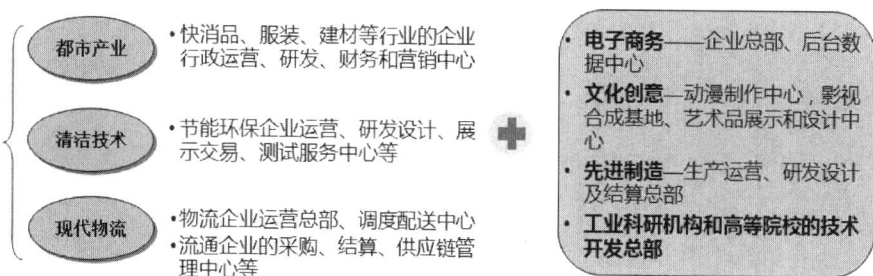

图 6-13 通州总部经济发展构想

（2）以文化创意、商务服务和现代物流为主导方向发展生产性服务业，承接中心城服务功能。①文化创意产业在全球范围内成为引领国家创新和发展的新力量。通州新城宋庄艺术集聚区的原创艺术资源，是通州文化创意产业的发展核

---

❶ 长城战略咨询，通州园区"十二五"发展规划研究，百度文库。

心。充分利用原创艺术这一稀缺资源，以视觉艺术产业为核心，通过视觉艺术产品和资源的产业化经营，延伸发展动漫网游、创意设计和文化影视行业，并带动相关的商贸、休闲旅游等产业同步发展，将宋庄打造成为国内一流、世界闻名的文化聚集区。②发展商务服务业，为总部经济和高端制造业提供配套服务。建设现代综合商务中心，打造高品质商务办公空间，为企业提供各种设施和服务，在商务区内合理布局金融服务、储蓄、证券交易等金融商务机构，引入会展、金融、会计、律师、管理咨询等中介机构，以及行业协会，并通过政府牵线搭桥促成中介机构和企业的合作，推动行业协会发展，成为总部办公、高科技商务服务中心。建设一批中高档商务配套设施，包括会展中心、星级酒店、精品商场、体育休闲中心及高档会所等。③随着服务领域的细分，专业物流逐渐成为未来发展热点。专业物流包括医药物流、快消品物流、汽车物流、家用电器物流等多种业态，另外，从现代物流的发展趋势来看，第四方物流已逐渐成型，成为第三方物流后的主流业态通州物流基地是北京市重点建设的物流基地之一，但产业模式较为单一，以公路运输为主，与铁路、航空、海运的联动较少，且第三方物流发展水平较低，缺乏国际龙头企业的带动。未来应充分利用朝阳口岸迁入的优势条件，结合通州都市产业较为发达的现状，以专业的医药物流和快消品物流为核心，以第四方物流为重点培育对象，坚持与周边物流基地错位发展的原则，打造完善的现代物流产业链。发展"物流+总部""物流+口岸"和"物流+商贸"等模式。

（3）在新城周边发展高端现代制造业，并与镇村产业联动发展。整合利用北京市尤其是中关村先进制造领域的科技研发资源，积极承接数控机床、环保仪器仪表等细分领域的产业化项目，同时对接汽车零部件、都市产业、清洁技术等园区未来重点发展产业的需求，建设北京新兴的先进制造基地，并向新城之外延伸产业链，带动农村地区产业共同发展。利用北汽数控大项目入驻的有利契机，围绕发动机、变速器、车身等核心部件积极引进上下游配套企业，与周边中小企业协作，构建较为完整的汽车零部件产业链和专业园，建设成为北京新兴的汽车零部件产业基地；充分发挥周边镇村京津冀走廊的区位优势和土地资源充裕优势，积极引进先进制造大项目，并承接中关村先进制造产业资源转移，对接科研院所产业化项目，打造先进制造基地，同时推动存量先进制造企业的升级改造，带动整个产业链的提升。

（4）引入中心城的清洁技术、电子商务等新兴产业，形成新城新的经济增长点。北京清洁技术产业以中关村科技园区为主要发展阵地，已经成为继通信设备之后的第二大产业，是未来发展新的经济增长点。通州新城应主动与中关村清洁技术产业协作配套，以节能和环保产业为引领，太阳能光伏、绿色电池和 LED 照明等新兴产业为支撑，以综合应用示范工程为带动，推动能源环保总部经济和相关研发服务业的发展，使通州园区成为北京市清洁技术产业研发创新高地和产业集聚区。另外，北京市将全市电子商务产业的发展布局在通州区，利用通州区建设"中国国际电子商务示范基地"的契机，利用现有的卓越亚马逊、中国国际电子商务中心、深圳华强电子网城等龙头企业的带动，吸引相关中小企业落户，积极承接中关村第二代电子商务企业的转移和溢出，联合通州商务园共同打造中国电子商务示范基地。

6.2.3.4 促进城乡产业联动发展和土地共同开发

（1）促进新城与周边镇村产业联动发展，吸纳农民向第二、第三产业转移就业。新城及各个园区在投资环境、管理体制、产业聚集、人才等方面已经形成不可替代的优势，需加强新城和产业园区对乡镇的辐射带动作用，相互支撑，形成产业互助式发展，例如：新城及园区与乡镇开展联合招商，委托招商，促使产业园区与乡镇产业形成配套；向周边乡镇延伸配套型产业，引导镇域内企业承接部分产业转移，与新城园区产业形成互动发展；加大在资金、人才等方面对乡镇中小企业的支持力度；制定对农村就业人口的用工保障制度，组织实施农村劳动力转移培训，协助新城及园区企业和乡镇建立长期用工联系；充分发挥新城和产业园区服务业大量创造就业的优势，重点开发养老服务、医护服务、残疾人居家服务、物业服务、廉租房配套服务等社区服务岗位，解决农村富余劳动力的就业问题。

（2）探索合理利用周边乡镇土地的方式，促进城乡生产要素有序流动。例如：产业园区与乡镇合作开发镇域范围内土地，拓展产业发展空间；建立城乡建设用地使用权交易平台，引导农村建设用地以市场价格出售并有序流转，促进城乡建设用地的市场化配置等。

6.3　生态新城发展研究——以密云为例

6.3.1 密云新城发展现状

6.3.1.1 规划定位

（1）密云新城位于北京市东北部，距离北京市区 65km，有"京师锁钥"之称。密云是北京市中面积最大的区县，其总面积达 2229.45km²，占全市的 13.6%。不过密云县地形为山多水多地少，其山区面积达 1771.75km²，占全县的 79.5%；水面积 194.3km²，占 8.7%；平原面积仅为 263.4km²，占全县的 11.8%。密云县总地形为三面环山，中部低缓，西南开口的簸箕形，东、北、西三面群山环绕，西南是冲积平原，中部是密云水库，密云水库是华北地区最大的水库，也是北京市的重要水源地，长期以来，密云水库一直承担着向首都提供生产和生活用水的职能。

（2）《密云新城总体规划 2005—2020》对密云新城的规划定位是"交通便捷、基础设施完备的宜居新城；环境优美、山水景观独特的生态新城；经济发达、人民生活富裕的科技新城"。

（3）密云是北京生态涵养发展区及北京生态屏障和水源保护地。2020 年密云新城规划人口规模为 35 万人。2020 年密云新城建设用地规模控制在 40km²，人均建设用地控制在 115m² 以内。城市主要向南、向西发展，预留铁路以西的城市发展空间，以利于城市的集约发展和塑造山、水、城相融的景观环境。

6.3.1.2 经济发展现状

（1）2011 年密云县实现地区生产总值 162 亿元，三次产业结构为 11.1：46.1：42.8。按常住人口计算，全县人均地区生产总值达到 34513 元（按年平均汇率折合 5343 美元）。图 6-14 为 2006 年—2011 年密云地区生产总值及增长情况。除 2009 年之外，密云经济增长速度均保持在 10% 以上，2010 年最高为 18.3%。

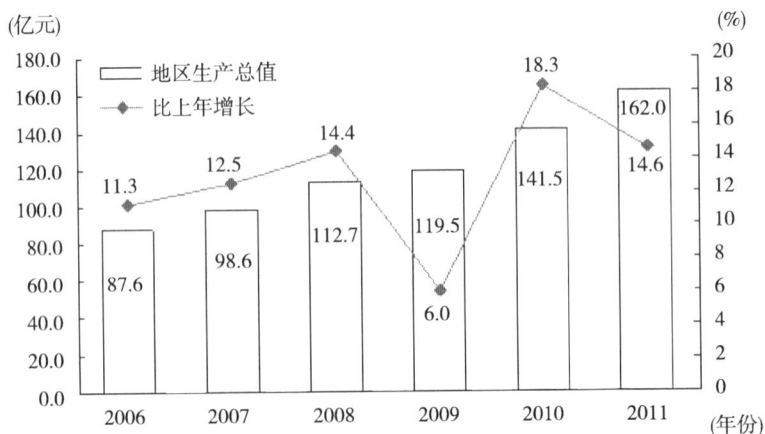

图 6-14 2006 年—2011 年密云县地区生产总值及其增长速度

密云县两大功能区为密云水库北生态涵养区和密云水库南城镇产业发展区，其中库南区是产业和人口的主要集聚地。

（2）密云县第二产业的三大支柱产业为交通运输设备制造业、黑色金属矿采选业和饮料制造业。近年来工业产值增速始终保持在20%左右，2011年工业总产值231亿元。共有工业企业681家，其中规模以上企业117家，占比17%。规模以上工业完成工业总产值206亿元，占比为89%。规模以上工业所属的22个大行业中，工业总产值超过10亿的行业达到7个，这七大行业共完成规模以上工业产值的比重达84.1%。其中，交通运输设备制造业为第一大行业，2011年完成工业总产值70.8亿元，占比36%，其中北汽福田北京汽车制造厂对该行业增长的贡献率达50.8%；黑色金属矿采选业完成工业总产值29.1亿元，占比15%；饮料制造业完成工业总产值24.2亿元，占比13%。2011年密云县规模以上工业行业占比情况如图6-15所示。

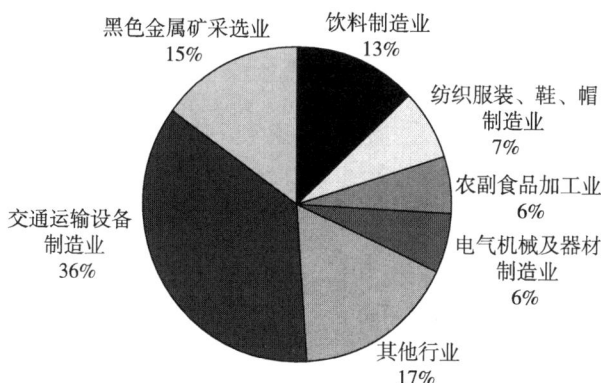

图6-15 2011年密云县规模以上工业行业占比情况

从产业布局来看，密云县的工业发展格局是以密云经济开发区为主，以7个乡镇农民就业基地为辅。工业企业主要集中在密云经济开发区。2011年开发区完成工业产值128.6亿元，占全县工业产值的55.7%，对全县工业增长的贡献率达70.3%；另外7个农民就业产业基地完成工业产值49.7亿元，对全县工业增长的贡献率为17.9%。开发区工业行业中企业数量最多的是交通运输设备制造业，规模以上企业为17家，这17家企业完成工业总产值达69.8亿元，占开发区规模以上工业产值比重为55.6%，占全部交通运输设备制造业比重为98.6%。

（3）密云县第三产业发展情况。房地产业是密云第三产业中最大的一个行业，占比 21.4%，如图 6-16 所示；社会事业包括科教文卫环境社保等总共占比 25.8%；传统的批发零售和餐饮等生活服务业占 18.4%，金融、商务等现代服务业仅占 13.7%。

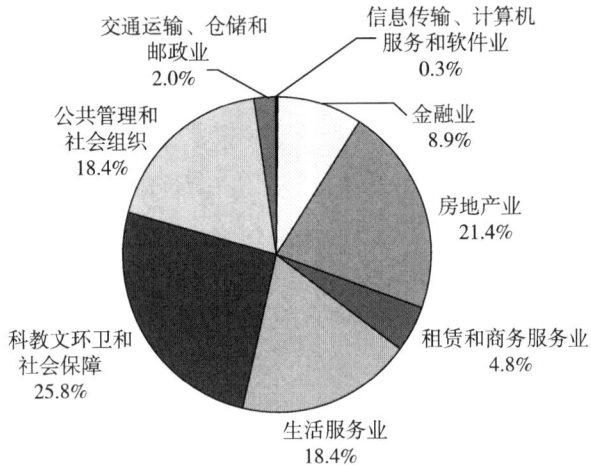

图 6-16　2011 年密云县第三产业行业构成

6.3.1.3 社会发展现状

2011 年密云常住人口 47.1 万人，常住人口密度为 212 人/km²。其中，常住外来人口 7 万人，占常住人口的比重为 14.9%。在常住人口中，城镇人口 26 万人，占常住人口的 55.2%。女性人口 23.2 万人，占常住人口的 49.3%。户籍人口 42.9 万人，其中农业人口 25.6 万人；非农业人口 17.3 万人。农村城市化率为 40%。

(1) 人均收入方面。密云城镇居民人均可支配收入 2011 年为 26652 元，年均增长 9.2%，恩格尔系数 0.3；农村居民人均纯收入 12924 元，年均增长 10.5%，恩格尔系数为 33.3%。

(2) 社会保障。建立"新农保"制度，福利养老金制度实现城乡一体化，新型农村合作医疗参合率、农村社会养老保险覆盖率居全市前列。人均养老金水平为 1876 元。年末全县福利中心 24 个，床位 2601 张，收养人员 1589 人。全县享受城镇最低生活保障的人数为 1353 人，享受农村最低生活保障的人数为 9715 人。

(3) 社会事业方面。①推进"首都农村教育现代化试验区"建设，获得全国义务教育均衡发展工作先进地区称号。全县共有大专院校 1 所，在校生 1652 人，本年毕业生 587 人；普通中学 22 所，在校生 18391 人，本年毕业生 6408 人；中等职业中学 2 所，在校生 3279 人，本年毕业生 891 人；小学 40 所，在校生 19643 人，本年毕业生 3625 人；幼儿园 60 所，在园幼儿 10065 人；聋哑学校 1 所，在校学生 144 人。②三级医疗卫生服务网络基本形成，基本医疗和公共卫生服务水平显著提高。年末共有卫生机构 672 个，其中医院 5 个、社区卫生服务中心（站）46 个、专科疾病防治院（所、站）2 个；共有床位 1440 张，执业（助理）医师 1372 人，注册护士 959 人。③科技创新体系和新型农村科技服务体系进一步完善，获得全国科技进步县称号。2011 年专利申请量 188 件，授权量 110 件。④文化事业蓬勃发展，获得全国文化先进县称号。共有公共图书馆 1 个，总藏量 58.67 万册，比上年增加 11.17 万册；新华书店 1 个，直属营业点 4 个，全年发行图书 75 万册。全县有文化馆 1 个，文化中心 20 个，组织文化演出 2129 场，观众达 37.57 万人次。县级影剧院 1 个，全年共放映电影 1110 场，戏曲文艺演出 92 场。⑤全民健身服务体系更加完善，获得全国群众体育先进县称号。年末全县共有体育场馆 33 个；全年共举办全民健身活动 30 次，参加活动人数达 7.5 万人。

6.3.1.4 城市建设现状

2011 年密云新城人口 4.5 万人。2020 年密云新城规划人口 35 万人。

密云新城总体空间规划布局为"一心、两带、三片区"。其中"一心"指的是潮河与白河交汇处的生态绿心和城市中心；"两带"指的是沿潮河、白河布置的滨水绿化带和休闲度假服务设施带；"三片区"指的是以潮河、白河和潮白河为分界线形成的东片区、南片区和西片区。

（1）密云新城建设持续推进，建成区面积逐步增长，基础设施建设力度加大，城市功能逐步完善。建成 220kV 变电站 1 座，110kV 变电站 2 座。新城集中供热系统基本形成，地表水厂完成选址，天然气管网加密工程取得进展。滨河路、水源路、兴盛南路、新南路等道路建成通车，冯四路一期、101 国道绕城线一期等道路工程基本完工，西统路、司曹路一期、密关路等道路工程相继开工。2010 年底，县域公路通车里程 2021km，城市道路总长度 141km，形成以新城为核心、以京承高速公路和 101 国道为主干线、以环湖路为衔接的公路网格局。

（2）密云新城生态建设具有战略地位，同时是新城的核心竞争力。目前已建成新城再生水厂 1 座，潮河、白河新城段综合治理完成，新城万亩滨河森林公园建设全面开工。垃圾综合处理中心完成可研批复。2010 年，新城建成区人均绿地面积 18.32m²，空气质量二级以上天数占 81.1%，被确定为全国首批生态文明建设试点地区。生态环境质量居北京市各区县之首。

6.3.2 城乡一体化视角下的密云新城发展评价

6.3.2.1 密云新城位于第二圈层，基本不承担分流中心城的作用

密云新城为第二圈层新城，位于北京城镇体系的外环，与中心城距离较远。中心城生产要素向外转移的空间顺序依次为中心城边缘—第一圈层新城—第二圈层新城。相对第一圈层新城来说，第二圈层新城普遍存在城市化起步晚，发展基础薄弱，集聚产业、资金和人口等要素的能力较弱的特点，同时第二圈层新城由于生态屏障的城市功能，产业准入标准更为严格。因此，密云新城基本没有承担疏解中心城要素的功能。

与之相反，在北京市域空间内，密云属于生产要素向外扩散的区域。以人口为例，密云新城是户籍人口市内净迁出地区，2006 年—2010 年年均净迁出户籍人口 1352 人。图 6-17 显示了近年来由密云迁入市内其他区县的户籍人口。

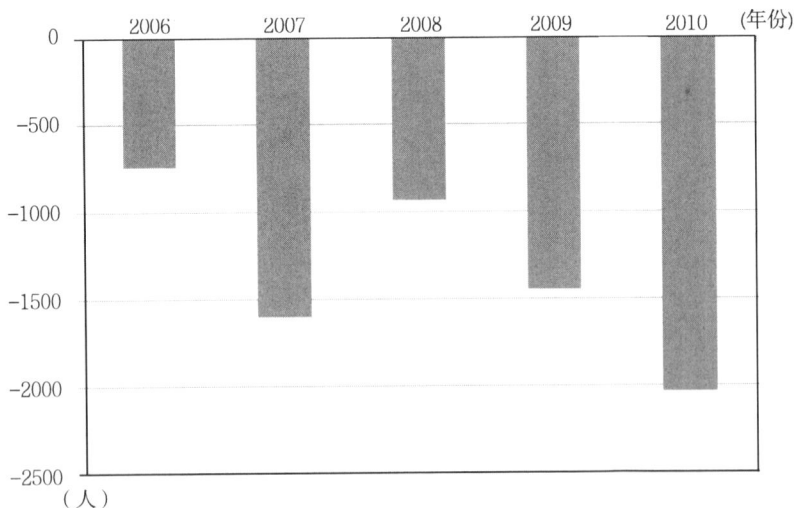

图 6-17　2006 年—2010 年密云市内净迁移人口情况

6.3.2.2 密云新城规模小，社会承载力弱，区域中心的功能有待增强

密云新城主要承担区域政治文化服务中心的职能，而非疏解中心城的职能。密云总面积达 2229.45km²，占北京市的 13.6%，是面积最大的区县；且山多地

少，其山区面积达 1771.75km²，占全县面积的 80%。同时，密云是个农业大县，农业人口基数大，总计 25.6 万人，占全县人口的 60%。密云新城定位于区域中心，服务于面积最大农业人口众多的密云县，同时辐射周边省市。

但是，密云新城综合承载力较低，其作为区域服务中心的辐射带动作用有待提高。5.1 节中新城综合承载力的分析结果表明，密云新城承载力较低，在 10 个新城中排名倒数第三，仅略高于门头沟和延庆新城。

尽管新城规划实施以来，密云新城的基础设施和公共服务能力得到明显提升，但相对于城乡居民对教育、医疗卫生、文化体育、社会保障等公共服务日益增长的需求，相对于营造优良发展环境、吸引高端人才聚集的要求，社会公共服务设施建设和社会公共服务能力仍显不足，社会管理体制机制仍需健全。

密云新城基础设施尚不健全，主要表现在天然气资源的普及率不高、污水和垃圾处理设施不足等方面。新城管道天然气资源不足，密度较低，城市居民使用天然气的比例不高。新城的生活垃圾无害化处理率为 93%，城市生活污水集中处理率为 97%，均低于中心城水平。由于生活污水和垃圾处理设施的不健全，新城在生态环境方面的优势被弱化。

密云新城公共服务水平不高，尤其是缺乏优质公共服务资源。密云新城社会发展主成分分析得分为 −1.07，在 10 个新城中仅高于延庆。公共服务资源尤其匮乏，目前尚无三级甲等医院，示范高中也仅有一个。

落后的基础设施和公共服务水平一方面降低新城综合竞争力，制约新城发展；另一方面，难以为周边镇村提供高水平的服务，提升区域发展水平。

6.3.2.3 经济承载力低，不能支撑生态新城建设和带动周边地区发展

密云新城仅有人口 4.5 万人，地区生产总值低，仅为 162 亿元，不到全市经济总量的 1%。经济总量标准分在十个新城中倒数第三。

密云产业结构层次较低，三次产业结构比例为 11.1∶46.1∶42.8。

密云第二、第三产业并没有体现生态友好型的产业发展特征，且存在结构落后、过度依赖龙头企业的问题，对生态新城的支撑作用不够。密云第二产业的三大支柱产业为交通运输设备制造业、黑色金属矿采选业和饮料制造业。这三个行业均不属于低能耗、低排放的生态友好型产业，不符合生态屏障的新城功能定位，并且产业发展与税收高度依赖北汽福田等龙头企业，经济发展的风险较大。而第三产业房地产经济特征明显，生产性服务业发展尚处起步阶段，比重较低。密云第二、第三产业发展对构建生态新城的支撑作用不足。

密云新城产业发展弱质的现状造成其对周边地区带动作用不强。密云新城经济发展要素集聚尚不充分，核心产业规模效应尚未显现，由于密云新城非农产业发展弱质，难以解决周边农村富余劳动力就业问题，也不能为新城基础设施和公共事业发展提供资金支持。密云新城产业布局高度集中在县级经济开发区，开发区与周边农村就业基地产业关联不大，未形成产业联动发展机制。

6.3.3 城乡一体化视角下的密云新城发展思路

以功能定位为指引，以产业发展为支撑，以基础设施建设为突破口，以城镇管理水平提升为保障，做大做强密云新城核心区。探索城乡联动发展机制，支持重点镇发展，形成新城与周边镇村协调发展的格局。

6.3.3.1 突出生态特色，建设一流生态新城

密云新城具备良好的生态本底，有条件建设格调优美、特色突出、富有文化韵味的一流生态新城，成为"绿色国际休闲之都"。

（1）以建设绿色低碳高端商务区为契机，高起点规划，高标准设计，高水平建设，将密云新城打造成为高品位环境、高端化产业和高档次设施的北方山水生态名城。

（2）建设特色绿色景观。构筑"一环、一心、两带、多点"的网络状绿化体系，在重点街区更新树木品种，突出特色，打造精品绿色景观，使城市景观风貌与"绿色国际休闲之都"定位相协调。

6.3.3.2 完善基础设施和公共服务，提升社会承载力

（1）加强新城道路、雨洪管网等基础设施和居民生活服务设施的建设，完善城市功能，增强新城对人口和产业的容量。加快中心城区内遗留片区、密云镇河西6村、西大桥等城中村改造，完成行宫小区、车站路南社区、果园西里社区等老旧居民小区改造。强化城市对产业的带动作用，加快新城旅游服务设施配套，结合绿色低碳高端商务区的打造，建设时尚优雅的购物餐饮、文化娱乐、酒店公寓等设施。

（2）引进优质教育和医疗资源，完成北京161中学密云分校和皇城根小学密云分校建设项目，启动与北京市区名校合作办学工作，努力缩小城乡办学水平差距。深化与北京师范大学等高校合作机制，积极开展农村基础教育现代化实验区建设。争取引入三甲医院分支机构，采取合作办医、专家定期坐诊等多种方式，

有效利用中心城区优质医疗卫生资源，提高区域医疗服务水平。制定优惠措施引进优秀教师和医护人才，并使其安居乐业。通过软硬件的共同建设，提升服务区域的水平。

（3）完善文化体育等公共服务设施，提高居民生活品质。建设以文化馆、图书馆、博物馆、文化活动中心为主的新城文化核心区，建设覆盖城乡、惠及全民的公共文化服务体系，重点培育"北京国际生态文化节"等知名文化活动品牌。在新城建设包括体育场、体育馆、游泳馆在内的体育中心。整合现有小区闲置用地，建设社区居民和职工健身场所，促进公共体育设施和体育场所向社会开放，改善居民健身活动条件。

（4）构建网格化、精细化、智能化社会服务管理体系，实现社会服务管理城乡全覆盖。推进网格化管理从城市设施管理向社会管理的转变，从城市向农村延伸。以服务为突破口，寓管理于服务之中，实现服务管理精细化和效能化。推进城乡社区规范化建设。构建社区治理新模式，努力建设服务功能完善、管理手段科学、人际关系和谐、公众参与广泛的新型社区。建立"社区居委会、主管部门、业主委员会、物业企业"四位一体的物业管理新模式，提高社区物业管理水平。

6.3.3.3 发展生态友好型产业，提升经济承载力

根据密云新城"绿色国际休闲之都"和"北方山水生态名城"的发展定位与城市特点，结合密云新城现有产业基础，提出建设以高端休闲旅游业、绿色现代服务业和环境友好型制造业为主导、"三轮驱动"的产业体系。

（1）优先发展高端休闲旅游业，推动旅游产业升级。建设以人文休闲为主的潮河产业带和以自然休闲为主的白河产业带，突出特色、培育精品，建设生态一流、设施一流、服务一流，具有国际水准的休闲旅游目的地，全面推动旅游业由中低端向高端转变，由单一发展向区域联动转变。打造高端项目，促进"密云国际绿色休闲旅游产业综合示范区"建设。加快古北水镇项目、龙湾水乡国际旅游休闲度假区项目、港中旅房车小镇房车营地项目三大旅游项目建设，尽快启动云蒙山风景名胜区综合开发项目。通过古北水镇项目打造历史和文化展示功能突出，集观光游览、休闲度假、商务会展、文化创意为一体的国际旅游综合目的地。通过龙湾水乡国际旅游休闲度假区项目打造集高端旅游产业、高端健康产业、高端休闲购物为一体的国际休闲旅游度假区。通过港中旅房车小镇房车营地项目建设，推动房车郊游新型旅游业态发展，创造都市人全新休闲体验生活方式。通过打造旅游行业"旗舰"，推动旅游产业升级和规模化发展，建设"密云

国际绿色休闲旅游产业综合示范区"。着力改善旅游环境，逐步建立和完善旅游公共服务体系。打造国际水准的旅游产品和品牌，将密云建成以长城文化和原生态山水文化为核心资源，以精致乡村生活体验为特征，以养生度假、文化休闲为重要内容的高端休闲旅游目的地，使休闲旅游业成为与其他产业紧密融合的战略性支柱产业。

（2）加快发展现代服务业，提升服务业水平。结合产业发展需要，积极引进金融保险、现代物流、印刷包装、咨询中介、研发设计等生产性服务业，为县域企业发展提供优质服务；以北京数字信息产业基地为平台发展信息服务业，引进规模效益高、核心竞争力强的电子商务总部、高端数据服务、云计算及物联网等新兴信息技术企业；依托县域独有的生态资源优势和丰富的旅游资源，引进社会资本和医疗资源，积极发展休闲疗养、健身康体、养老服务、心理保健等产业；突出发展特色休闲商业，升级改造现有特色餐饮购物街，在潮白河沿岸规划建设具有现代风情的亲水酒吧餐饮特色街。结合旅游重大项目及商务区规划，加强商业跟进，建设休闲特色突出、方便广大游客及城乡居民消费的商业新区。健全商业服务体系，规划建设现代化购物中心街区，提高新城商业档次；以连锁配送中心和连锁信息系统建设为重点，构建适应区域特点、满足城乡居民需求的连锁商业网络服务体系。优化升级生活服务业，鼓励发展居民需要的托幼养老、社区服务、餐饮娱乐等各类服务业，缩小新城与北京城市中心区的生活环境差距。

（3）发展绿色总部经济。以建设区域绿色低碳高端商务区为载体，加快总部经济发展，引领密云经济实现跨越式发展。突出特色化、差异化，重点引进研发型、生态型、创意型企业总部。以绿色为特征，以国际为水准，坚持高标准规划、高质量建设、高水平管理，建设环境宜人、交通便捷、特色突出、功能多元、具有较强发展活力和吸引力、现代化与自然生态和谐交融的总部基地，为总部企业提供优雅舒适的办公环境和便捷、高效、优质、专业化、全方位的服务，打造立足北京、面向全国的区域绿色低碳高端商务区。

（4）适度发展环境友好型工业。以北汽福田项目建设为龙头，积极培育和引进汽车电子、发动机配件等技术含量高、附加值高的汽车零部件制造企业，打造以北汽福田为核心的汽车产业链条。充分发挥北新建材项目带动作用，全面推进绿色建材产业集聚，发展壮大新型建筑材料制造业。以北京数字信息产业基地建设为契机，引进一批高端电子通信设备制造企业，带动现有电子信息企业产品升级和扩建，促进信息产业规模提升。做大做强绿色食品制造业，吸引国际国内著名食品企业。加快发展服装加工业，延伸服装产业链条，打造企业自主品牌，提升附加值。

（5）按照"转变方式、主动融合、突出重点、形成特色"的思路，建设平原"双高"农业集聚区。依托平原土地资源优势，以提高农业现代化生产和加工水平为重点，着力发展深精加工精品农业。以港佳控股天福号农庄项目为带动，引进农产品研发加工项目。发展农业物流，打造华北地区知名农产品集散地。

（6）建设山区精品生态农业集聚区。利用浅山资源优势，巩固、提升特色林果产业。挖掘密云水库有机鱼、密云甘栗、黄土坎鸭梨、云岫苹果、红肖梨和御皇李子等独特资源优势，通过市场化运作扩大规模、提高附加值、提升品牌影响力。

（7）打造休闲农业集聚区。大力发展观光休闲农业，着力打造首都现代农业融合发展示范区。沿 101 国道和京承高速公路打造自然山水与田园风光相交融的农业观光带，大力发展生态效益、景观效果、经济收入俱佳的景观农业。积极推进沟域经济开发，整合雾灵香谷、云蒙风情大道等 9 条沟域资源，打造沟域经济发展带。建设首都葡萄产业综合发展示范区，扩大巨各庄、穆家裕、太师屯等镇的葡萄种植基地规模，建设规模化的红酒产业基地。

6.3.3.4 探索城乡联动发展机制，带动周边农村地区发展

（1）新城绿色低碳工业产业链向周边地区延伸，推进休闲旅游业、农产品加工业与现代农业的融合发展，带动农业增效和农民增收。进一步加大对农业科技、农业担保、农业保险、农产品市场开发和农民专业合作社的支持力度，构建完整的农业发展保障体系。

（2）提升农民就业产业基地产业层次和非水源保护区中的产业园区开发。改造升级农民就业产业基地，通过一批重点项目落地、现有企业产能扩张、资产盘活等方式，带动重点镇经济发展和农民增收。坚持规划先行，科学发展，高标准、高起点制定非水源保护区中的产业园区发展规划，引进一批现代制造业、都市工业和县经济开发区产业配套项目。

（3）积极探索农村土地流转、医疗、社保、就业等方面的城乡联动发展机制。①创新农村土地流转机制。有偿转让宅基地，以土地流转促进土农业规模经营。②改革城乡就业制度，加强农村劳动力的培训与转移。③探索城乡社保衔接办法。

（4）统筹配置城乡医疗教育文化等社会公共服务资源，在农村推行基本公共服务标准化建设。

（5）完善干部教师岗位交流制度，实施"名师"和"名校长"培养计划，全面提高教师队伍素质。围绕产业发展，提升职业教育水平。加强劳动力就业培训，围绕主导产业开展定向培训。加大农民培训力度，培养多类型农村实用人才。

（6）完善卫生服务体系。以深化医药卫生体制改革为契机，以满足居民健康需求为导向，建立适应县情、覆盖城乡、功能完善的公共卫生服务、医疗服务、医疗保障和药品供应保障体系，尽快形成利于群众及时就医、安全用药、合理负担的制度。以县级医疗卫生机构为龙头、镇卫生院为骨干、村级卫生服务机构为基础，完善县、镇、村三级医疗服务网络建设。完成县医院和精神卫生保健院迁址新建、结核病防治所置换和中医院易址工程。加强村级医疗机构建设，力争实现村级卫生机构全覆盖。加强中医医疗保健服务网络建设，构建中医保健服务体系。基本实现"小病不出村、常见病不出镇、大病不出县"。强化公共卫生建设，有效控制传染病流行，做好慢性病规范化管理、职业病防治和妇幼卫生保健工作。加强全民健康教育，倡导健康生活方式。提高突发公共卫生事件应急反应和医疗救治能力，完善卫生执法监督体系建设。

6.4 三类新城发展模式小结

三类新城自身发展各有特点，在城乡一体化进程中的作用也不相同，因此宜分类推进，选择不同的发展目标和模式，见表6-5。

6.4.1 产业新城

产业新城经济承载力相对最高，但是社会承载力极弱，使其城市功能不完善，也导致经济承载力难以持续提高。产业新城由于高水平第二产业发展具有相对较高的经济承载力，承接了中心城生产制造功能的疏解，吸纳了周边农村剩余劳动力；但是，其社会承载力极低，生产生活配套设施严重不足，难以满足居民生活需求，阻碍了核心城市功能的疏解；产业新城与周边地区产业发展联系薄弱，延续城乡二元发展态势。所以，产业新城以产城互动，完善城市功能为主要目标，实现路径包括提升社会承载力完善公共服务和配套设施；承接和培育研发咨询等生产服务业与制造业融合发展，提升经济承载力；城乡要素双向有序流动；带动周边产业来实现与周边农村地区联动发展。

表 6-5　基于城乡一体化的三类新城发展模式

	产业新城	居住新城	生态新城
现状特征	第二产业发展水平高；社会承载力极低，生产生活配套设施不足	城市规模大，基础设施和居住配套设施完善；经济承载力极低，产业小而散、水平低	高质量的生态环境；产业规模小、层次低，经济承载力低；城市规模小，社会承载力弱
发展评价	疏解中心城生产制造功能，兼有部分居住人口；吸纳周边农村劳动力，但与周边产业联系薄弱；城乡二元发展	疏解中心城居住功能，兼有少量第二产业；产业发展滞后，难以促进城乡产业联动发展；城乡二元发展	基本不承担中心城疏解；产业、公共服务和基础设施水平低，支撑新城建设和带动周边地区发展的作用弱
目标导向	产城互动，提升社会承载力	发挥人口规模优势，提升社会承载力，变居住次中心为生活和服务次中心	提升社会承载力，打造高水平区域中心
实现路径	承接和培育研发咨询等生产服务业，制造业与服务业融合发展；完善公共服务和配套文化设施；带动周边产业联动发展；城乡要素双向有序流动	提升公共服务、文化和宜居水平；发展总部经济，大力吸纳文化创意、商务办公等中心城第三产业；升级调整第二产业，促进城乡产业联动发展；城乡要素双向流动	突出生态特色；提高基础设施和公共服务水平；发展生态友好型产业，提升产业层级；成为区域经济与服务中心，带动周边农村地区发展

6.4.2 居住新城

居住新城社会承载力相对较高，但远未达到中心城水平，经济承载力极低。

居住新城人口规模大，基础设施和居住配套设施比较完善，主要承担了中心城的居住功能疏解。经济承载力极低，房地产一业独大，其他产业规模小、布局分散、发展水平很低，难以承担城乡一体化中间节点的作用。居住新城发展目标为发挥人口规模优势，通过优化公共服务、发展现代生活服务业以及提高生态环境水平使居民首先留在新城"生活"和消费，进而集聚其他生产要素，公司总部和文化创意、商务办公等中心城第三产业，变居住次中心为生活次中心及服务次中心。还能促进第二产业调整升级，城乡产业联动发展。

6.4.3 生态新城

生态新城具备高质量的生态环境，但经济和社会承载力都很低。由于距离中心城较远，基本没有承接中心城功能疏解转移，产业与城市均呈现规模小、发展水平低的特征，难以服务带动周边广大农村地区。因此，生态新城的目标导向为高水平区域中心。在保障生态功能的基础上，通过提高基础设施和公共服务水平来提升社会承载力、发展生态友好型产业提升经济承载力来成为区域经济与服务中心，带动周边农村地区发展。

尽管三类新城发展各有特点，但具有两大共同特征：①问题根源都在于社会承载力低；②都延续了城乡二元割裂发展体制。提升社会承载力，打破城乡壁垒，探索城乡一体化发展的体制机制是三类新城的共同发展路径。

第7章 基于城乡一体化的新城发展 制度改革与政策建议

7.1 全面构建新城法规支撑系统

通过立法保障新城规划建设是国外新城发展的普遍经验。东京新城从规划到实施都有着强大的法律支撑，国家级法律包括《国土开发规划法》和《城市规划法》等，专门制定的地方性法规则有《首都圈整备法》《首都圈市街地开发区域整备法》《首都圈建成区限制工业法》《首都圈近郊绿地保护法》等，国家法律和地方法规共同构成了完备的法律体系。除此之外，针对新城建设过程中出现的问题及时制定新的法律法规加以约束和引导，如《筑波研究学园城市建设法》。英国针对新城发展专门制定了《新城法》，并根据经济社会发展形势的变化适时高效调整新城法规，从而保障新城顺利完成建设。

北京市长期以来高度重视法规建设，坚持依法治市。但是，在新城规划建设方面尚没有一部法规出台。一些具体做法和改革措施在探索之初一般都以红头文件形式出台，没有纳入法规体系。

建议北京市加快法制化建设进程，出台具有法律约束力的新城法规条例等，保障新城规划和建设的有序和高效。在各项改革实施之初，可以请人大和政协代表展开讨论、深入调研，与社会充分沟通，为下一步改革发展奠定社会基础。同时，一旦该项改革在实践中相对稳定地表现出绩效，获得比较成熟的经验，就可以通过市人大或者市政府的立法程序，将这些有效政策上升为法规规章，增强其稳定性、强制力和执行效率。

7.2 深化政府改革，构建服务性政府，提升服务质量

新城推进城乡一体化的根本阻碍是城乡二元体制，根本动力是市场，根本方法靠改革。

改革必须首先从改革政府自身开始，因为新城发展面临的重要障碍是政府职能转变不到位，对市场主体干预过多，阻碍了生产要素的自由组合，增加了交易成本。政府职能转变逻辑框架如图7-1所示。

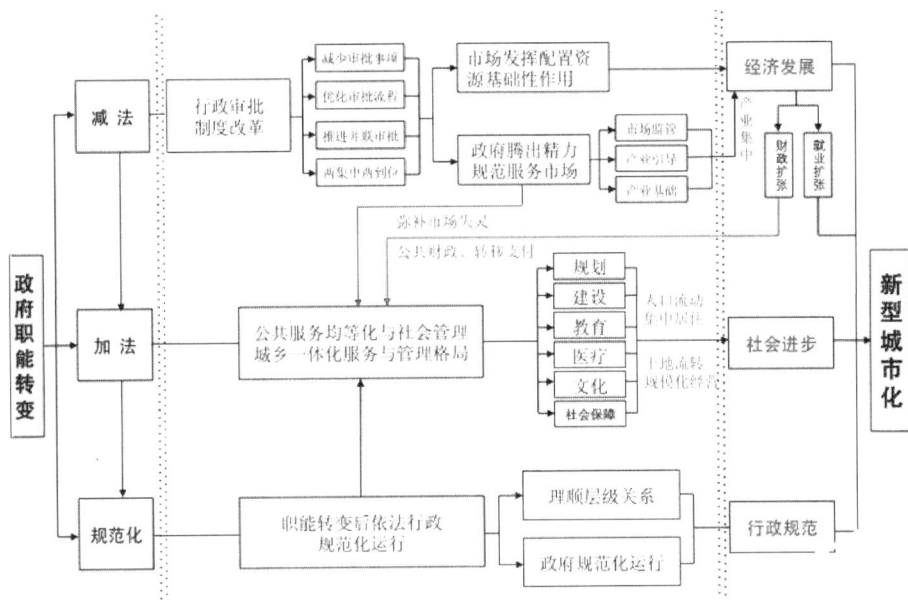

图7-1 政府职能转变逻辑框架图

政府职能转变的途径可以概括为"加法、减法、规范化"。①做减法。通过做减法解决政府越位影响发展效率的问题，政府首先退出不该管的领域，规范自身权力运行，才能真正让市场在发展上唱主角，降低整个社会的制度费用，让城乡要素在市场引导下自由组合，充分创造价值，从而使得投资增加、就业增加、税收增加——新型城市化有了就业承载，政府有了提供公共服务的财力保障。②做加法。政府职能转向通过规划确定城市发展宏观框架，保障城市发展长远利益，引导市场发挥配置资源的基础性作用；政府职能重心转向公共服务，形成城乡一体化公共服务制度与管理体系解决城乡公共服务差距问题，构筑保障网，弥

补市场失灵，提供公共服务，同时按照完善的社会主义市场经济的要求持续完善城乡一体的制度基础。③政府行为规范化。横向整合机构职能，推进机构管理、服务范围覆盖城乡，纵向优化城乡各层级职责配置，为统筹城乡发展提供组织保障；在政府日常运行中坚持依法行政，推进科学民主决策，加大效能监察，确保政府规范化高效运行。

政府职能转变要形成一整套可持续发展的体制机制，避免因为地方主要领导的变动而发生大的变动，构建巩固并进一步深化统筹城乡发展综合改革成果的体制机制。

进一步深化转变政府职能则包括拓展并联审批的范围与强度，实现所有市级机关行政审批向政务中心集中，进一步降低企业准入门槛；进一步加大大部制改革力度，整合职能相近部门、城市大部门或委员会。

7.3　以城乡一体化规划统揽发展全局

坚持科学发展观和城乡统筹发展理念，以城乡一体化为目标，转变以增长为导向、以城市为核心城乡二元的传统发展模式，明确城乡一体化背景下的新城功能定位，并以功能定位为指引统筹城乡规划。

坚持以"顶层设计"的视野，提升规划地位、拓展规划领域、深化规划管理。规划作为统筹城乡发展的龙头和基础，实际上是通过提升自身的前瞻性、战略性、综合性和规律性，为各阶段、各部门搭建一个整合、前瞻的工作平台，引导和管理城乡形态与空间发展格局，发挥引领作用。

统筹协调新城地区城乡全域规划，探索多规协调，推进横向衔接，确保规划的综合性和可实施性。在明确发展思路上，政府要从规划的高度对新城及其所涉及和影响的周边相关镇、村经济社会发展进行统一谋划，既要考虑新城发展需求，也要考虑被占地和受影响的农村、农业和农民长远的可持续发展。城市各领域、各部门、各层次的专项发展规划均会产生相应的空间诉求，这就需要规划、国土、发改等部门进行综合谋划、统一落地，通过统筹配置空间资源提升土地利用效率，避免各类用地出现功能冲突，增强各层级用地指标之间的衔接，做到总揽全局、联合编制、统筹布局、多规协调，统筹全域规划编制。

7.4 构建城乡一体化的公共服务、市场机制与制度基础

理想的城乡一体化发展格局应当包括城乡一体的制度安排、城乡一体的市场运行、城乡一体的公共服务与管理三方面内容。其中，城乡一体的制度安排是基础，也是当前破解城乡二元体制、打破城乡二元结构的短板、难题。因此，应先从市场激活、公共服务两大层面，降低城乡实际收入差距，再择机放开户籍，从而有效避免劳动力和人口的盲目流动。

7.4.1 构建城乡一体的公共服务和公共财政体系

北京市基本公共服务的不均等主要体现在城乡之间，农村地区公共服务供给总量不足、结构失衡和效率低下的问题普遍存在。

（1）构建农村均等化公共服务的框架，包括强制性基本公共服务标准和政府公共服务供给的绩效考核机制。图7-2是根据成都经验总结的均等化公共服务架构，农村公共服务划分为基础教育、就业服务、社会保障、公共卫生、基础设施和科技信息六大组成部分，每一部分有明确的制度变革或建设标准目录，依据这一框架逐步推行城乡公共服务一体化。

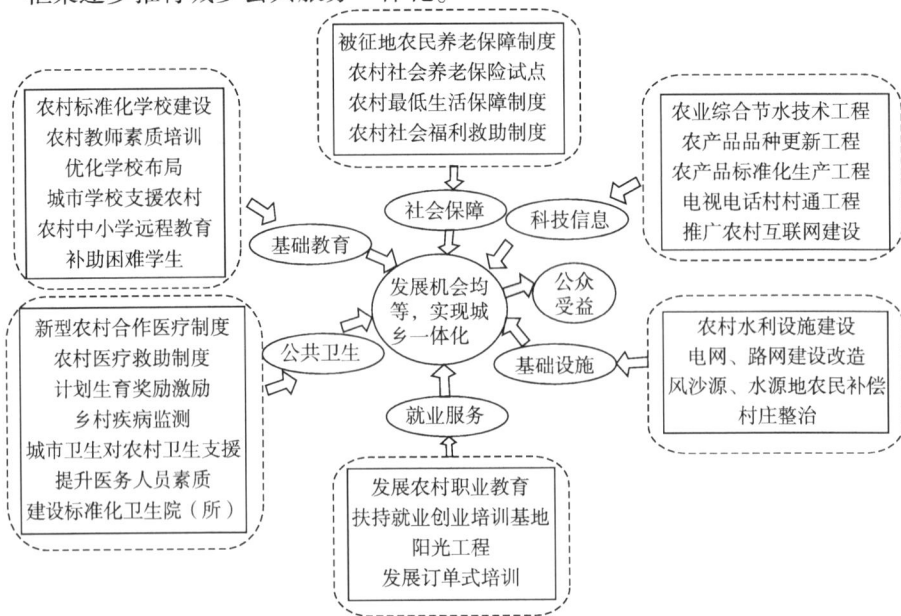

图7-2 农村均等化公共服务架构

（2）构建规范的财政转移支付制度。大幅提高公共财政投入农村地区的比重，对经济发展落后财力较弱地区的公共服务项目废除配套资金制度，全额投资；增加一般性转移支付的比例，在加强监管的同时给予区县政府更大的资金支配权力，打破部门分散投资分头管理的壁垒，整合集中财力增强基本公共服务供给能力。

通过构建城乡统一的公共服务与公共财政体系，使新城周边农民逐步享受到与城市居民一样的教育、医疗、社会保障等公共服务，降低城乡隐形收入差距，逐步消除尖锐的城乡对立与矛盾。

7.4.2 构建城乡一体的市场机制

构建城乡一体化市场体制，促进城乡劳动力、土地和资本在一体化的生产要素市场上有序流动和重组。

突破城乡劳动力及人口流动限制，构建城乡人口完全自由流动的体制机制，使劳动力从低效农业向高效非农产业转移，提高产业效率，同时对劳动力提供多渠道教育与培训智力资本投资，以及住房、医疗、体育设施等公共服务和社会设施建设等健康资本投资，促进人力资本积累。

改革农村产权制度，还权赋能，建设农村建设用地使用权市场，以科学的统筹城乡发展规划为依据，促进农村宅基地和集体建设用地有序流转，通过土地异地置换，使农村、农民在城市化过程土地增值中受益。不同区位的农村和农民可以无差异地（由于发展基础不同、搬迁意愿不同可能导致结果差异）、公平地参与建设用地使用权市场交易，并赢得农村地区最为稀缺的资金，为促进农业现代化提供条件。

构建促进城乡资本流转的体制机制。鼓励城市资本下乡，包括公共资本下乡进行基础设施建设发展均等化公共服务，以及改善新型农村社区的人居环境，更重要的是促进私人资本下乡，承包土地发展现代农业，参与土地综合整治，以及发展非农产业，特别是农村服务业，包括农产品加工贸易产业。城市资本下乡也是引导农村原有小资本有效规模经营的主要方法。

以城乡一体市场机制探索建立并逐步完善城乡一体化要素市场，扭转当前城乡割裂的碎片化市场格局，为完善的社会主义市场经济体制发挥作用、奠定基础。

7.4.3 构建城乡一体化的制度体系

城乡一体化的制度体系包括人口流动制度、土地制度和公共财政公共服务制度等。

改革农民落户新城的政策,加快农村人口向新城的集聚。远郊区县户籍农民在新城和小城镇落户的基本条件是购买商品住房,这一条件限制了农村城市化进程。建议出台新的户籍政策,对于在新城有相对稳定工作和居所(包括租赁房屋),并连续缴纳社会保险达到一定年限(如5年)的本地户籍农民,可以根据其意愿转为新城城镇户口居民,享受城镇居民的社会福利待遇。

通过土地确权颁证、鼓励流转等制度改革,让农民的土地真正开始发挥出资本的作用,为在农村引入合作社、公司+农户等现代化生产方式和推进规模经营提供条件,为农民多元增收创造可能;通过逐步推动形成城乡统一的土地市场特别是建设用地市场,土地收益向农民倾斜,可使农民"带资进城",加快城镇化建设。

实现基本公共服务均等化并不是一个简单的财政投入问题,也是制度问题,应建立规划的财政转移支付制度和以公共服务供给为中心的官员政绩评价机制。

随着城乡各项制度的一体化,城乡户籍制度完全一体化水到渠成。农民可以进城,同样城里愿意迁到农村的个人和企业可以"带资带技术下乡",在农村生活、工作、投资。

综上,在城乡一体化制度基础的支撑下,城乡要素实现合理有序双向流动,城乡深度统一的市场逐步形成,一个范围上覆盖城乡、运行中规范有序、政府职能合理定位的社会主义市场经济趋于形成。

7.5 提升新城经济承载力的产业引导政策

以相关优惠政策改变市场条件下产业的惯性向心集聚,促进产业向新城转移,是世界城市强化新城发展调整空间结构的普遍做法。

7.5.1 新城产业促进政策

制定产业发展政策促使北京新城转变经济增长方式,加快产业结构的调整,升级产业结构。

建立高标准严格的产业准入机制。以产业效率作为最重要的指标，同时考核劳动生产率、土地产出率、增加值率、技术进步贡献率、研发投入、平均工资水平等指标。对于产业效率低的劳动密集性产业要严格限制，设置准入指标门槛，加强产业准入管理，防止以短期增长为目的的低端产业的进入，为新城高端产业发展预留空间，同时防止低端产业带动的人口过度集聚，实现以业控人。新城发展过程中的中低端就业问题，主要不能依靠直接选择劳动密集性制造业解决，而可以依赖于必然存在的传统服务业体系，以及先进制造业产业链延伸的相关空间。

市政府统筹配置重大项目，尤其是重点新城主导产业项目的配置，减少新城之间的恶性竞争。当新城与中心城发生竞争时，应优先安排新城建设。统筹安排对于通州、大兴等承接中心城人口较多、主导产业不发达的新城，通过税收、产业促进等优惠政策扶持吸引重大产业项目入驻新城，为新城产业发展与人口转移创造便利条件。

制定相对宽松的人才落户政策，面向全国广纳人力资本。对新城发展急需的人才，包括产业发展所需的技术人员、高层次管理人员、高端服务业专业人员，提升公共服务水平所需的高素质教师、医护人员、文化创意阶层等，制定有针对性的相对中心城更宽松的户籍政策，吸引来自全国各地的优秀人才以加快提升新城发展水平，构筑核心竞争力，形成"反磁力"次中心，以疏解中心城功能。为避免高端人才以新城户籍作为进入中心城的跳板，在制定落户政策时需要考虑为新城服务的最低年限等条款。

强化新城中等职业教育和职业培训，积累人力资本。

坚决维护《劳动法》和《劳动合同法》，建立良好的经济秩序。新城面临着经济高速增长期，大规模流动人口进入城市。急需要全面贯彻"以人为本"理念，对全社会依法治市，对公然违背合同法的企业坚决说"不"，坚决维护流动人口作为劳动者的合法权益和作为公民的合法利益，特别是加强对资方监督、检查，使其严格遵守《劳动法》和《劳动合同法》，依法保护劳动者的休息、休假权力。

强化中小企业和微型企业发展的激励机制。正确处理国有企业改革和民营企业发展的关系，在政策、资金、技术、培训等领域全方位增强创业、就业激励，完善中小企业和微型企业金融服务，鼓励面向中小企业和微型企业的金融创新，进一步降低企业准入门槛，平等对待外来投资与本地投资，激励和培育。

7.5.2 引导中心城产业特别是大型企业转移疏解的政策措施

通过严格的交通影响评价、环境评价等手段合理控制中心城产业发展，尤其是商务办公建筑、住宅建筑建设的速度和容积率，抑制中心城区的经济发展和城市拓展冲动，保护旧城历史文化风貌，控制核心区的开发改造，使中心城长期保持一定数量的待改造和发展地区，以提高中心城环境质量、避免城市继续蔓延，与新城在空间上连为一体。保持中心城与新城房地产价格的适当差距，促使部分企业外迁，部分居民到新城购房，达到中心城产业与人口疏解的作用。

需要特别重视引导中心城大型企业和机构的疏解。大型企业尤其是国有大型企业的空间非均衡分布是影响城市空间格局的重要因素。大型企业具有市场需求广、辐射带动作用强的特点，围绕一个或多个大型企业，有众多的中小企业为其配套服务，形成集群发展的态势。通过相关政策引导大型企业转移，可以带动相关中小企业的疏解，才能快速提升新城产业层级和集聚能力。

为促进产业的疏解，应当在尊重和兼顾各区域利益的基础上，建立规范的产业转移利益分享和补偿机制。

7.6　提升新城社会生态承载力的公共服务政策

7.6.1 高标准配置新城基础设施和公共服务

优质公共服务的健全完善是新城相对独立与发挥城乡一体化节点功能的关键，当前亟须研究制定新城公共服务标准化目录，对公共服务项目、硬件设施标准、管理服务水平做出明确的标准化的规定，并制定措施推动公共服务规划的制定与落地，实现新城公共服务的标准化配置。

新城基础设施和基本公共服务的标准制定与配置。首先，制定交通基础设施配置标准，包括新城和中心城之间的交通联络线如高速路、轨道交通、快速公交等以及新城内部的交通设施和公共交通服务标准；研究新城水、电、气、热、垃圾处理等城市配套设施建设标准与建设时序，加大投入，尤其要完善新城目前较为薄弱的污水和垃圾处理设施；加强公共服务设施的配套，依据设施服务半径、辐射人口等科学合理地确定教育、医疗、文体活动、养老服务等一系列的公共设施，提高新城生活便利程度。

在基础设施和基本公共服务均等化的基础上，制定优质公共服务标准化目录，从数量、规模和水平三个方面确定如三甲医院、中小学名校、示范高中、文化体育活动中心等公共服务资源的标准，并出台政策推动优质公共服务资源向新城倾斜性配置。优质公共资源包括重大项目、大型公共设施、功能区、医疗教育设施等，通过调查发现居民认为教育、公交和医疗是最需要配置的公共资源，因此，医疗教育机构是新城亟须引入的公共服务资源。可以通过一定政策鼓励名校示范校办分校、三甲医院设置分院以及合作共建等方式向新城输入优质医疗教育资源，除了硬件设施之外，新城公共服务水平的提高尤其需要重视人才、管理、服务等软件的建设，通过设立人才发展基金，改革职称评聘、住房收入分配、户籍管理、专家选拔等制度，鼓励优秀人才向相关区域流动，提高教育医疗水平，增强地区吸引力。新增重大公共项目和公共资源，优先在新城配置尤其是通州、大兴等承接中心城人口较多、主导产业不发达的新城，应加大公共服务设施的建设力度。

以优质公共资源为先导，引导市场资源配置。通过政府投资的引导和放大作用，带来更多社会资本的转移，提高新城区域经济活力，促进其发展，优化城市空间结构。

7.6.2 新城住房政策

住宅的可获得性是居民选择居住地的重要考量因素，是控制人口数量和质量的硬约束。制定有针对性的住房政策是国外新城建设成功的关键。

制定新城商品住房引导政策，鼓励新城建设中小户型商品住房，改变以往新城住房以别墅和大户型住房为主的格局，以中小户型低总价的住房为在新城工作的普通家庭解决住房问题，并吸引中心城居民迁往新城居住与工作。

利用新城待开发土地规模较大、地价相对较低的优势在新城规划建设公共住宅。目前，新城的经济适用房和两限房极度缺乏，在住房体系中所占比例极小。对北京市民的调查显示，引导居民到新城居住的住房政策中，首先是在郊区建设更多的保障性住房（有 48.01% 的人赞同），其次是税费减免（支持者达 26.16%），再次是贷款倾斜（支持者达 19.21%）。因此，在新城建设一定规模的保障性住房是疏解中心城人口的一个有力措施。

此外，应研究制定居业联动的住房资助政策，如建设一批人才公寓、青年公寓，主要面向在区内工作的年轻人；规划建设一批"三限房"，以在区内工作的普通员工为销售对象，并以配额方式分配给区内企业。使新城居民能够通过较低的价格买到较高品质的住房，吸引鼓励性产业、优秀的教师和医生迁入新城。

7.7 构建城乡一体化的数字城市管理信息平台

数字化城市管理是在城市管理中落实社会管理创新的重要载体，数字化城市管理信息平台是数字化城市管理建设的核心。推动城乡生产要素有序流动，必须将城乡服务管理的各项工作置于一个统一的信息平台，做到整个城市的管理信息共创共享。

城乡一体化的数字城市管理信息平台应该至少包括如下内容：人口（户籍人口和流动人口）服务管理平台；就业和社会保障服务平台；水、电、气、热等基础设施管理平台；科教文卫等公共服务管理平台；日常城市运行信息平台。

推进城市常态化运行的精细化管理。创新社会管理模式，推行数字化城市管理；各类公共服务由从无到有走向从有到优；加强职业培训，特别是对外地人的职业培训，将培训与落户挂钩；探索产城一体的城市空间布局和管理模式，完善产城互动的机制与做法。

7.8 深化新城流动人口制度改革

中国长期割裂的城乡管理体制导致双重城乡二元结构并存，一是空间上的城乡二元结构，二是两栖人口导致的城市内部城乡二元结构。目前在探讨解决城乡二元结构时，大部分是以行政辖区为界的城乡二元结构，也即通过统筹城乡发展解决本地农村发展问题，对于城市内部二元结构，也即流动人口问题，还缺乏一整套系统的体制机制。正因为如此，流动人口特别是农民工阶层融入城市社会成为当前城市社会结构转化的核心问题，也是降低城市内部城乡冲突、降低犯罪率、构建和谐社会的头号问题。可以说，这一问题乃是在空间上集聚了的城乡冲突问题，是在中国城乡割裂的制度架构下城乡矛盾向城市内部延伸，必须更加予以重视。

北京新城已经成为流动人口的主要集聚空间，有良好的条件在流动人口制度改革方面走在全市前列，并且应当把这项工作与当前重点强调的社会管理创新工作有机结合起来，以更为博大的胸襟承担起作为中国城市化空间载体的责任。

从顶层制度设计着手，加快推进流动人口公共服务均等化，推进社会保障制度改革，逐步将流动人口纳入新城经济社会发展规划，按常住人口规划建设公共服务项目和配置公共服务资源，加速流动人口人力资本积累制度，将对流动人口的服务与管理作为社会管理创新的根本点和突破口。

第8章　主要结论与研究展望

8.1　主要结论

本书以"基于城乡一体化的北京新城功能定位和实现路径"为研究主线，通过梳理经典理论与研究时代背景来确定北京新城的定位与发展目标，评价北京新城发展成效，在此基础上研究新城定位的实现路径，并以此为指导探讨如何构建产业、人口、公共服务及土地等各种规划和公共政策保障体系。研究的主要结论如下。

8.1.1 城乡一体化对新城发展提出严峻挑战

与西方国家新城相比，中国新城面临不同的时代特征。中国正处于城市化发展中期阶段，传统的城市化发展模式已经严重制约中国的可持续发展，统筹城乡发展成为当代中国的重大发展战略。中国可持续发展所面临的多重危机和内外困境都必须依靠彻底纠正传统城市化模式，走统筹城乡发展的新型城市化道路来解决。

城乡一体化对新城发展提出三大挑战。新城发展理念必须变增长导向为"人本、创新、协调、可持续"；新城不能仅考虑自身发展，必须化解城乡发展问题；新城必须以制度创新打破城乡分割发展模式。

新城是在大城市郊区规划建设的新的城市，是中国城镇体系的重要组成部分，肩负着新型城市化和都市区空间优化的双重载体的重任。因此，中国的新城规划建设必须在城乡统筹发展理念的指引和要求下进行。

8.1.2 新城定位于城乡一体化和区域联动发展的中间节点和桥梁

统筹城乡发展的视角下，新城的发展定位是城乡一体化和区域联动发展的中间节点和纽带。在高度发达的城市和相对落后的周边农村地区之间架起桥梁双向融通。一方面，新城是区域经济发展新的"增长极"和周边农村地区城市化的新载体，起到辐射带动区域发展的桥头堡的重要作用，有力地解决农村落后问题；另一方面，新城作为区域中新拓展的城市，将为中心城疏解优化提供空间载体，承接中心城人口和功能的转移疏解，并可以与中心城互动发展，合作共赢。有利于中心城的调整优化，解决其过度"膨胀"问题。

城乡一体化的发展目标要求新城依托中心城提高发展水平将农村区域纳入城市整体发展链条，构筑新城与中心城、新城之间、新城与周边地区之间的互动网络体系。大城市周边地区可以以新城为纽带嵌入到中心城市的发展链条中，形成城乡统筹发展的格局，同时解决中心城过度拥挤与周边农村发展滞后的问题。

8.1.3 北京新城尚未形成城乡一体化节点的系统性功能

北京新城尚未发挥城乡一体化节点的系统性功能，对中心城和农村发展问题的作用不明显。

新城对中心城的疏解作用极为有限，仅体现在部分居住功能和生产制造功能方面。核心功能、主导业以及高素质和户籍人口仍然高度集聚在中心城。城市空间拓展模式仍然是单中心近域蔓延，没有出现大规模、远距离向新城转移的趋势。

在统筹周边地区发展方面，北京新城尚未破题。在北京新城规划建设的各个层面，都依然存在城乡二元分割的路径依赖，城乡规划不协调脱节、城乡产业彼此孤立发展，城乡要素市场分割、公共服务和基础设施以城为壑未向农村延伸。

8.1.4 北京新城综合承载力与效率相对偏低，阻碍定位的实现

与中心城相比，北京新城综合承载力低下。新城相对综合承载力由高到低的排序为生态环境、经济水平和社会质量。新城社会承载力较低的主要原因在于优质公共资源的匮乏；新城经济增长速度超过中心城，然而第三产业发展滞后，经济结构、技术含量与资源友好程度亟待提高；新城生态环境优于中心城，但其不健全的市政设施弱化了环境优势。

与上海新城相比，北京新城发展效率明显偏低，主要原因在于纯技术效率低下，即投入资源的使用缺乏效率。北京新城产出不足主要表现在第三产业增加值和医院床位数两个指标上，说明需要更加重视第三产业的发展和公共服务水平的

提升。第一圈层新城投入冗余主要体现在固定资产投资方面，而第二圈层新城主要是财政支出冗余。

相对偏低的综合承载力和效率使得北京新城一方面缺乏对中心城产业和人口的吸引力从而难以起到疏解中心城的作用；另一方面对周边地区的带动作用也同样较弱，阻碍新城节点功能的实现。

8.1.5 新城增长导向的城乡二元发展路径依赖是其不能实现定位的根本原因

推动城乡一体化所需的创新机制和发展思路并没有在新城规划建设中体现。新城的发展仍然延续了传统城市化发展模式，即以城市为本位、以增长为导向、城乡二元分割的模式。

首先，增长导向发展模式下的新城产业选择造成城乡产业关联度低下和产业集群的缺失，并带来本地就业不足等问题。其次，以增长为主要目标的发展模式重产业轻配套，重建设轻管理，造成新城生产生活配套和公共服务的低水平发展，影响了要素由中心城和周边农村向新城的集聚。最后，在增长导向和现行财税体制下，新城所在的远郊区县恶性竞争，中心城各区限制产业向新城的疏散，这些都加剧了新城定位实现的难度。

北京新城的规划建设仍然延续了城乡二元分割的思路，以城市为本位，以新城规划边界为城乡二元制度的分水岭，产业发展、基础设施、公共服务和要素配置等领域都没有实现与周边农村的统筹发展，"就城市论城市"存在对城乡二元体制的路径依赖。

8.1.6 通过提升综合承载力和促进要素流动两大路径来实现新城定位

基于城乡一体化的新城定位实施路径为提升综合承载力和促进要素流动双轮驱动。

新城综合承载力的提升是城乡协调互动的基础。提升社会承载力是根本，加快优质公共资源向新城配置，完善社区建设，建设特色新城文化；突出生态特色，完善市政实施，提升新城环境承载力；通过发展生产性服务业、集群式先进制造业和都市型产业提升新城的产业层级，增强新城经济承载力，并与中心城和周边地区产业联动发展。

要素有序流动是实现城乡一体化的最终保障。突破城乡要素壁垒，促进城乡人口双向流动，城乡土地流转重组，城市资本投入农村和农业发展、城市公共服务、基础设施和城市管理模式向农村延伸；通过经济、社会和环境质量的全面提高来提升新城竞争力与吸引力，融合城乡发展，真正成为城乡一体化的节点和桥梁。

最终形成中心城、新城和周边镇村区域功能衔接、人口合理分布、产业联动发展的格局。

8.2　研究展望

在统筹城乡发展成为关系中国可持续发展的重大战略的当代，作为特大城市城乡一体化节点与桥梁的新城发展研究意义重大，研究工作难度也很大。特别是在北京这样集国家政治文化中心、经济社会发展高地和国际城市网络重要节点于一体的国际化大城市，新城研究任务更加复杂和艰巨。在研究过程中，由于新城研究的特殊性与复杂性，以及作者知识水平和研究时间的有限性，仍有很多问题有待今后进一步研究。

（1）通过分析新城与中心城及周边地区的联系探讨了北京新城推动城乡一体化发展的成效，由于数据缺乏，调研困难，分析基本在宏观层面，兼有部分案例研究，并没有涉及这三个区域微观的关联，如企业、居民层面的互动与联系。事实上，区域之间的关系正是通过微观主体的活动得以建立，新城与中心城和周边地区的微观联系是深化研究的重要方向。

（2）构建了城乡一体化和新城发展效率的评价指标体系，已经包括了基本指标，并尽可能多样本、多视角地进行分析。但由于各城市的统计数据限制（或者缺失，或者统计口径不一致），现有评价尚不完善和全面。如何更为科学地评价新城自身发展效率以及对城乡一体化的推动作用有待未来进一步研究。

（3）提出了新城统筹城乡发展的路径选择的若干原则思路，如城市文化建设、以产业链链接城乡经济发展，搭建要素平台促进城乡要素有序流动、以公共服务均等化和优质公共服务倾斜配置缩小城乡生活差距等，但限于各区域资料获取困难和新城的复杂性，对于具体的具有可操作性和可行性的路径实施思路未作出论证，留待后续深入研究。

（4）新城作为城市，是经济、社会和环境的复杂巨系统，每个新城的研究都是一项需要多学科综合研究的重大课题,本书对于三类新城的案例研究尚停留在战略思路层面,缺乏深入研究。

(5)集中研究新城发展,但是统筹城乡发展的研究必然绕不开新城周边农村,农村经济发展和社会治理模式的变革是城乡一体化的最终落脚点。因此,新城推动城乡一体化的后续研究必然涉及新城周边农村的发展变革研究。

参考文献

阿瑟·奥沙利文.2003. 城市经济学 [M]. 第 4 版. 北京：中信出版社.

白劲宇，赵晔.2008. 北京新城细节化规划管控之探索 [J]. 城市规划，(11)：29-35.

白雪，杜宾宾.2012. 新城建设与城市空间增长：内涵、识别及限制 [J]. 经济体制改革，
    (4)：38-42.

北京市城市规划管理局科技处情报组.1983. 城市规划文集之二：外国新城镇规划 [M]. 北
    京：中国建筑工业出版社.

北京市人民政府.2005. 北京市总体规划（2004 年—2020 年）（文本）.

彼得·盖兹.2003. 新都市主义社区建筑 [M]. 张振虹，译. 天津：天津科学技术出版社.

彼得·卡尔索普，威廉·富尔顿.2007. 区域城市——终结蔓延的规划 [M]. 叶齐茂，倪晓
晖，译. 北京：中国建筑工业出版社.

柏益尧.2004. 五律协同与仙林新市区发展战略研究 [D]. 南京：南京大学.

曹传新.2002. 国外大都市圈规划调控实践及空间发展趋势 [J]. 规划师，(6)：12-16.

曹大贵，杨山，李旭东.2002. 空间布局演化与产业布局调整——兼论无锡市城市发展方略
    [J]. 城市题，(3)：20-24.

曾刚，王琛.2004. 巴黎地区的发展与规划 [J]. 国外城市规划，(5)：26-30.

车生泉.1999. 城乡一体化过程中的景观生态格局分析 [J]. 农业现代化研究，(3)：13-16.

陈光庭.2002. 城乡一体化与乡村城市化双轨制探讨. 规划师，(5)：14-17.

陈建华.2009. 上海的城市发展阶段与郊区新城建设研究 [J]. 上海经济研究，(8)：77-84.

陈劲松.2006. 新城模式：国际大都市发展实证案例 [M]. 北京：机械工业出版社.

陈明，肖莹光.2009. 从地方财政学视野看新城规划实施的可行性 [J]. 城市发展研究，(3)：
    41-49.

陈群民，吴也白，刘学华.2010. 上海新城建设回顾、分析与展望 [J]. 城市规划学刊，(5)：
    79-86.

陈伟，张帆.2007. 日本东京六本木新城建设的启示与反思 [J]. 规划师，(10)：30-32.

陈伟新.2002. 上海卫星城规划建设之借鉴 [J]. 中外房地产导报，(11).

陈晓峰.2000. 小城镇主导型的中国农村城市化模式 [J]. 城市发展研究，(3)：35-38.

陈修颖 . 2005. 区域空间结构重组 [M]. 南京：东南大学出版社.

陈秀山，张可云 . 2003. 区域经济理论 [M]. 北京：商务印书馆.

仇保兴 . 2006. 卫星城规划建设若干要点——以北京卫星城市规划为例 [J]. 城市规划，（3）：
　　1-4.

崔曙平 . 2005. 如何构建新型城镇 [J]. 城乡建设，（2）：40-41.

邓奕 . 2006. 反思日本新城建设 50 年 [J]. 北京规划建设，（6）：128-130.

丁成日，宋彦，等 . 2005. 城市规划与空间结构——城市可持续发展战略 [M]. 北京：中国建
　　筑工业出版社.

丁建明 . 2007. 试析我国城市化进程中新城建设 [J]. 现代城市研究，（4）：79-81.

段汉民，张刚 . 2002. 西安城市地域空间结构发展框架与发展机制 [J]. 地理研究，21（5）：
　　627-634.

方创琳，关兴良 . 2011. 中国城市群投入产出效率的综合测度与空间分异 [J]. 地理学报，
　　（8）：1011-1022.

冯健，周一星 . 2003. 1990 年代北京市人口空间分布的最新变化 [J]. 城市规划，（5）：55-63.

冯晓英 . 2004. 北京城乡结合部管理体制改革研究报告 [D]. 北京社会科学（增）：1-13.

傅崇兰 . 2005. 新城论 [M]. 北京：新华出版社.

傅丽华 . 2006. 杭州经济技术开发区发展轨迹及下沙副城建设规划思路研究 [D]. 杭州：浙江
　　大学.

顾朝林，等 . 1995. 中国大城市边缘区研究 [M]. 北京：科学出版社.

顾春平 . 1996. 新背景，新思路，新内涵——谈常州市新区规划 [J]. 城市规划汇刊，（6）：
　　38-44.

郭鸿懋，江曼琦，等 . 2002. 城市空间经济学 [M]. 北京：经济科学出版社.

韩俊 . 2006. 建立统筹城乡发展的制度体系 [J]. 经济与管理研究，（11）：14-20.

韩士元 . 2003. 论城市经济发展的一般规律 [J]. 天津社会科学，（5）：15-17.

侯景新 . 2002. 论区域规划中的中心城市与卫星城协调布局 [J]. 中国软科学，（10）：23-28.

侯景新，尹卫红 . 2004. 区域经济分析方法 [M]. 北京：商务印书馆.

胡必亮 . 2003. 究竟应该如何认识中国的农业、农村、农民问题 [J]. 中国农村经济，
　　（8）：4-11.

胡乃武，叶裕民 . 2004. 统筹城乡发展的战略思考与对策 [J]. 理论前沿，（6）：35-40.

胡勤勇，钟天雷，赵育民 . 2003. 拓展兰州新的城市发展空间 [J]. 甘肃工业大学学报，（4）：
　　115-117.

胡萍，卢姗 . 2007. 国外区域管治的实践及其对我国的启示 [J]. 上海城市管理职业技术学院
　　学报，（4）.

胡晓明，王蓉 . 2006. 当前我国新城建设的动力因素探析 [J]. 特区经济，（3）.

胡序威，周一星，顾朝林，等.2000.中国沿海城镇密集地区空间集聚与扩散研究［M］.北京：科学出版社.

胡兆量.2007.北京城市功能综合化的深层原因［J］.城市问题，（10）：1–6.

胡兆量，福琴.1994.北京人口的圈层变化［J］.城市问题，（4）：42–45.

胡志欣.2004.新城市主义在中国的初步探索［D］.天津：天津大学.

黄国胜，李同升，王武科，等.2009.基于城乡一体化发展模式的新农村建设探讨［J］.人文地理，（4）：16–19.

黄凌翔.2007.国外城市产业发展的阶段性特点及对我国城市产业升级的启示［J］.上海经济研究，（2）：36–38.

黄胜利，宁越敏.2003.国外新城建设及启示［J］.现代城市研究，（4）：12–17.

黄文忠.2003.上海卫星城与中国城市化道路［M］.上海：上海人民出版社.

黄序.1997.法国的城市化与城乡一体化及启迪［J］.城市问题，（5）：48–51.

黄序，崔文.1998.北京城乡一体化的新趋势，中国乡村—城市转型与协调发展［M］.北京：科学出版社.

黄序，崔文.2001.当代北京城市化与城乡一体化进程研究［J］.http：//www.chinacity.org.cn/csfz/fzzl/67506.html.

黄珍，段险峰.2004.城市新区发展的经济学研究方法初探［J］.规划师，（2）：43–47.

霍尔.1985.城市和区域规划［M］.邹德慈，金经元，译.北京：中国建筑工业出版社.

霍华德.2002.明日的田园城市［M］.金经元，译.北京：商务印书馆.

贾艳杰.2002.天津滨海新区区域发展过程研究［J］.地理科学，（4）：408–412.

江曼琦.2006.我国大城市边缘区的现实功能和发展方向——以天津市为例［J］.未来与发展，（9）：47–50.

景普秋，张复明.2003.城乡一体化研究的进展与动态［J］.城市规划，（6）：10–15.

克鲁格曼.2000.发展地理学与经济理论［M］.蔡荣，译.北京：中国人民大学出版社.

孔祥智，陈炎，等.2005.北京卫星城发展的现状、问题和对策建议［J］.北京社会科学，（3）.

李芳，高森茂.1984.持续性规划——加拿大的班伯顿新城［J］.城市规划汇刊，（6）：59–68.

李国平，等.2004.首都圈——结构、分工与营建战略［M］.北京：中国城市出版社.

李嘉岩.2003.北京卫星城发展的问题与对策研究［J］.北京行政学院学报，（6）.

李建波.2003.对完善新城管理模式的一些新思考［J］.现代城市研究，（4）：18–21.

李建平.2009.广州新城规划发展的再思考——亚运村规划建设与新城开发［J］.城市规划学刊，（2）：105–109.

李京文.1996.北京市经济增长与产业结构优化（1996—2010）［M］.北京：社会科学文献出版社.

李娟，王大伟，鲁奇.2006.北京新城规划人口预测研究——以昌平新城为例［J］.重庆建筑

　　　　大学学报，(4)：8-11.

李强，杨开忠.2007.城市蔓延 [M]. 北京：机械工业出版社.

李同升，库向阳.2000.城乡一体化发展的动力机制及其演变分析——以宝鸡市为例 [J]. 西
　　　　北大学学报 (3)：256-260.

李同轩.1987.城乡工业一体化发展的构思与实践 [J]. 城市问题，(5).

李永进，张士运.2009.北京现代化报告2009——北京城乡一体化进程评价研究 [M]. 北京：
　　　　科学技术出版社.

李玉琼，顾庆冲.2009.新城一级开发实施战略的体系构建 [J]. 管理观察，(2)：170-172.

林华，龙宁.1998.西欧的新城规划 [J]. 现代城市研究，(4)：57-61.

林瑾.2003.杭州城市大学园区空间布局研究 [D]. 杭州：浙江大学.

蔺雪芹，等.2002.基于生态导向的城市空间优化与功能组织——以天津市滨海新区临海新城
　　　　为例 [J]. 生态学报，(12)：6130-6137.

刘佳燕，陈振华，王鹏，等.2006.北京新城公共设施规划中的思考. 城市规划，(4)：28-32.

刘健.2002.马恩拉瓦莱：从新城到欧洲中心——巴黎地区新城建设回顾 [J]. 国外城市规划，
　　　　(1)：27-32.

刘剑锋.2007.城市化快速发展时期新城基础教育设施配套标准研究 [J]. 城市发展研究，
　　　　(2)：21-26.

刘黎明，李振鹏，马俊伟.2006.城市边缘区乡村景观生态特征与景观生态建设探讨 [J]. 中
　　　　国人口资源与环境，(3)：76-78.

刘伟，张士运.2009.北京城乡经济社会一体化进程评价定量化研究 [J]. 生态经济，(8)：
　　　　60-63.

刘欣葵.2009.从区域城市功能对接看新城发展——以北京新城建设实践为例 [J]. 广东社会
　　　　科学，(2)：25-29.

刘亚臣，马晓晖，韩风.2008.市场导向的新城管理模式初探 [J]. 中国市场，(14)：58-61.

刘易斯·芒福德.1989.城市发展史——起源、演变和前景 [M]. 倪文彦，宋俊岭，译.北
　　　　京：中国建筑工业出版社.

卢明华，李国平，孙铁山.2003.东京大都市圈内各核心城市的职能分工及启示研究 [J]. 地
　　　　理科学，(2)：150-156.

罗斯托.2001.经济增长的阶段：非共产党宣言 [M]. 郭熙保，王松茂，译.北京：中国社会
　　　　科学出版社.

马金柱，等.2009.我国新城规划建设及理论研究 [J]. 许昌学院学报，(2)：138-141.

马同斌，等.2003.北京郊区城乡一体化战略与实践的思考 [J]. 农业科研经济管理，(2)：
　　　　34-37.

迈克尔·布鲁顿，希拉·布鲁顿.2003.英国新城发展与建设 [J]. 于立，胡伶倩，译.城市

规划，（12）：73–77.

尼茨坎普·彼得.2001.区域和城市经济学手册（第1卷）：区域经济学［M］.安虎森，等，译.北京：经济科学出版社.

倪娜，等.2012.2000—2010年北京市人口空间分布与变动研究［J］.城市发展研究，（6）：32–38.

潘竟虎，尹君.2012.中国地级及以上城市发展效率差异的DEA–ESDA测度［J］.经济地理，（12）：45–50.

沙里宁.1986.城市，它的发展衰败与未来［M］.顾启源，译.北京：中国建筑工业出版社.

邵继华.1997.北京郊区经济城乡一体化的发展历程［J］.北京党史研究，（5）.

邵明哲，沈正平.2009.我国新城建设的动因、问题及对策探究［J］.徐州工程学院学报，（3）：47–51.

石忆邵.2003.城乡一体化理论与实践：回晖与评析［J］.城市规划汇刊，（1）：49–54.

孙久文.2004.区域经济规划［M］.北京：商务印书馆.

孙施文.2007.现代城市规划理论［M］.北京：中国建筑工业出版社.

孙自铎.1989.城乡一体化新析［J］.经济地理，（1）：27–29.

檀学文.2006.大城市过度规模与卫星城政策［J］.中国农村观察，（6）：40–49.

汤建中.1994.浦东新区的规划和建设［J］.地域研究与开发，（1）：10–14.

汤正刚.1995.城乡一体化：中国市域城镇规划发展的总方针［J］.经济体制改革，（4）：17–22.

唐复柱.2006.统筹城乡发展的制度探析［J］.商场现代化，（7）：173–174.

陶希东.2005.国外新城建设的经验与教训［J］.城市问题，（6）：66–69.

田宝玉，赵云耕.2006.城乡二元结构转型的制度约束——兼论统筹城乡发展的政策趋向［J］.保定师范专科学校学报，（7）：94–96.

童中贤.2002.我国城乡一体化的制度分析［J］.常德师范学院学报，（1）：55–58.

王慧.2002.新城市主义的理念与实践、理想与现实［J］.国外城市规划，（3）：35–38.

王宏远，樊杰.2007.北京的城市发展阶段对新城建设的影响［J］.城市规划，（3）：20–24.

王缉慈.2003.我国制造业集群分布现状及其发展特征［J］.地域研究与开发，（6）：29–33.

王静文，毛其智.2006.北京城市近10年人口分布演变态势分析［J］.北京规划建设，（6）：131–138.

王雷.2003.日本大规摸新城开发对周围地区的影响［J］.城市规划，（4）：61–68.

王玲慧，万勇.2004.国际大都市新城发展的特点比较［J］.城市问题，（2）：66–70.

王鹏.2005.从卫星城到新城［J］.北京规划建设，（2）.

王庆安.2007.美国战后新城镇开发建设及其启示［J］.国外城市规划，（1）：63–66.

王雯菲，张文新.2001.改革开放以来北京市人口分布及其演变［J］.人口研究，25

（1）：62-68.

王振亮.2004.上海市松江新城跨跃式发展中的规划决策创新与探索［J］.城市规划汇刊，
　　（2）：29-32.

魏权龄.2004.数据包络分析［M］.北京：科学出版社.

吴良镛.2000.京津冀北城乡空间发展规划研究——对该地区当前建设战略的探索之一［J］.
　　城市规划，（12）：9-15.

吴舒丹.2000.21世纪北京城市功能的调整［J］.北京联合大学学报，（1）：108-111.

吴伟年.2002.城乡一体化的动力机制与对策思路—以浙江省金华市为例［J］.世界地理研
　　究，11（4）：46-53.

吴志勇，吕萌丽.2009.新城建设与城市空间结构优化研究——以广州为例［J］.城市，（4）：
　　41-45.

武廷海，杨保军，张城国.2011.中国新城：1979—2009［J］.城市与区域规划研究，（2）：
　　19-43.

向俊波，谢惠芳.2005.新城建设：从伦敦、巴黎到北京——多中心下的同与异［J］.城市问
　　题，（3）：12-14.

肖亦卓.2005.规划与现实：国外新城运动经验研究［J］.北京规划建设，（2）：135-138.

谢文蕙，邓卫.2008.城市经济学［M］.北京：清华大学出版社.

邢海峰.2003.新城用地有机生长的规划设想［J］.城市问题，（2）：53-57.

邢海峰.2004.新城有机生长规划论［M］.北京：新华出版社.

邢海峰，马玫.2003.城市开发区空间有机生长的规划研究——以天津经济技术开发区为例
　　［J］.城市开发，（6）：15-21.

徐颖，曾谛.2007.卫星城协调布局机制与实证研究［J］.中国人口科学，（1）.

许倩瑛.2008.新城发展的区域协调与规划应对——以天津市蓟县新城为例［J］.城市，（8）：
　　30-34.

杨东峰.2006.从沿海开发区到外向型工业新城［J］.城市发展研究，（6）：80-86.

杨东峰，熊国平，王静文.2007.1990年以来国际新城建设趋势探讨［J］.地域研究与开发，（6）.

杨荣南.1997.关于城乡一体化的几个问题［J］.城市规划，（5）.

杨小鹏.2008.首尔的绿带政策与新城政策：二元规划体系下的矛盾［J］.规划师，（2）：85-88.

姚永玲.2011.北京郊区化进程中的"超非均衡"空间结构［J］.经济地理，31（9）：1458-1462.

叶裕民.2001.中国城市化的制度障碍与制度创新［J］.中国人民大学学报，（5）.

叶裕民.2002.中国城市化之路：经济支持与制度创新［M］.上海：商务印书馆.

叶裕民.2006.中国"十一五"期间城市化发展面临的重大问题与思考［J］.经济学动态，（7）.

叶裕民.2006.成都城乡一体化：统筹城乡发展的有益探索.成都商报，9-11.

叶裕民.2013.中国统筹城乡发展的系统架构与实施路径［J］.城市规划学刊，（1）：1-9.

叶裕民，焦永利，朱远．2013．统筹城乡发展框架下的政府职能转变路径研究——以成都为例
　　［J］．城市发展研究，（5）：118-127．

叶裕民，袁蕾．2009．转型期中国农民工住房与规划政策研究［J］．城市与区域规划研究，
　　（2）：29-41．

于北冥，郭东明．2007．走出城市发展定位的误区——以北京通州和亦庄两座新城为例［J］．
　　学术交流，（1）：128-131．

俞路，张善余．2006．近年来北京市人口分布变动的空间特征分析［J］．北京社会科学，（1）：
　　7-12．

余庆康．1995．1991年汉城大都市区建设的五座新城［J］．国外城市规划，（4）：11-21．

俞斯佳，骆悰．2009．上海郊区新城的规划与思考［J］．城市规划学刊，（8）：13-19．

袁蕾．2010．北京城市空间的多中心重组与对策［J］．科技信息，（4）：55-57．

张兵，赵燕菁，李晓江．2001．北抑南拓东移西调——走向跨越式成长的广州［J］．城市规
　　划，（3）：11-15．

张尔薇，李力．2012．2001—2010年北京人口空间分布特征与机制研究［J］．北京规划建设，
　　（5）：131-138．

张捷．2003．当前我国新城规划建设的若干讨论——形势分析和概念新解［J］．城市规划，
　　（5）：71-75．

张捷，赵民．2005．新城规划的理论与实践［M］．北京：中国建筑工业出版社．

张可云，黄良浩，李希琦．2005．北京新城规划的实施思路和体制保障［J］．北京社会科学，
　　（2）：17-23．

张岚，贺玉龙，荣建，等．2006．北京城乡交通一体化发展模式浅析［J］．综合运输，（4）：
　　49-52．

张丽艳．2006．统筹城乡发展与完善农村土地流转制度的思考［J］．辽宁工程技术大学学报
　　（社会科学版），（6）：605-660．

张强．2004．都市型农业：未来北京的亮丽风景［J］．北京规划建设，（5）：38-39．

张强．2007．城郊新农村建设与都市型农业发展［J］．北京农业职业学院学报，（1）：3-5．

张强，陈光庭．2005．北京市哲学社会科学规划项目《城乡一体化发展研究》成果摘录．北京
　　市哲学社会科学规划办公室网站．

张庭伟．1999．控制城市用地蔓延：一个全球的问题［J］．城市规划，（8）．

张文茂．2009．京郊农村改革30年研究［M］．北京：中国农业科学技术出版社．

张艳．2002．走向政府—市场互动的城市区开发——广州市珠江新城与洛溪地区案例对比分析
　　与思考［J］．城市规划汇刊，（2）：54-56．

张雨林．1988．论城乡一体化［J］．社会学研究，（5）．

章政．2005．农村土地产权制度创新模式的探索——北京郊区"郑各庄现象"实证分析［J］．

中国农村经济, (2): 73-77.

赵树枫, 陈光庭, 张强. 2001. 北京郊区城市化探索 [M]. 北京: 首都师范大学出版社.

赵燕菁. 2002. 北京城市空间结构调整之我见 [J]. 前线, (11): 36-38.

甄峰. 1998. 城乡一体化理论及其规划探讨 [J]. 城市规划汇刊, (6).

钟逊. 1989. 城乡一体化的概念、结构和功能 [J]. 社科信息, (12).

周文娜. 2009. 上海市郊区县外来人口社会空间结构及其演化的研究 [J]. 现代城市研究, 24 (8): 76-82.

周一星. 1995. 城市地理学 [M]. 北京: 商务印书馆.

周一星. 1996. 北京的郊区化及引发的思考 [J]. 地理科学, 16 (3): 198-206.

朱东风, 吴明伟. 2004. 战后中西方新城研究回顾及对国内新城发展的启示 [J]. 城市规划汇刊, (5): 31-36.

朱东风, 吴月静. 2002. 南京仙西新市区的定位 [J]. 城市问题, (5): 26-30.

朱智文, 张伟. 1995. 城乡一体化的发展趋势与发展途径 [J]. 开发研究, (5): 50-53.

Abdel-Rahman. 1990. Sharable Inputs, Product Variety, and City Sizes [J]. Journal of Regional Science, (3): 359-374.

Abdel-Rahman. 1996. When Do Cities Specialize in Production? [J]. Regional Science and Urban Economics, (1): 1-22.

Abramovitz R. 1993. The Search for the Sources of Growth: Areas of Ignorance, Old and New [J]. The Journal of Economic History, 53 (2): 217-243.

Acemoglu D, Johnson S, Robinson A J. 2001. The Colonial Origins of Comparative Development: An Empirical Investigation [J]. American Economic Review, (91): 1369-1401.

Ades A, Glaeser E. 1994. Trade and Circuses: Explaining Urban Giants [J]. Working Paper 4715, NBER.

Afrakhteh H. 2003. 发展中国家的城市增长和新城规划: 德黑兰大都市区案例研究 [J]. 唐子颖, 译. 国外城市规划, (2): 5-9.

Allyn A. Young, 1928. Increasing Returns and Economic Progress [J]. The Economic Journal, 38 (152): 527-542.

Alonso W. 1964. Location and Land Use [M]. MA: Harvard Univ. Press.

Alonso W. 1970. What Are New Towns for? Urban Studies, 7 (1).

American Planning Association. 1997. Growing Smart Legislative Guidebook: chapter 6 [M]. Chicago: APA.

Becker S G, Murphy M K. 1992. The Division of Labor, Coordination Costs, and Knowledge [J]. The Quarterly Journal of Economics, 107 (4): 1137-1160.

Begg L. 1991. High Technology Locationand the Urban Areas of Great Britain: Developments in the

1980s [J]. UrbanStudies, 28 (6).

Biles R. 1998. New towns for the Great Society: a case study in politics and planning [J]. Planning Perspectives, 13 (2).

Bird C, Brand D. 1997. Edge Paris: Urban grunge [J]. Urban Design International, 2 (4).

Bjorvatn K. 2000. Urban Infrastructure and Industrialization [J]. Journal of Urban Economics, (48): 205-218.

Black D B, Henderson J V. 1999. A Theory of Urban Growth [J]. Journal of Political Economy, (107): 252-284.

Bolwell L, Clarke B, Stoppard D. 1969. Social Class in A New Town: A Comment [J]. Urban Studies, (6): 93-96.

Borland J, Yang Xiaokai. 1992. Specialization and a New Approach to Economic Organization and Growth [J]. The American Economic Review, 182 (2): 386-391.

Bourne L S. 1996. Reinventing the suburbs: old myths and new realities [J]. Progress in Planning, 46 (3): 163-184.

Brueckner J K. 1980. A Vintage Model Urban Growth [J]. Journal of Public Economics, (8): 389-402.

Brueckner J K. 1990. Growth Control and Land Values in an Open City [J]. Land Economics, 66: 237-248.

Brueckner J K. 1997. Infrastructure Financing and Urban Development: the Economics of Impact Fees [J]. Journal of Public Economics, (66): 545-556.

Brueckner J K, Fansler D. 1983. The Economics of Urban Sprawl: Theory andEvidence on the Spatial Size of Cities [J]. Review of Economics and Statistics, (55): 479-482.

Bullard B D, Johnson G S, Torres A O. 2000. Introduction, Sprawl City: Race, Politics, and Planning in Atlanta [M]. Washingtong D C: Island Press.

Calino G A. 1982. Manufacturing Agglomeration Economies as Return to Scale: A Production Approach [J]. Papers of the Regional Science Association, (50): 95-108.

Calthorpe P, Fuiton W. 2001. The regional city: planning for the end of sprawl [M]. Washington, DC: Island Press.

Camagni R. 1993. From City Hierarchy to City Network: Reflections about an Emerging Paradigm [M]. Berlin: SpringerVerlag.

Capello R R. Camagni. 2000. Beyond Optimal City Size: an Evaluation of Alternative Urban Growth Patterns [J]. Urban Studies, (9): 1479-1496.

Carroll G. 1982. National City Size Distributions: What Do We Know After 67 Years oResearch? [J] Progress in Human Geography, (6): 1-43.

Cervero R. 1989. Jobs - Housing Balancing and Regional Mobility [D]. CA: The University of

California Transportation Center, (50): 136-150.

Chamberlin E H. 1933. The Theoty of Monopolistic Compertition [M]. MA: Harvard University Press.

Chen Riding, Knaap G, Hopkins L. 1999. Managing Urban Growth for the Use of Public Infrastructure: Toward A Theory Concurrency [J]. Journal of Urban Economics, (7): 53-68.

Daniel T M. 2005. More Evidence on the Spatial Scale of Cities [J]. Journal of Urban Economics, (58): 1-10.

Dixit A, Stiglita J. 1977. Monopolistic Competition and Optimal Product Diversity [J]. American Economic Review, (3): 297-308.

Doteuchi T. 1999. Metropolitan new town developments transition [D]. Tokyo: NLI Research Institute: 129.

Douglass C. 1990. North, Institutions, Institutional Change, and Economic Performance [M]. Cambridge: Cambridge University Press.

Duncan D O. 1957. Optimum Size of Cites [M] // Hatt K P, Reiss J A, Jr. Cities and Societies: The Revised Reader in Urban Sociology. New York: The Free Press, Collier-MacMillan: 772.

Dupree H. 1987. Urban Transportation: the New Town Solution [M]. Aldershot: Gower Publishing Company Limited.

Duranton G, Puga D. 2256. Diversity and Specialisation in Cities: Why, Where and When Does It Matter? [D]. CEPR Working paper, 1999, 10.

Duranton G, Puga D. 2003. Micro – Foundations of Urban Agglomeration Economies [D]. Working Paper 9931, NBER.

Duranton G, Puga D. 2004. Microfoundations of Urban Agglomeration Economics [M]. Amsterdam: North Holland.

Eaton J, Eckstein Z. 1994. Cities and Growth: Theory and Evidence from France and Japan [D]. Working Paper 4612, NBER.

Eheier W F. 1982. National and International Returns to Scale in the Modern Theory of International Trade [J]. American Economic Review, (72): 389-405.

Evans H. 1972. New Towns: The British Experience [M]. London: Charles Knight & Co. Ltd.

Forsyth A. 2002. Planning lessons from three US new towns of the 1960s and 1970s [J]. Journal of the American Planning Association, 68 (4): 387-416.

Forsyth A. 2002. Who Built Irvine? Private Planning and the Federal Government [J]. Urban Studies, 39 (13).

Fujita M. 1976. Spatial Patterns of Urban Growth: Optimum and Market [J]. Journal of Urban Economics, (3): 209-241.

Gakenheimer R. 1976. New Towns In town for Developing Countries: A Comment [J]. UrbanStudies, 13 (1).

Gene M. 1991. Grossman and Elhanan Helpman, Innovation and Growth in the Global Economy [M]. Cambridge: MIT Press.

Gereffi G, Korzeniewicz M. 1994. Commodity Chains and Global Capitalism [M]. Westport: Praeger.

Gets M, Huang Y. 1978. Consumer Revealed Preference for Environmental Goods [J]. Review of E-conomics and Statistics.

Golany G. 1976. New-Town Planning: Principles and Practice [M]. Wiley, John & Sons, Incorpo-rated.

Gratton C. 1979. Industrial Diversification in New Towns [J]. Urban Studies, 16 (2).

Greif A. 1993. Contact Enforceability and Economic Institutions in Early Trade: The Maghribi Traders' Coalition [J]. American Economic Review, (83): 525-548.

Hall P. 1996. The global city [J]. International Social Science Journal, 48 (1): 15-23.

Hall P. 2000. Global city-regions in the twenty-first century, Scott A. Global city-regions [M]. New York: Oxford University Press, 59-77.

Harvey J. 1981. The Economics of Real Property [M]. UK: Macmillan Press.

Henderson A R. 1884. The Employment Performance of Established Manufacturing Industry in the Scottish New Towns [J]. Urban Studies, 21 (3).

Henderson J V. 1988. Urban Development: Theory, Fact and Illusion [M]. New York: Oxford University Press.

Heraud J B. 1966. The New Towns and London's Housing Problem [J]. UrbanStudies, 3 (1).

Horner W M, Murray T A. 2003. A Multi-objective Approach to Improving Regional Jobs - Housing Balance [J]. Regional Studies, 37 (2): 135 - 14.

Humphrey J, Schmitz H. 2002. How Does Insertion in Global Value Chains Affect Upgrading in Industrial Clusters? [J]. Regional Studies, 36 (9): 1017-1027.

I. N. T. A. 1979. The New Town of Britain [M]. Cambridge Mass. : The M. I. T. Press.

Jacquemin A R A. 1999. Urban Development and New Towns in the Third World: Lessons from the New Bombay Experience [M]. Brookfield, VT: Ashgate Publishing Company.

John K. Billingham, 1980. International Urban Growth Policies: New Town Contributions [J]. Urban Studies, 17 (1).

Kaldor N. 1963. Capital Accumulation and Economic Growth [C] // Lutz A F, Hague C D. Proceedings of a Conference Held by the International Economics Association, London, Mac-millan.

Knaap G J, Song Y, Ewing R, et al. 2005. Clifton, Seeing the Elephant: Multi - disciplinary

Measures of Urban Sprawl [D]. Lincoln Institute of Land Policy, Working Paper.

Krugman P. 1991. Increasing Returns and Economic Geography [J]. Journal of Political Economy, (3): 483-499.

Krugman P. 1993. On the Number and Location of Cities [J]. European Economic Review, (37): 293-289.

Larry D S. 1974. Optimal City Size: Some Thoughts on Theory and Policy [J]. Land Economics, (3): 207-212.

Lee, Chang-Moo, Kun-HyuckAhn. 2003. Is kentlands better than radburn? [J]. Journal of the American Planning Association, 69 (1): 50-71.

Luo F, Salih K. 1978. Regional Policy and Rural-Urban Transformation in Asia [D]. Working Paper 77-4, UNCRD.

Mann H P. 1998. An Approach to Urban Sociology [M]. London: Routledge.

Merlin P. 1980. The New Town Movement in Europe [D]. Annals of the American Academy of Political and Social Science, Vol. 451, Changing Cities: A Challenge to Planning, 76-85.

Mills E S. 1972. Urban economics [J]. Scott Foresman.

Moomaw R L. 1996. Urbanization and Economics Development: a Bias toward LargeCities [J]. Journal of Urban Economics, (40): 13-37.

Muth-Mills Model. 1987. Handbook of Regional and Urban Economics, Vol 2 [M]. Amsterdam: Elsevier Science Publisher.

Muth R F. 1969. Cities and Housing [M]. Chicago: University of Chicago Press.

Myung-Jin jun. 2008. Is Seoul's New Town Development Smart? Commute Mode Chioce And Jobs-Housing Balance of New Town Residents [C]. Sino-Korea Regional and Urban Development Seminar Collection.

Natural Resources Defense Council and Surface Transportation Policy Project. 1999. Once There Were Greenfields [M].

Peiser R B, Chang A C. 1999. Is It Possible to Build Financially Successful New Towns? [J]. The Milton Keynes Experience, Urban Studies, 36 (10).

Richardson H W. 1987. The Cost of Urbanization: A Four-country Comparison [J]. Economic Development and Cultural Change, (3): 564-580.

Roger Smith, 1974. New Towns: Regional Planning and Development [J]. Urban Studies, 14 (1).

Romer Paul M. 1986. Increasing Returns and Long-Run Growth [J]. Journal of Political Economy, 94 (5): 1002-1037.

Rosenthal S, Helsley R. 1994. Redevelopment and the Urban Land Price Gradient [J]. Journal of Urban Economics, (35): 182-200.

Rueschemeyer M. 1993. East Germany's New Towns in Transition: A Grassnoots View of the Impact of Unification [J]. Urban Studies, 30 (3).

Scott A. 2001. Global city-regions [M]. New York: Oxford University Press.

Scott T. 1982. Administering the New Towns of Hong Kong [J]. Asian Survey, 22 (7): 659-675.

Southerto D. 2002. Boundaries of "us" and "them": class, mobility and identification in a new town [J]. Journal of the British Sociological, 36 (1): 171-182.

Thomas R. 1996. The economics of new towns revisited. Town & Country Planning (12): 305-307.

Thomas R. 1997. New settlements: new opportunities? [J]. Town & Country Planning, (12): 298-300.

Tuppen N J. 1983. The Development of French New Towns: An Assessment of Progress [J]. Urban Studies, 20 (1).

Wheaton W C. 1974. A Comparative Static Analysis of Urban Spatial Structure [J]. Journal of Urban Economics, (9): 223-237.

Yeung H W, Olds K. 2001. From the global city to globalizing cities: views from a developmental city-state in pacific Asia, IRFD: World forum on habitat-international conference on urbanizing World and UN human habitat II [D]. New York: Columbia University.

Young A. 1993. Invention and Bounded Learning by Doing [J]. Journal of Political Economy, 101 (3): 443-472.